당신이 생각하는 모든 것을 믿지 말라

DON'T BELIEVE EVERYTHING YOU THINK, ENHANCED EDITION

© 2024 One Satori LLC.

Original English language edition published by One Satori LLC, Orlando, Florida, USA.
All rights reserved. Design Credit: Jared Oriel.
Korean edition © 2025 SEOSAMDOK
The Korean translation rights arranged via Licensor's Agent:
DropCap Inc. and LENA Agency, Seoul, Korea.

이 책의 한국어판 저작권은 레나 에이전시를 통한 저작권자와 독점계약으로
서삼독이 소유합니다.
신저작권법에 의하여 한국 내에서 보호를 받는 저작물이므로 무단전재 및 복제를 금합니다.

당신이
생각하는
모든 것을
믿지 말라

Don't Believe
Everything You Think
[*Expanded Edition*]

조세프 웅우옌 지음
박영준 옮김

서드삼독

일러두기

1. 이 책에서는 'thought'와 'thinking'을 다른 의미로 사용하고 있습니다. thought는 노력하지 않아도 저절로 마음속에서 일어나는(떠오르는, 주어지는) 어떤 것을 가리키는 '명사'입니다. 반면 thinking은 그렇게 떠오른 thought를 두고 생각을 하는 행위를 뜻하는 '동사'입니다. 뜻을 구분하기 위해 thought를 '생각'으로, thinking을 '사고', '사고 행위', '생각하기' 등으로 번역하였고, 원서를 바탕으로 최대한 분별하여 표현하고자 하였음을 말씀드립니다.

2. 본문의 굵은 볼드체와 이탤릭체는 원서를 그대로 따른 것으로 지은이의 강조 의도를 살리고자 하였습니다.

3. 본문 하단의 각주는 독자의 이해를 돕기 위한 옮긴이 주입니다.

4. 본문 내용을 제외하고 완결판에 새로 추가된 지은이의 짧은 글에 *표시를 해두었습니다.

내게 무조건적 사랑의 참된 의미와
그 사랑으로 세상을 바꾸는 법을 가르쳐준 케나에게
이 책을 바칩니다.

완결판 독자에게 전하는 말

《당신이 생각하는 모든 것을 믿지 말라》는 내 마음으로부터 나 자신을 구하기 위해 쓴 책이었습니다. 기억하기로 나는 만성적 공포와 불안감이 없는 삶이 어떤 모습인지 알았던 적이 한 번도 없었습니다. 아무리 생각을 바꾸려 애씨도 늘 걱정, 좌절, 스트레스 같은 느낌에서 벗어나지 못했습니다. 하지만 마음과 맞서 싸우기를 멈추고, 이를 *이해*하려고 노력하자 상황이 바뀌기 시작했습니다. 그렇게 새롭게 깨달은 사실 덕분에 내가 마음과 맺고 있던 관계는 영원히 바뀌었습니다. 말하자면 최악의 적이 최고의 친구가 된 셈입니다.

이 책의 초판을 펴낸 이유는 내가 깨달은 바를 여러

분과 함께 나누고, 다른 사람들도 불안한 마음을 벗어나 자유를 경험할 수 있도록 돕기 위해서였습니다. 만일 이 책이 단 한 사람에게라도 도움이 됐다면 이미 큰 성공을 이뤘다고 생각합니다.

나는 이 책이 불과 2년 만에 전 세계 수십 개 국가의 70만 독자들에게 읽히고 40여 개 언어로 번역되리라고는 기대하지 않았습니다. 지금도 이 책이 독자들에게 얼마나 큰 사랑을 받았는지, 또 독자들이 이 책을 얼마나 많은 가족과 친구와 나누었을지를 생각하면 그저 감사하고 가슴이 벅찰 따름입니다. 그런 독자들의 친절함과 관대함에 깊은 고마움의 말을 전합니다.

입소문을 타고 이 책이 사람들 사이에 널리 퍼지면서 수천 건의 감사 인사와 셀 수도 없을 만큼 많은 질문들을 받았습니다. 나는 가능한 많은 질문에 답변을 드리려 노력했고, 답변을 받은 독자들은 그 대답이 유용했다고 이야기했습니다. 그러다 기회가 생긴 김에 이 책의 내용을 다듬고 확장해서 독자들의 사려 깊은 질문에 더 체계적인 답변을 드리기로 마음먹었습니다. 그 결과로 탄생한 이 완결판이 마음의 평화를 찾아 길을 떠난 독자들에게 더 큰 도움이 되기를 바랍니다.

이 완결판에는 초판보다 좀 더 풍부한 사례, 생각 실험, 실천 방식을 담았고, 독자들이 알고 싶어 하는 주제에 대해 더 상세한 설명을 추가했습니다. 이곳저곳에 등장하는 시의 구절들도 이 책에 담겨 있는 아이디어에 새로운 차원의 울림을 선사할 겁니다.

그동안 독자들에게 가장 많이 받았던 질문 중 하나는 이 책에 담긴 개념을 일상에 적용하는 방법을 알려 달라는 것이었습니다. 그래서 책의 한 부분을 온전히 할애해서 부정적 사고를 내려놓을 수 있는 단계적 방법론을 기술했습니다. 또 책의 마지막 부분에는 독자들이 좀 더 쉽고 매끄럽게 이 책의 가르침을 실천에 옮기고 삶에 통합할 수 있는 실용적인 연습 방법을 담았습니다.

이 책에 담긴 깨달음이 내 삶에 도움을 주었듯이 여

러분의 삶에도 도움이 되기를 진심으로 바랍니다. 당신의 여정에 함께할 수 있게 해주어 감사합니다. 책 안에서 당신을 만나게 될 순간이 기다려집니다.

사랑을 담아
조세프

* ────────────────────────────

우리가 변화를 선택하는 순간은
붙잡고 있는 것의 고통이
미지의 세계에 대한 두려움보다
더 클 때다.

차례

---- 완결판 독자에게 전하는 말 7

---- 서문 | 이 책에서 당신이 찾게 될 것들 17

1 괴로움의 뿌리를 찾아가는 여행 33
2 모든 괴로움의 근원은 무엇인가 43
3 우리는 왜 생각하는가 65
4 생각 vs. 생각하기 73
5 긍정적인 사고는 과연 필요한가 87
6 사고를 멈추려면 어떻게 해야 할까 99
7 사고를 멈추기 위한 현실적인 방법 113
8 생각하지 않고 어떻게 잘 살아갈 수 있을까 129
9 생각하기를 멈추면 삶의 목표와 꿈,
   야망을 잃어버리게 될까 139

| 10 | 좋은 것도 나쁜 것도 없다 163
| 11 | 직관을 따르는 법 171
| 12 | 통찰이 들어설 공간을 만들어라 191
| 13 | 생각하지 않는 삶의 잠재적 장애물 203
| 14 | 무조건적인 사랑 217
| 15 | 그렇다면 이제 무엇을 해야 하나 227

실천편 | 생각하지 않는 일상으로 향하는 아주 특별한 안내서 235

────── *1 내적 작업* 239

────── *2 외적 작업* 261

────── *3 일지* 277

────── *4 삶에 필요한 도구들* 287

* 서문

이 책에서
당신이 찾게 될 것들

What you will

Discover in this Book

"우리는 모르는 것을 바꿀 수 없다.
그리고 뭔가를 알게 됐다면,
그것을 바꾸지 않을 수 없다."

―세릴 샌드버그

우리는 감정이 무엇인지 잘 압니다.

당신은 간단한 업무를 하나 해내기 위해 책상에 앉습니다. 그런데 갑자기 의심과 자책 같은 수많은 생각이 홍수처럼 밀려듭니다.

'나는 왜 이 일을 진작 끝내지 못했을까?'

'나는 능력이 시원찮아서 이 일에 실패하게 될 거야.'

'내가 무슨 일을 하는지 나 자신도 잘 모른다는 사실을 남들이 알면 어떻게 하지?'

'다른 사람들은 승진을 잘도 하는데 나만 못하는 이유는 뭘까?'

직장으로 간 당신은 한 회의에 참석합니다. 이 회의에 집중해야 한다는 걸 알고 있지만, 머릿속은 이미 당신이 이 일을 얼마나 싫어하는지에 관한 생각들로 가득합니다. 마음 같아서는 당장이라도 회사를 그만두고 늘 품어왔던 꿈을 위해 새로운 도전을 해보고 싶습니다. 그러나 그 꿈을 성공으로 이끌 방법이 없다는 사실을 너무나 잘 압니다. 성공은 절대 불가능할 뿐 아니라 회사를 그만두는 일도 위험부담이 너무 큽니다. 그렇게 당신은 불확실함의 공포보다는 차라리 확실함의 고통을 선택합니다. 뭔가를 시도해서 실패하느니 아무것도 실패하지 않는 편이 나은 것 같습니다. 그렇지 않나요?

직장에서만 그런 게 아닙니다. 이런 식의 부정적 사고는 당신이 하루의 일과를 마치는 동안 줄곧 당신을 따라다닙니다. 친구와 잠시 대화를 나눈 뒤에도 생각은 꼬리에 꼬리를 물고 이어집니다.

'나는 왜 친구에게 그런 말을 했을까?'
'그들은 애초에 왜 내 친구가 되었을까?'
'친구들은 나를 이상한 녀석이라고 생각할까?'
'내가 말을 실수하지는 않았을까?'
'친구들이 뒤에서 나를 흉보지는 않을까?'

'나는 왜 친구들과 다를까?'

'친구를 사귀기가 이토록 힘든 이유는 뭘까?'

'이러다가 평생 외톨이가 되지는 않을까?'

집으로 돌아와서 소셜미디어를 들여다보니 친구들이 새로 올린 수십 장의 사진이 눈에 들어옵니다. 그 모든 게 내가 가진 것이 얼마나 적은지 입증하는 증거처럼 느껴집니다. 생각이 이어질수록 세상을 살기가 점점 힘들어집니다. 나를 제외한 다른 사람들은 전부 행복한 삶을 즐기는 듯합니다. 다들 괜찮은 인생을 사는 것 같은데 나는 왜 늘 이렇게 뒤처진 느낌이 들까요? 남들은 서로 조화를 이뤄 잘 살아가는 듯한데 왜 나만은 그렇지 못할까요? 대체 언제쯤 내 인생도 잘 풀리기 시작할까요?

하루가 마무리될 때쯤 되면 당신은 기진맥진해집니다. 당신의 마음은 자신이 내린 모든 의사결정을 생각하고, 분석하고, 판단하느라 하루 내내 혹사당했습니다. 침대에 누워서도 지난 일을 되새기다 보니 잠을 잘 수도 없습니다. 당신이 원하는 것은 마음의 평화가 전부입니다. 매일의 일상을 소모하는 불안과 꼬리에 꼬리를 무는 생각을 내려놓고, 의심, 수치, 분노의 악순환에서 벗어나고 싶습니다. 항상 닿을 수 없이 먼 곳에 있는 기쁨, 충만함, 평화 같은 감정을 느끼고 싶습니다.

그러나 그런 변화는 불가능해 보입니다. 평생을 노력했으나 그 무엇도 매일같이 닥쳐오는 심리적 괴로움을 줄여주지 못했습니다. 그저 삶은 괴로움일 뿐이고 그것이 인생의 전부라는 결론에 도달할 뿐입니다.

모든 게 희망이 없는 듯이 느껴집니다.

하지만 이것은 이야기의 절반에 불과합니다. 당신이 삶에서 써 내려가는 서사의 내용은 언제든 바뀔 수 있습니다. 그 서사를 실시간으로 작성하는 사람이 바로 당신이기 때문입니다.

삶이 그런 식으로 흘러가서는 안 됩니다. 삶은 괴로움이 아닙니다. 괴로움이 삶의 '일부'일 수는 있어도 전부가 될 필요는 없습니다.

당신은 근본적으로 망가지지 않았습니다. 당신은

해결되어야 할 문제가 아니라 이해되어야 할 사람입니다. 당신의 내면을 들여다보고 삶의 경험들이 마음속에서 어떻게 창조되는지를 이해하면 평화를 찾을 수 있습니다.

그걸 어떻게 아느냐고요? 그것이 바로 내가 거쳐온 여정이었기 때문입니다. 나는 괴로움이 삶의 전부라는 사실을 믿지 않았습니다. 그래서 나 자신의 심리적·감정적 괴로움에 마침표를 찍기 위해 모든 것을 투자했습니다. 하지만 그 과정에서 대답보다는 더 많은 의문과 마주쳤습니다.

괴로움이란 무엇인가? 우리는 왜 괴로움에 시달리는가? 괴로움의 뿌리는 무엇인가? 우리의 두뇌 속에 사고의 되새김을 '멈추는' 버튼은 없는가? 어떻게 하면 지나친 사고를 중단할 수 있는가? 우리는 마음의 평화를 얻을 수 있는가? 평화란 특정 종교를 믿거나, 수도승이 되거나, 깨달음을 얻은 사람들에게만 허락된 특권인가? 삶에서 어떤 일이 생기든 평화를 찾는 일은 과연 가능한가?

내가 이 책을 쓰도록 이끈 것은 이런 핵심적인 질문들이었습니다. 나 자신을 구원하고 다른 사람들도 비슷한 방식으로 돕고자 하는 마음에서 이 책이 시작된 겁니다.

요컨대 이 책은 독자 여러분이 앞선 질문들에 대한 답을 스스로 찾아내어 그토록 원하던 마음의 평화를 얻는 과정을 돕기 위해 썼습니다.

너무 과감한 선언일지 모르지만, 나는 이 책을 읽은 당신이 그 전과는 전혀 다른 사람이 되어 있을 거라고 확신합니다. 삶에서 유일하게 지속되는 것은 변화이며 성장은 삶의 필연적인 과정입니다. 당신이 어떤 사람이든, 어디에서 왔든, 무엇을 가졌고 가지지 못했든, 당신이 평화, 무조건적 사랑, 충만함, 기쁨으로 넘치는 삶을 추구한다는 사실을 내 영혼 깊은 곳에서 알고 있습니다.

나는 당신을 포함한 그 누구라도 이 책을 읽은 뒤에는 반드시 변화할 것이라는 사실을 약속합니다. 사랑에는 경계선이 없습니다. 당신이 찾고 있는 해답을 얻기 위해서는 열린 마음과 적극적인 의지가 필요할 뿐입니다. 물론 심리적 괴로움이 멈추면 여러 가지의 실용적 혜택이 따라오기도 합니다. 직장이나 경력에서 성공하고, 사람들과 더 깊고 조화로운 인간관계를 맺고, 한평생 지속된 중독을 극복하고, 좋지 않은 습관을 버릴 수 있으며, 신체적으로도 더 건강하고 활력 있고, 에너지 넘치는 삶을 살아갈 수 있습니다.

하지만 이 책의 요점은 그런 외적인 결과물을 추구하는 것이 아닙니다. 그런 결과물은 우리의 마음이 어떻게 작동하는지를 이해하고, 우리가 원하는 삶을 창조하는 데 장애가 되는 심리적 혼란을 줄였을 때 자연히 생겨나는 부산물에 불과합니다.

그보다 더 중요한 사실은 우리가 그토록 남들에게 인정받기를 원하고, 돈을 추구하고, 중요한 인물이 되고 싶어 하는 이유가 사랑, 기쁨, 평화, 자유, 삶의 보람 같은 감정을 경험하기 위해서라는 겁니다.

이 감정들이야말로 우리가 진정으로 추구하는 목표

입니다. 하지만 우리는 외적인 요인이 그런 감정을 가져다줄 거라는 심리적 함정에 빠져 있습니다. 따라서 이 감정 자체에 초점을 맞추고, 인간의 외부적 환경과 내면적 감정이 서로 얼마나 독립적으로 작용하는지를 깨닫는 일이 중요합니다.

이 책은 정보를 얻기 위해서가 아니라 통찰을 구하기 위해 읽어야 합니다. 통찰(지혜)은 오직 당신의 내면에서 찾을 수 있습니다. 통찰을 뜻하는 영어 단어 'insight'가 안쪽(in)을 들여다보기(sight)라는 말로 이루어져 있는 것도 그런 이유 때문입니다. 나는 당신이 영혼 깊은 곳에서 이미 알고 있는 것만 이야기합니다. 당신이 삶에서 찾고 있는 것이 무엇이든 해답을 얻기 위해서는 자신의 내면을 들여다보고 당신 안에 늘 존재하는 지혜를 발견해야 합니다. 그곳이 바로 진리가 머무는 곳입니다. 이 책은 당신이 어디를 찾아봐야 하는지 알려주는 안내서일 뿐입니다.

이 여정은 지금보다 더 나은 삶이 가능하다는 희망

과 함께 시작되어야 합니다. 희망이 없다면 우리에게는 정말 아무것도 없습니다. 당신이 지금 이 자리에서 이 책을 읽고 있다는 사실은 당신의 믿음, 용기, 힘을 입증하는 증거입니다. 마음속에 굳은 믿음을 품고 이 여정을 계속하면 당신이 원하는 것을 반드시 찾을 수 있을 겁니다.

이 책에 쓰인 언어는 진리가 아니라 진리를 가리키는 손가락에 불과합니다. 진리는 지성으로 설명할 수 없고 오직 경험할 수 있을 뿐입니다. 진리는 모든 사람과 사물 속에 들어 있습니다. 진리(마음)를 바라보고 체험하기 위해서는 현상(물질)을 뛰어넘어야 합니다.

언어를 넘어 더 먼 곳을 바라보세요. 진리는 느낌의 형태로 찾아옵니다. **느낌을 찾아내야 합니다.** 그 느낌으로부터 당신이 구하는 지혜가 다가와 괴로움의 질곡으로부터 당신을 자유롭게 해줄 겁니다. 우리가 궁극적으로 원하는 게 바로 그것입니다. 그렇지 않나요?

진리를 발견한 많은 사람이 마음속의 울림이라든가 자아와의 진정한 조화 같은 느낌으로 그 순간의 감정을 표현합니다. 그것이 바로 평화와 자유의 경험입니다. 그들은 깨달음의 느낌이 가장 친숙하면서도 낯선 감정이라고 말합니다. 오랫동안 바깥을 헤매다 마침내 집에 돌아왔을 때 느껴지는 감정, 그것이 깨달음을 얻었을 때의 느낌입니다. 그건 당신이 오래전부터 알고 있었던, 뭔가를 발견했을 때의 느낌이지요.

이 책은 단순합니다. 내가 여러분에게 제안하는 해결책은 사실 너무나 단순해서 당신의 마음(에고)은 그 해결책에 저항하거나 이를 좀 더 어렵게 만들려고 애쓸지도 모릅니다. 그런 순간이 찾아오면 진리는 늘 단순할 뿐이라는 사실을 기억하시기 바랍니다.

진리를 구하려면 단순함을 찾아야 합니다. 열린 마음과 진리를 깨우치고자 하는 순수한 의도를 바탕으로 이 책을 펼치면 지금까지 당신이 갈구해온 모든 것을 얻게 될 겁니다.

이 책은 독자 여러분이 심리적 괴로움의 근원을 찾는 과정을 돕고 모든 사람에게는 새로운 삶의 경험을 선택할 능력이 있음을 알리기 위해 썼습니다. 문제를 해결하려면 먼저 이 사실을 마음 깊이 이해해야 합니다. 그러므로 책의 내용은 이 통찰을 표현하는 데 지면의 대부분이 할애되어 있습니다.

아울러 여러분이 이 책에 담긴 아이디어를 삶에 적용해서 각자가 원하는 변화를 좀 더 쉽게 이뤄낼 수 있도록 몇 가지 도구를 제공하고자 합니다. 책의 후반부에 실천편을 추가한 이유도 그 때문입니다. 이 도구 상자에는 당신이 삶에서 더 많은 평화, 사랑, 기쁨을 발견하는 데 도움이 될 구체적인 길잡이, 힌트, 연습 등이 단계별로 담겨 있습니다. 이들을 매일같이 실천해서 일상에 정착시키면 반드시 당신이 원하는 변화를 이룰 수 있을 겁니다.

본론으로 들어가기에 앞서 지금 이 자리에 앉아 내게 시간과 관심을 나눠주고 있는 당신에게 깊은 감사의 인사를 전합니다. 당신이 베푸는 시간과 관심은, 당신이 타인에게 줄 수 있는 가장 소중한 선물입니다. 그리고 내게 당신의 선물을 주어 고맙습니다. 당신이 그 선물을 내게 건네는 순간, 자신에게도 똑같은 은혜를 베푸는 겁니다. 당신의 신성(神性)을 잊지 마시길 바랍니다. 우리는 오직 신성을 통해서만 인간성을 지킬 수 있으니까요.

* ────────────────────────

우리가 매달리는 것은
현실을 영원히 이어가게 하고
우리가 내려놓는 것은
새로운 가능성을 창조한다.

* 1

괴로움의 뿌리를
찾아가는 여행

The Journey to Discovering
the Root Cause of Suffering

"사람들은 괴로움을 내려놓기 어려워한다.
미지의 것에 대한 두려움 탓에
익숙한 괴로움을 선택하는 것이다."
—**틱낫한**

우리가 괴로움을 멈추는 방법을 탐구하기 전에 한 가지 해야 할 일이 있습니다. 바로 괴로움이 무엇인지를 정확히 이해하는 겁니다. 괴로움(suffering)은 고통(pain)과 다릅니다. 이 두 가지의 차이를 제대로 구분한다면 우리에게 어떤 일이 생겨도 감정적이고 심리적인 괴로움에 시달릴 필요가 없습니다. 불교의 가르침은 이 개념을 다음과 같이 설명합니다.

불교도들에 따르면 삶에서 부정적 사건을 경험할 때마다 우리에게는 두 대의 화살이 날아온다고 합니다. 첫 번째 화살에 맞으면 아픕니다. 그건 고통의 화살입니다. 그 뒤에 날아오는 두 번째 화살은 첫 번째 화살에 대한 우리 자신의 감정적 반응이며 오히려 첫 번째 화살보다 더 아프게 느껴질 때가 많습니다. 이

두 번째 화살이야말로 괴로움이 비롯되는 근원입니다.

부처님은 이렇게 설명하셨습니다.

"우리가 삶을 살아가면서 첫 번째 화살을 늘 통제할 수는 없다. 하지만 두 번째 화살은 첫 번째 화살에 대한 우리 자신의 반응이다. 즉, 두 번째 화살은 선택의 대상이다."

다시 말해 고통은 피할 수 없어도 그 고통에 어떻게 반응할지는 우리에게 달려 있고, 그 반응에 따라 우리가 괴로움을 느낄지 말지 결정된다는 뜻입니다. 그렇다고 해서 삶에서 벌어지는 모든 힘든 경험들이 머릿속에서만 벌어지는 상상의 산물이라는 뜻은 아닙니다. 하지만 우리에겐 끔찍하고 불행한 일이 매일같이 일어나지요. 내가 전하고자 하는 말은 우리가 삶에서 고통을 경험하는 일은 어쩔 수 없지만, *괴로움을 겪는 것은 각자의 선택*이라는 겁니다. 우리가 배워야 할 것은 괴로움으로부터 자유로워지는 방법입니다.

나는 두 대의 화살 이야기를 처음 들었을 때 흡사 신의 계시를 얻은 듯한 느낌을 받았습니다. 나를 그토록 힘들게 했던 괴로움의 정체를 새로운 방식으로 이해하게 됐기 때문입니다. 문제는 고통 자체가 아니라 고통에 대한 나 자신의 '반응'이었습니다.

하지만 흥분감에 이어 새로운 혼란이 밀려들었습니다. 그렇다면 괴로움을 선택하지 않을 방법은 무엇일까요? 그 방법이 쉽다면 이 세상 그 누구도 괴로움을 느끼지 않겠지요.

그래서 나는 평화를 찾아 길을 떠났습니다. 그 여정에서 괴로움을 없애준다고 장담하는 수많은 가르침, 연구 자료, 방법론 등을 접했습니다. 수백 권의 책을 읽고 심리학과 철학을 공부했습니다. 심리 치료사들과도 대화를 나누었으며, 생활 습관을 바꾸기 위해 노력했습니다. 새벽 4시에 기상하고, 채식을 실천하며 더 체계적이고 엄격한 일상을 보냈습니다. 그림자 작업(shadow work)*, 호흡 요법, 에너지 요법, 최면 요법 등도

---

* 칼 융이 창안한 개념으로 개인의 무의식 속에서 그림자처럼 억눌려진 부분을 빛 속으로 가지고 나오는 심리적 정화 작업

용기란 공포를 모르는 것이 아니라
공포의 한복판에서
사랑을 실천하는 것이다.

시도해봤습니다. 인간의 성격 유형을 공부하고, 매일 매일 명상하고, 수행처를 찾고, 영적 스승들을 따르고, 고대의 여러 종교를 연구했습니다.

당신이 어떤 수행법을 이야기하든 나는 이미 시도한 적이 있을 겁니다. 괴로움을 멈추고자 하는 나의 욕구는 그토록 간절했습니다. 하지만 그런 수행법들이 내게 얼마간 도움이 됐을지는 몰라도(여러분에게도 도움이 될 겁니다) 괴로움을 멎게 해주지는 못했습니다. 여전히 불안하고, 무섭고, 공허하고, 짜증하고, 화가 나고, 불만스러운 나날이 지속됐습니다. 모든 것을 시도해봤지만 해결책에 가까워진다고 느껴지지 않았습니다. 솔직히 말하면 여정을 시작하기 전보다 오히려 더 큰 상실감에 빠졌습니다. 어떤 일을 더 해야 하고, 어느 곳을 찾아다니고, 누구와 대화를 나눠야 할지 알 수 없었습니다. 그런 상황은 삶에서 경험한 최악의 어둠 속에서 환한 세상으로 이어지는 한 줄기 빛을 발견할 때까지 계속됐습니다.

그렇게 탐구의 여정을 이어간 지 몇 년 만에 나는 두 대의 화살에 대한 가르침을 올바르게 이해하는 법, 즉 두 번째 화살에 맞는 일을 방지함으로써 감정적 괴로움에 시달리지 않는 법을 깨닫게 됐습니다.

내가 발견한 답은 사람의 마음이 어떻게 작동하고 경험이 어떻게 창조되는지 이해하는 데 있었습니다.

* ──────────────────────────────

더 되풀이하고 싶지 않은 이야기를
언제까지 붙들고 있을 것인가?

2

모든 괴로움의 근원은 무엇인가

The Root Cause of Suffering

"똑똑한 사람은 주변을 돌아보고,
 현명한 사람은 내면을 들여다본다."

―마트쇼나 들리와요

우리는 실제가 아닌 생각의 세계에서 살아갑니다. 철학가 시드니 뱅크스(Sydney Banks)*는 이런 말을 한 적이 있습니다.

"생각은 실제가 아니다. 하지만 실제는 생각에서 창조된다."

그가 한 말의 의미를 풀어서 이해해보면 이렇습니다. 모든 사람이 세계를 바라보는 저마다의 관념에 따라 세상을 살아가지만, 그 관념은 바로 옆자리에 앉은 사람들 사이에서도 하늘과 땅만큼 다를 수 있다는 겁니다.

---

* 캐나다 출신의 기업가, 영성가, 작가

당신이 커피숍에 앉아 있는 장면을 상상해봅시다. 인생의 실존적 위기감에 빠진 당신은 삶에서 무엇을 해야 할지 모른다는 사실로 인해 마음이 온통 스트레스로 가득합니다. 하지만 그 순간에도 당신의 옆자리에 앉아 있는 사람은 신선한 커피의 향기를 즐기며 평화롭게 사람들을 바라보고 있습니다.

당신과 당신의 옆에 앉은 사람은 모두 같은 커피숍에 앉아 같은 커피 향기를 맡으며 같은 사람들에 둘러싸여 있지만, 두 사람이 바라보는 세계는 전혀 다릅니다. 이렇듯 수많은 사람이 같은 사건을 겪거나, 같은 시간에 동일한 장소에 있으면서도 저마다 다른 세계를 경험합니다. 우리가 실제가 아닌 생각의 세계에서 살아간다는 말의 의미가 바로 그것입니다.

실제(reality)란 이 순간에 일어나는 일을 뜻합니다. 그것은 아무런 의미나 판단의 개입 없이 객관적으로 펼쳐지는 상황입니다. 우리가 경험하는 것은 실제가 아니라 실제에 대한 우리의 관념(perception)입니다. 우리가 어떤 대상에 대해 부여하는 의미나 생각은 우리의 선택에 따

라 스스로 생겨납니다.

또 다른 예를 들어보겠습니다. 당신이 100명의 사람을 만나 각자에게 돈이 무엇을 의미하느냐고 묻는다면 얼마나 다양한 대답을 듣게 될까요?

돈이라는 물건의 객관적인 정의는 분명합니다. 하지만 그 물건이 무엇을 '의미'하는지는 사람마다 다릅니다. 당신이 어떤 사람인지에 따라 돈은 시간, 자유, 기회, 안전, 마음의 평화를 뜻할 수도 있고, 사악함, 탐욕, 범죄의 동기 등을 의미할 수도 있습니다. 여기에 옳고 그른 대답은 없습니다. 중요한 사실은 우리가 특정 대상에 부여하는 의미가 삶을 바라보는 필터가 되어 작용한다는 겁니다.

만약 당신이 100명의 사람을 만나 현재의 대통령을 어떻게 생각하는지 묻는다면 또 얼마나 다양한 답변을 듣게 될까요? 우리가 얘기하는 대상은 현직 대통령이라는 하나의 인물이지만 돌아오는 대답은 사람에 따라 천차만별일 겁니다. 왜냐하면 모든 사람이 저마다 다른 믿음을 바탕으로 대상을 바라보기 때문입니다.

우리가 '고통'과 '괴로움'이라는 두 개의 화살을 다시 생각해봐야 하는 까닭도 여기에 있습니다. 우리에게 좋은 감정이나 나쁜 감정을 안겨주는 것은 삶에서 일어나는 사건 자체가 아니라 그 사건에 대한 우리의 '해석'일 뿐입니다. 가난한 나라의 국민이 부유한 나라의 국민보다 더 행복할 수 있고, 선진국 국민이 후진국 국민보다 더 비참할 수 있는 이유도 여기에 있습니다.

우리가 느끼는 감정은 외부적 사건에서 비롯된 것이 아닙니다. 그 사건에 관한 우리 자신의 '사고(思考)' 행위를 통해 생겨납니다.

당신의 직업이 정말 지긋지긋하게 느껴지고 그 때문에 스트레스가 엄청나게 심하다고 가정해봅시다. 근무하는 건물에 발을 들여놓기만 해도 고통스럽고, 일만 생각하면 마음이 불안해집니다. 집에서 소파에 앉아 가족들과 함께 TV를 보고 있을 때도 머릿속으로는 이 직업 때문에 내가 얼마나 불행한지만을 생각합니다. 당신 이외의 가족들은 모두 행복한 시간을 보내고 있는데도 말이죠.

이 순간 모든 사람에게는 똑같은 사건(함께 앉아 TV를 시청하는 일)이 벌어지고 있지만, 당신은 나머지 가족과 전혀 다른 삶을 경험하고 있습니다. 몸이 일터에 있지 않은데도 일을 생각함으로써 실제에 대해 전혀 다른 관념을 창조하는 겁니다.

만일 당신에게 특정한 감정을 초래하는 유일한 원인이 외부적 사건이라면, 당신은 거실에 앉아 사랑하는 가족과 함께 재미있는 TV 프로그램을 시청할 때마다 행복을 느껴야 할 겁니다. 하지만 당신은 그렇지 못합니다.

당신은 직업이라는 부정적 사건이 스트레스를 유발한 탓에 불행한 감정을 느낀다고 말할지도 모릅니다. 그렇다면 당신에게 이렇게 묻고 싶습니다. 특정 직업의 일들이 해내기가 힘들다고 해서 꼭 괴로움에 시달려야 할까요?

이렇게 질문을 바꿔보겠습니다. 당신처럼 업무 강도

가 높은 직종에 종사하는 모든 사람이 당신과 똑같은 감정을 느낄까요?

가령 응급 구조사나 소방관 같은 직업을 생각해보세요. 모두 일이 힘들기로 소문난 직업이지만 그 분야에서 일하는 사람들이 모두 똑같은 감정을 경험하는 것은 아닙니다. 어떤 사람은 그 일을 하며 불안, 공포, 고통을 경험할지도 모르지만, 어떤 사람은 평온함, 성취감, 흥분감 같은 감정을 느낄 수도 있습니다.

말하자면 같은 직종에 종사하는 두 사람이 완전히 다른 경험을 할 수도 있다는 겁니다. 한 사람에게는 그 일이 꿈에 그리던 직업일 수도 있고, 다른 사람에게는 최악의 악몽일 수도 있습니다. 그렇다면 사람의 경험을 결정하는 것은 무엇일까요?

이 질문에 답하기 위해 한 가지 실험을 해봅시다. 이론적으로 스트레스가 많은 직업, 즉 당신이 싫어하는 직업을 다시 한번 머릿속에 떠올려보세요. **만일 그 직업이 싫다는 '생각'이 사라진다면 어떤 느낌이 들까요?** 몇 분 정도 기다리면서 어떤 답이 떠오르는지 지켜보세요.

너무 깊이 생각하지 않고 내면에서 답이 자연스럽게 일어나도록 놓아둔다면, 당신은 아마 이런 결론에 도달하게 될 겁니다. 만일 그 한 줄기의 사고(끝없이 되새기고, 판단하고, 꼬리를 무는 생각)만 사라진다면 *평화롭고, 자유롭고, 홀가분한* 느낌을 받을 거라고요. 당신의 직업이나 환경, 그 무엇도 바뀌지 않았는데도 마음속에서 그런 변화가 일어난 겁니다.

그 말은 우리가 어떤 사건에 대해 '생각하기'를 멈추는 순간 완전히 다른 경험을 할 수 있다는 뜻입니다.

우리는 이런 이해를 바탕으로 내가 오랜 탐구의 여정을 통해 발견한 진리에 도달할 수 있습니다.

괴로움의 근원은 우리 자신의 사고입니다.

잠깐, 당신이 이 책을 불 속에 집어 던지기 전에 한마디 해야겠습니다. 나는 세상일이 모두 우리의 머릿속에서 만들어지는 환상이라고 말하지 않습니다. *실제에 대한 우리의 관념*은 대단히 실제적입니다. 우리는 스스로 생각하는 것만을 느낄 뿐이며, 그 느낌이

● ────────────────────────

우리는 오직
생각하는 것만
느낄 수 있다.

곧 실제입니다. 이는 누구도 부인할 수 없는 사실입니다. 다만 실제가 사고를 통해서 창조된다는 사실을 알기 전까지는 오직 자기가 느낀 것만이 필연적이고 바꿀 수 없는 실제처럼 보이는 겁니다. 우리는 사고 행위 자체를 바꿈으로써 실제를 바꿀 수 있습니다. 그 말은 생각하는 것을 멈춤으로써 삶을 변화시키고 고통을 내려놓을 수 있다는 뜻입니다.

정리하자면, 사고가 멈추는 순간이 바로 행복이 시작되는 순간입니다.

경험의 방정식

우리가 겪는 실제의 경험은 삶에서 마주치는 여러 사건과 그 사건들에 관한 생각에서 비롯됩니다. 다시 말해 우리가 느끼는 감정은 외부적 사건에서 오는 게 아니라 그 사건에 관한 우리 자신의 사고 행위에서 생겨납니다.

인간의 사고가 어떻게 경험을 바꾸는지 알기 위해서는 아래와 같은 간단한 방정식을 통해 이를 좀 더 시각적으로 표현해볼 필요가 있습니다.

사건+같은 사고=같은 경험
사건+새로운 사고=새로운 경험

이 방정식이 뜻하는 바는 이렇습니다. 우리가 특정한 사건을 겪을 때마다 같은 생각을 하면 언제나 똑같은 경험과 똑같은 감정이 생겨날 뿐입니다. 하지만 똑같은 사건을 다르게 생각하는 순간 경험을 바꾸고 새로운 감정을 창조할 수 있습니다.

다시 말해 사건 자체를 바꿀 필요 없이 생각을 바꿈으로써 삶의 경험을 바꿀 수 있는 겁니다.

하지만 마음의 평화를 얻는 가장 이상적인 비결은 생각을 바꾸기보다 사고 행위 자체를 내려놓는 데 있습니다. 특정한 사건에 대한 사고 행위가 없을 때 평화가 찾아오는 이유는, 우리 스스로 대상을 판단하고, 서술하고, 기대하지 않아야만 실제를 있는 그대로 경험할 수 있기 때문입니다. 이 말을 좀 더 간단한 방정식으로 표현하면 다음과 같습니다.

사건+사고=실제에 대한 관념
사건-사고=실제
사건-사고=평화

사고가 어떻게 괴로움을 만들어내는지를 보여주는 선사들의 이야기를 하나 들려드리겠습니다.

젊은 수도승과 빈 배

아주 오래전 젊은 수도승 한 사람이 호숫가 옆 숲속의 작은 수도원에 살고 있었습니다. 이곳에는 몇몇 나이 많은 고승과 한참 갈 길이 먼 신입 수도승들이 열심히 수행하고 있었습니다. 수도승들은 해야 할 일이 많았지만, 그중에서도 가장 중요한 일과는 자리에 앉아 눈을 감고 한 번에 몇 시간씩 침묵 속에서 명상하는 일이었습니다.

그들은 매일 명상이 끝날 때마다 수행에 얼마나 진척이 있었는지 스승에게 보고해야 했습니다. 젊은 수도승은 여러 가지 이유로 명상에 집중하기가 어려웠는데, 그 때문에 마음이 매우 불편했습니다.

그의 스승인 나이 많은 승려는 젊은 수도승에게 수행의 진척 상황을 듣고는 숨겨진 교훈이 담긴 짤막한 질문을 하나 던졌습니다.

"너는 너 자신을 진정으로 노엽게 하는 것이 무엇인지 아느냐?"

젊은 수도승은 대답했습니다. "제가 눈을 감고 명상을 시작하면 누군가 주위를 돌아다니면서 집중을 방해합니다. 제가 명상 중이라는 것을 알면서도 그렇게 행동한다는 사실이 화가 납니다. 어쩌면 그토록 남을 배려하지 않을 수 있을까요? 그리고 제가 다시 눈을 감고 명상에 집중하자면 고양이 같은 작은 동물들이 옆을 스치고 지나가면서 또 훼방을 놓습니다. 심지어 바람이 불고 나뭇가지가 흔들리면서 소리를 냅니다. 그래서 저는 화가 납니다. 그것만으로는 부족하다는 듯이 이번에는 새들이 짹짹대기 시작합니다. 이곳에서는 마음의 평화를 얻을 수 있을 것 같지 않습니다."

나이 많은 승려는 제자에게 이렇게 말했습니다. "너는 수행을 방해하는 뭔가를 마주할 때마다 점점 더 화를 내는 듯하구나. 그것은 수행의 목적과 정반대의 길이니라. 네 수행을 가로막는 사람이나 동물, 또는 다른 무엇에도 화를 내지 않을 방법을 찾아보도록 해라."

젊은 수도승은 스승과 이야기를 마친 뒤에 수

도원 바깥으로 나가 좀 더 평화롭게 명상할 만한 장소를 찾아 나섰습니다. 그러다 근처의 호숫가에서 적당한 곳을 발견했습니다. 그는 돗자리를 그곳으로 가지고 가서 자리에 앉아 명상을 시작했습니다. 하지만 얼마 되지 않아 한 무리의 새떼가 호수에 뛰어들면서 첨벙대는 소리가 들렸습니다. 그 소리를 들은 수도승은 화가 나서 눈을 번쩍 뜨고 말았습니다.

호숫가가 수도원보다 조용하기는 했으나 그곳에도 마음의 평화를 깨는 뭔가가 있다는 사실에 그는 다시 화가 났습니다. 비록 그는 자신이 원하는 만큼의 평화를 발견하지는 못했지만, 매일같이 호숫가를 찾았습니다. 하루는 호숫가의 작은 선착장에 묶여 있던 한 척의 배가 수도승의 눈에 띄었습니다. 그러자 그에게 이런 생각이 떠올랐습니다. "이 배를 타고 호수 한복판으로 나가서 명상하면 어떨까? 그곳이라면 아무것도 나를 방해하지 않을 테니까!" 그는 배를 저어 호수 한가운데로 나가 명상을 시작했습니다.

젊은 수도승의 예상대로 호수 한가운데에서는 아무것도 그를 방해하지 않았습니다. 덕분에 그는 온종일 명상에 잠길 수 있었습니다. 저녁이 되자 그는 수도원으로 되돌아갔습니다. 수도승은 이런 일과를 며칠간 되풀이하면서 마침내 평화롭게 명상할 장소를 찾았다는 사실에 기뻐했습니다. 그는 더 화를 내지 않았고 차분한 상태에서 계속 명상을 이어갈 수 있었습니다.

그러던 어느 날, 젊은 수도승은 다시 배에 올라 호수 한가운데로 노를 저었습니다. 그리고 명상을 시작했습니다. 잠시 뒤에 갑자기 물이 튀면서 배가 흔들리는 게 느껴졌습니다. 그는 호수 한복판에서도 뭔가가 자기를 방해한다는 사실에 다시 화가 치밀었습니다.

그가 눈을 뜨자 배 한 척이 자기 쪽으로 곧바로 다가오는 모습이 보였습니다. 그는 소리쳤습니다. "방향을 바꾸시오! 내 배에 부딪히겠소." 하지만 그 배는 아랑곳하지 않고 코앞까지 다가섰습니다. 그가 계속해서 소리를 질렀지만 아무런 소용도 없이 그 배는 결국 수도승의 배에 부딪히고 말았습니다. 그는 불같이 화를 내며 이렇게 소리쳤습니다. "당신은 대체 누구길래 이 넓은 호수 한복판에서 하필 내 배를 들이받은 거요?" 하지만 상대방은 아무런 대답도 하지 않았습니다. 젊은 수도승은 더 화가 났습니다.

그는 자리에서 일어서서 그 배에 누가 타고 있는지 살펴봤습니다. 놀랍게도 *배에는 아무도 타고 있지 않았습니다.*

아마도 그 배는 물가에 매여 있다가 줄이 풀

리면서 바람을 타고 호수를 떠돌다 수도승의 배에 부딪힌 듯했습니다. 그건 그냥 빈 배였을 뿐입니다! 그 사실을 깨닫자 젊은 수도승은 화가 눈 녹듯 사라지는 것을 느꼈습니다. 애초에 화를 낼 상대는 아무것도 없었던 것입니다.

그 순간 스승의 질문이 떠올랐습니다. "너 자신을 진정으로 노엽게 하는 것이 무엇인지 아느냐?" 젊은 수도승은 그 질문의 답을 찾았다는 사실을 깨달았습니다. "어떤 사람이나 상황, 그리고 환경이 나를 노엽게 하는 것이 아니다. 빈 배가 나를 화나게 한 게 아니라 빈 배를 향한 나의 반응이 나를 분노로 이끄는 것이다. 내 화를 돋우는 사람이나 사건은 그냥 빈 배와 같다. 내 반응이 없다면 그들에게는 나를 노엽게 할 아무런 힘이 없다."

수도승은 물가로 배를 저었습니다. 그리고 수

도원으로 돌아가 동료들 사이에 끼어 명상을 시작했습니다. 주위에는 여전히 소음과 방해물이 오갔지만, 그는 모든 것을 '빈 배'로 여기고 평화롭게 명상을 이어갔습니다.

스승은 젊은 수도승의 태도가 달라졌다는 사실을 알아차리고 이렇게 말했습니다. "이제 너를 진정으로 노엽게 하는 것이 무엇인지 깨닫고 그것을 이겨냈구나."

✱ ─────────────

진정한 자유는
마음을 완벽히 통제함이 아니라
어떤 일이 일어나도
그 일에 얽매이지 않음을 뜻한다.

*3

우리는 왜 생각하는가

Why Do We Think?

"나는 행복에 대해 생각하고, 생각하고, 또 생각했다.
그렇게 수백만 번 생각했지만,
단 한 번도 행복을 얻지 못했다."

―**조너선 사프란 포어**

인간은 뭔가를 합리화하고, 분석하고, 생각하는 능력을 갖춘 지적 존재로 진화했습니다. 그 능력이 생존에 도움이 되었기 때문입니다.

 마음의 역할은 우리 주위에서 삶에 위협을 가할 수 있는 잠재적 위험 요소를 찾아내고 이에 대해 경고하는 겁니다. 우리의 마음은 그 일을 너무도 잘 해내다 보니 주위에 어떤 위험이 도사리고 있는지 끊임없이 신경 쓸 뿐 아니라, 과거의 경험과 기억을 참고해서 미래의 잠재적 위험을 예측하기도 합니다.

 물론 그것이 잘못됐다는 말은 아닙니다. 마음은 애초에 설계된 역할을 충실히 해낼 뿐입니다. 그러나 우리의 마음은 몸을 생존시키는 데는 놀라운 능력을 발휘하지만, 그 능력으로 우리를 행복하게 해주지는 못합니다.

선사시대에는 야생동물, 날씨, 질병 같은 수많은 외부적 요인이 생존을 위협했습니다. 우리가 그런 환경 속에서 살아남을 수 있었던 이유는 서로 소통하고, 협업하고, 사회적 유대를 형성하고, 한 세대에서 다음 세대로 지식을 전수하는 능력을 길렀기 때문입니다. 우리가 속한 사회적 집단에 머무는 일은 대단히 중요했습니다. 부족에서 쫓겨난다는 말은 곧 죽음을 의미했으니까요.

우리의 마음은 남에게 손가락질받을 일이나 잘못된 행동을 하는 것을 두려워하도록 진화했습니다. 그래야만 사람들에게 받아들여지고 부족에서 쫓겨나지 않았기 때문입니다. 그런 과정을 겪으며 우리는 남들과 맞춰 살아가기 위해 각자의 개성과 특별함을 희생하는 길을 택했습니다. 우리가 지나치게 튀거나 특이한 사람이 되지 않는 법을 배운 이유는 남들에게 따돌림받지 않기 위해서였습니다. 하지만 그런 삶의 방식이 생존에는 도움이 됐을지언정 우리 자신에게 평화와 행복을 가져다주지는 못했습니다.

인간의 두뇌는 여전히 그런 방식으로 굳어져 있지만, 현대인들은 더 이상 사회적 수용의 여부에 따라 생사가 갈리는 시대에 살지 않습니다. 사람들과의 유대가 줄어들면 조금 불편할 수는 있어도, 그렇다고 벌판으로 쫓겨나 혼자서만 살아가야 하는 것은 아닙니다.

오늘날 우리 앞에 던져진 질문은 세상에서 생존하느냐의 문제가 아니라 우리가 살아가는 이 시대에서 행복할 수 있느냐의 문제입니다. 삶의 질을 결정하는 것은 우리가 매일같이 느끼는 평화, 성취감, 기쁨입니다.

바로 이 대목에서 한 가지 부조화가 발생합니다. 우리의 몸은 현대의 문명사회를 살아가면서도 마음은 여전히 원시적인 공포를 바탕으로 프로그램되어 있습니다. 이 차이를 망각하는 데서 종종 문제가 생겨납니다. 마음의 임무는 몸을 생존하게 하는 것이며, 의식의 임무는 우리가 삶의 보람을 느끼도록 돕는 것입니다.

우리의 영혼은 내면의 평화를 찾기 위해 시작한 이 여정의 이유 그 자체입니다.

이런 사고방식이 계속해서 삶을 좌우하도록 내버려 둔다면 우리는 투쟁과 도피, 불안감, 공포, 좌절, 우울, 분노, 후회 등을 포함한 온갖 부정적 감정에서 헤어나지 못할 겁니다. 마음은 주위에 존재하는 모든 것을 생존을 위협하는 요소로 여기기 때문입니다. 마음의 이러한 특성은 우리를 괴로움의 뿌리로 몰아가고 고통스러운 사고의 굴레에 빠뜨립니다.

자유롭고 평화로운 삶을 원하는 사람은 투쟁과 도피로 일관하는 마음의 소리에 귀를 기울이는 습관을 내려놓아야 합니다. 당신은 환경의 산물이 아니라, 환경을 공동으로 창조하는 존재입니다. 이런 이해가 바탕이 되어야만 현실의 경험을 단순한 '생존'에서 진정한 '번영'으로 바꿀 수 있습니다.

* ─────────────────────

우리가 부족한 존재라는 생각에 이끌려
우리 자신을 개선하려고 애쓰는 게 아니라
우리가 부족한 사람이라는 착각을 내려놓는 것이다.

*4

생각 vs. 생각하기

Thoughts vs. Thinking

"생각하기를 멈추면
모든 문제가 사라진다."
—**노자**

생각(thoughts)은 우리가 세상을 이해하고 살아가는 데 사용하는 활동적인 심리적 원재료입니다. 생각은 중립적인 관찰이나 통찰, 또는 마음속에 돌연 떠오르는 직관적인 메시지를 뜻합니다. 생각은 노력하거나 힘쓰지 않아도 저절로 일어납니다. 우리는 마음속에서 생각이 떠오르는 일을 통제할 수 없습니다.

사고(thinking)는 그렇게 떠오른 생각을 두고 판단하거나 의견을 제시하는 행위를 뜻합니다. 여기에는 많은 양의 에너지, 노력, 의지력이 요구됩니다. 게다가 이들은 모두 유한한 자원입니다. 비록 생각이 떠오를 때마다 일일이 되새길 필요가 없지만, 당신이 그렇게 행동할 때 이를 사고라고 부릅니다.

생각과 사고를 구분하는 법은 간단합니다. *생각은*

우리가 의도적으로 행하는 뭔가가 아니라 우리에게 주어지는 어떤 것을 가리키는 '명사'입니다. 반면 사고는 우리가 행하는 특정한 행동을 일컫는 '동사'입니다. 사고는 마음속에 떠오른 생각에 적극적으로 관여하는 행위를 뜻합니다.

두 가지의 차이를 이해하기 위해 간단한 실험을 하나 해봅시다.

당신이 지금까지 줄곧 꿈꿔왔으면서도 아직 실천하지 못한 일이 무엇인가요?

잠깐 쉬면서 대답이 떠오를 때까지 기다려보세요.

마음속에서 어떤 일을 꼭 하고 싶다는 생각이 처음 떠올랐을 때 어떤 기분이 들었는지 기억하기를 바랍니다.

이제 조금 깊이 들어가 봅시다. 당신의 꿈을 현실로 이루기 위해서는 무엇이 필요한가요? 당신이 그 꿈을 이루기 위해 어떤 일을 했거나 하지 않은 이유는 무엇인가요? 어떤 것이 그 꿈을 이루는 데 방해가 됐나요?

이런 추가적인 질문들을 받으니 어떤 기분이 듭니까? 그 감정들을 잘 지켜보고 당신에게 어떤 일이 생겼는지 관찰해보시기를 바랍니다.

이제 당신에게 방금 있었던 일을 돌이켜봅시다.

내가 당신에게 평생 이루고 싶었던 꿈이 무엇이었냐고 물었을 때 당신의 마음에 처음 떠오른 대답이 바로 '생각'입니다. 그것이 당신의 진정한 꿈이라면, 생각만으로도 당신은 고무되고, 속이 후련하고, 흥분되는 감정을 느꼈을 겁니다.

그 뒤에 나는 당신에게 그 꿈을 이루기 위해 무엇이 필요한지, 그리고 그 꿈을 방해하는 것이 무엇인지 물었습니다. 그 질문들에 대한 답을 생각할 때 에너지의 흐름이 바뀌는 것을 느끼지 않았나요?

아마도 당신은 마음이 무거워지고, 실망스럽고, 불만스럽고, 어쩌면 조금 두려운 느낌이 들었을지도 모릅니다. 마음속에서 저절로 떠오른 첫 번째 대답과 비교했을 때, 두 번째 대답은 좀 더 비판적이고 부정적이었을 테니까요.

당신은 그 꿈을 이루는 일이 왜 불가능한지, 왜 실패할 가능성이 큰지, 다른 사람들이 나를 어떻게 생각할지, 자신의 능력이 얼마만큼 부족한지, 그 꿈이 얼마나 헛된지를 생각했을 겁니다.

이 연습이 당신에게 아무런 부정적 감정을 초래하지 않았다면 다행스러운 일입니다. 이 실험의 목적은 마음속에서 자연스럽게 떠오른 '생각'이 의도적인 '사고'의 과정을 거쳐 끝없이 되새겨지는 순간을 포착하는데 있습니다. 그런 순간을 경험하게 하는 시나리오는 사람마다 모두 다릅니다. 따라서 이 실험이 당신의 상황과 맞지 않는다면 당신만의 사고 실험을 개발해보시기 바랍니다. 어떤 시나리오든 마음속에 처음 떠오른 생각이 꼬리에 꼬리를 무는 사고로 이어지고 감정적 괴로움으로 바뀌는 상황을 떠올려보시기 바랍니다.

생각은 본래 중립적입니다. 하지만 우리는 그 생각에 대해 '사고'하기 시작하면서 감정적인 롤러코스터에 오릅니다. 사고가 괴로움의 근원인 이유도 여기에 있습니다. 당신이 평생 품어온 꿈에 대한 첫 번째 생각은 아무런 괴로움을 초래하지 않았습니다. 당신이 괴로움을 느낀 것은 그렇게 떠오른 생각을 두고 *사고하기* 시작한 뒤부터였습니다.

좋은 소식은 우리가 머리에 처음 떠오른 생각을 일일이 곱씹거나 판단할 필요가 없다는 겁니다. 당신은 사고가 유용하다고 생각할 수도 있겠지만, 사고는 우리에게 부정적이고 바람직하지 않은 감정만을 안겨주는 환상에 불과합니다.

내가 당신의 꿈이 무엇인지 물었을 때 마음속에 처음 떠오른 생각만이 유용하고 유익했으며, 그 뒤에 이어진 모든 사고 행위는 파괴적이고 해로웠습니다.

이 개념을 설명하기 위해 아래의 시나리오들을 예로 들어보겠습니다. 각 시나리오에서 당신에게 떠오른 최초의 반응(생각)과 그 생각을 머릿속에서 곱씹기(사고) 시작했을 때의 차이점을 주의 깊게 살펴보시기를 바랍니다.

생각은 창조하고,
사고는 파괴한다.

상황: 특정한 사건이 벌어졌을 때

생각: 중립적 관찰 또는 직관적 메시지

사고: 그 생각에 대한 부정적 판단 또는 자의적 해석

상황 ❶: 비가 올 때

생각: 비가 온다.

사고: 왜 항상 내게 이런 일이 벌어지지?

　　　이건 최악이야.

　　　비 때문에 하루를 망쳤어.

상황 ❷: 일자리를 잃었을 때

생각: 일자리를 잃었다.

사고: 나는 능력도 쓸모도 없는 사람이야.

　　　모든 사람이 나를 좋지 않게 생각해.

　　　이 충격에서 벗어날 수 없을 거야.

　　　이건 불공평해.

상황 ❸ : 회사에 다니고 있지만 성취감이 느껴지지 않을 때

생각: 직장을 그만두고 싶다.

사고: 다른 직장을 구하지 못하면 어떻게 하지?

다음번 일자리는 더 싫을 거야.

누가 나 같은 사람을 채용할까?

상황 ❹ : 주말에 어떤 일을 할지 결정할 때

생각: 창의적인 새로운 취미를 시작하고 싶다.

사고: 그런 건 시간 낭비야.

나는 창의적이지 못해.

나는 그런 재능이 없어.

생각은 창조하고 사고는 파괴합니다.

우리가 마음속에 자연스럽게 떠오른 생각을 두고 사고하기 시작하면서, 그 위에 스스로의 제한된 믿음, 판단, 비판, 조건화 등을 덧씌웁니다.

이런 사고 행위만 없다면, 우리가 창조하고 싶었던 최초의 생각이 부정적인 방향으로 흐트러지거나, 그 판단이 오염되는 일을 막아낼 수 있습니다.

  그렇다면 사고가 개입하지 않은 순수한 형태의 생각은 어떤 모습일까요? 조금 전에 했던 실험으로 돌아가 봅시다. 만일 내가 당신에게 꿈을 현실로 만들 방법이 무엇인지 질문했다면, 당신은 꿈을 실현할 방법이 머릿속에 저절로 떠오르는 경험을 했을 겁니다.

  그것이 바로 창조적인 생각입니다. 생각이 발산하는 에너지는 무한합니다. 당신은 생각을 통해 열정적이고, 홀가분하고, 활기찬 감정을 느낄 수 있습니다.

  하지만 당신은 그 생각에 대해 다시 사고하기 시작하자마자 곧바로 마음이 무겁고, 통제되고, 억눌린 느낌을 받을 뿐 아니라, 그 밖에도 수많은 부정적 감정에 휩싸입니다. 그런 느낌이 바로 당신이 사고하고 있다는 증거입니다.

  우리가 느끼는 감정은 당신이 지금 생각을 경험하고 있는지 아니면 사고의 수렁에 빠졌는지를 탐지하게 해주는 내면의 레이더 장치입니다.

생각vs.생각하기

아래의 그림은 생각과 사고의 특성을 비교한 도표입니다. 지금 당신에게 벌어지는 일이 생각인지 사고인지를 파악하는 데 도움이 될 겁니다. 오늘 하루 당신의 마음속에 떠오른 몇 가지 생각을 예로 삼아서 당신이 경험한 현상이 둘 중 어디에 해당하는지를 판단해보길 바랍니다.

속성	생각 (thoughts)	생각하기, 사고 (thinking)
근원	우주	에고
성격	긍정적	부정적
무게감	가벼움	무거움
에너지	광대함	제한적
천성	무한함	유한함
성품	창조적	파괴적
본질	신적	인간적
감정	생동감	긴장감
정서	사랑	공포
감각	전체성	분리성
노력	수월함	고됨
뿌리	진리	환상
시간	현재	과거/미래

생각 vs. 생각하기

✱ ────────────────────────────

사고에 의문을 품을 때
비로소 당신의 삶을 바꿔줄
새로운 생각의 공간이 창조된다.

*5

긍정적인 사고는 과연 필요한가

But Don't We Need to
Think Positively?

"우리의 가장 자연스러운 상태는 기쁨이다.
그것은 사랑, 연민, 치유의 바탕이며
괴로움을 줄이고자 하는 욕구의 근원이다."
―**디팩 초프라**

당신은 이렇게 생각할지도 모릅니다. 만일 사고가 부정적 감정을 초래한다면, 사고 행위를 완전히 멈춤으로써 부정적 감정을 없앨 수 있을까? 그것이 우리가 바라는 것일까?

사고 행위를 줄이는 것이 괴로움을 줄이는 중요한 방법이기는 하지만, 그렇다고 부정적 감정을 송두리째 없애는 것이 우리의 궁극적인 목표는 아닙니다. 인적 없는 어두운 밤거리를 혼자 걸을 때 두려움을 느껴 주변의 안전을 살피게 되는 것처럼 어떤 부정적 감정은 살아가는 데 유용하기도 합니다. 또는 어떤 사람과의 관계에서 느껴지는 불행한 감정 덕분에 그 관계를 정리할 시기가 됐음을 깨달을 때도 있습니다.

이런 부정적인 감정들은 우리가 더 나은 상황과 환

경을 창조함으로써 성장에 이르게 하는 길잡이의 역할을 합니다.

하지만 생존에 즉각적인 위협이 없을 때도 공포와 같은 부정적인 감정에 빠져 살아간다면, 이는 삶에 도움이 되기보다 해로울 때가 많습니다. 우리의 목표는 스트레스를 받았을 때 감정을 추스르는 시간을 단축해서 속히 평화로운 상태로 되돌아가는 겁니다. 그래야만 사고에서 비롯되는 괴로움을 최소한으로 줄일 수 있습니다.

사고가 부정적인 감정을 유발한다고 말하면 사람들은 대부분 이렇게 되묻습니다. 긍정적인 생각을 하면 긍정적인 감정을 느낄 수 있는 것 아니냐고요. 그렇지 않습니다. 긍정적인 생각이 어쩌다 긍정적인 감정으로 이어질 수는 있겠지만, 그것이 긍정적인 감정을 얻기 위한 유일한 길은 아니며 우리에게 꼭 필요한 것도 아닙니다. 다음의 질문을 생각해봅시다.

"당신은 지금까지 살면서 긍정적인 생각을 할 때만

기쁨을 느꼈나요?"

당연히 그렇지 않았을 겁니다! 우리가 기쁨을 얻기 위해 매번 행복한 추억을 떠올리고, 이상적인 미래를 상상하고, 감사함을 느낀 순간을 일일이 기억해야 한다면 얼마나 진이 빠질까요. 그런 일은 실천하기도 힘들뿐더러 지속하기는 더욱 어렵습니다. 삶을 생각하는 데 시간을 몽땅 사용해버리면 정작 삶을 살아갈 시간이 없어집니다.

긍정적인 감정을 느끼기 위해서는 어떤 생각이나 생각하는 행위가 필요치 않습니다. 긍정적 감정은 사고의 부산물이 아니라, 현재의 순간에 온전히 집중함으로써 삶에 관한 생각보다는 삶 자체에 연결될 때 자연스럽게 생겨나는 결과물입니다.

우리가 느끼고 싶어 하는 감정들은 이미 우리 안에 자리 잡고 있습니다. 이를 얻기 위해 억지로 노력할 필요가 없습니다. 우리가 사고를 시작하고 내면의 원천으로부터 분리되면서 이 감정들을 느끼지 못할 뿐입니다.

긍정적 감정은 사고의 부산물이 아니다.
현재에 온전히 집중할 때
자연스럽게 생겨나는 결과물일 뿐이다.

왜 그럴까요? 우리의 자연적 상태가 기쁨, 사랑, 평화이기 때문입니다. 아마 내 말이 믿기지 않을 겁니다. 그것이 우리의 자연적인 상태라면 왜 항상 그런 감정을 느끼지 못하는 걸까요?

어떤 사물의 자연적 상태를 알아보는 가장 좋은 방법은 그 사물이 주위 환경에 영향받거나 조건화되기 이전의 초기 상태를 살펴보는 겁니다.

인간의 자연적 상태를 이해하려면 아기를 생각해보면 됩니다. 아기의 자연스럽고 본질적인 상태는 어떤가요? 아기들이 원래부터 스트레스를 받고, 불안에 떨고, 공포에 시달리고, 자의식이 강한 모습을 보이나요? 아니면 축복, 행복, 사랑 같은 상태에 놓여 있나요?

아이들은 선천적으로 개방적이고, 호기심이 넘치고, 행복하고, 놀라움과 웃음으로 가득합니다. 성인의 자연적 상태도 마찬가지입니다. 우리가 그 상태에서 스스로 벗어날 뿐입니다.

당신은 스트레스를 받을 때마다 머릿속으로 많은

생각을 하게 됩니다. 당신이 느끼는 부정적 감정의 강도는 이 순간 이루어지는 사고의 양과 정비례의 관계에 놓여 있습니다.

반대로 당신이 느끼는 긍정적 감정의 강도는 현재 진행 중인 사고의 양과 반비례합니다. 다시 말해 생각을 적게 할수록 긍정적 감정의 강도가 더 높아지는 겁니다.

최근 당신이 심하게 스트레스를 받았거나 불안해했던 순간을 돌이켜보면 내 말이 과연 사실인지를 확인할 수 있습니다. 그 순간 당신은 얼마나 많은 생각을 했나요? 아마도 꽤 많은 생각을 했을 겁니다. 그렇지 않나요?

이제 당신이 진정으로 행복했던 순간을 기억해보세요. 그때 얼마나 많은 생각을 했나요? 십중팔구 생각의 양이 아주 적었거나 거의 없었을 겁니다.

당신은 아무것도 생각하지 않을 때 어떤 느낌이 드나요?

몇 분만 시간을 내어 자신에게 어떤 일이 일어나는지 지켜보시기를 바랍니다.

사고를 줄이고 내면에서 답이 저절로 떠오를 때까지 기다리면 고요함과 평화, 기쁨을 경험할 수 있습니다.

그것이 평온함의 비밀입니다.

이 개념을 좀 더 시각적으로 표현하는 비유가 있습니다. 당신의 마음을 자동차의 속도계처럼 생각하라는 겁니다. 다만 이 기계는 속도를 재는 게 아니라 사고의 양을 측정합니다. 당신이 더 많이 생각할수록 '생각계'(thought-o-meter)의 바늘은 더 높이 올라갑니다. 사고의 양이 너무 늘어나면 바늘이 빨간색의 경고 지역을 가리킵니다. 바로 그때가 당신이 스트레스, 피로감, 좌절감, 분노 같은 감정에 휘말리는 순간입니다.

우리에게 괴로움을 유발하는 것은 생각의 내용이 아니라 생각하는 행위 그 자체입니다.

우리는 마음속에서 저절로 떠오른 생각을 두고 사고하기 시작하면서 평화에서 멀어집니다. 생각함으로써 이 순간과의 직접적인 연결이 끊기는 탓입니다. 사고는 우리를 현재에서 떼어놓고 과거와 미래에 매달리게 합니다. 그곳은 지난날에 대한 후회와 앞날에 대한 불안으로 가득합니다. 사랑, 기쁨, 축복 같은 긍정적 감정을 경험하기 위해서는 굳이 현재에 집중하기 위해 애쓰거나 긍정적으로 생각하려고 노력할 필요가 없습니다. 그런 감정들은 사고가 멈췄을 때 저절로 찾아오는 자연스러운 상태입니다. 문제의 해결책은 더 많은 행위를 추가하는 게 아니라 문제를 유발한 원인을 찾아서 제거하는 데 있습니다.

✳ ─────────────────────────────

우리 대부분은 바깥의 사물을 쫓아
안에서 뭔가를 느끼고 싶어 한다.
그러면서 모든 감정이 내면에서 생겨남을
순진하게 잊는다.

바깥세상은 우리가 원하는 감정을
스스로 창조할 수 있음을 상기시킬 뿐이다.

당신이 경험하고 싶은 느낌은
이미 당신 안에 있다.

당신이 바라는 내면의 감정을 느끼기 위해
외부의 허락을 기다리지 말라.

*6

사고를 멈추려면 어떻게 해야 할까

| How Do We
Stop Thinking?

"번잡한 마음에는
평화를 위한 여백이 없다."
―크리스틴 에반젤루

천국과 지옥: 어느 선사의 이야기

사납고 건장한 모습의 사무라이 한 사람이 깊은 명상에 빠져 있는 어느 선사(Zen master)를 찾아갔습니다. 사무라이는 참을성 없고 무례한 태도를 보이며 선사를 향해 거친 목소리로 이렇게 소리쳤습니다. "천국과 지옥이 뭔지 말해보시오!"

선사는 눈을 뜨고 사무라이의 얼굴을 바라본 뒤에 경멸하는 말투로 대답했습니다. "왜 내가 너처럼 초라하고, 역겹고, 힘 빠진 멍청이의 질문에 대답해야 한다는 말이냐? 네 모습을 참기가 어려우니 당장 내 눈앞에서 썩 사라져라. 나는 그런 얼빠진 질문에 답할 시간이 없다."

그 사무라이는 이런 모욕을 견딜 수가 없었습니다. 머리끝까지 화가 치민 그는 선사의 목을 단숨에 베어버릴 작정으로 칼을 빼서 치켜들었습니다.

선사는 사무라이의 눈을 똑바로 바라보며 조용히 말했습니다.

"그것이 바로 지옥이니라."

사무라이는 그 자리에서 얼어붙었습니다. 자기가 순식간에 분노의 손아귀에 사로잡혔다는 사실을 알아차린 겁니다. 그의 마음은 억울함, 증오, 자기방어, 분노에 가득한 지옥을 스스로 만들어냈습니다. 그는 자신이 깊은 괴로움에 빠진 나머지 누군가를 죽이는 일도 마다하지 않는 지경까지 이르렀다는 사실을 깨달았습니다.

> 사무라이의 눈에 눈물이 고였습니다. 그는 칼을 옆으로 치우고 두 손을 합장하며 깨달음을 얻게 해준 데 감사하는 절을 올렸습니다.
> 선사는 부드럽게 미소를 지으며 말했습니다.
> "그것이 바로 천국이니라."

 사고를 내려놓는 일이 괴로움을 멈추기 위한 중요한 열쇠이기는 하지만, 우리의 목표가 생각하기를 완전히 중단하는 것은 아닙니다. 부정적 감정을 완전히 없애버리는 게 우리의 목표가 아닌 것처럼 말이죠. 그건 실용적이지 않을뿐더러 가능한 일도 아닙니다. 우리의 목표는 마음속에 떠오른 생각에 대해 사고하는 시간을 최소한으로 줄임으로써, 하루의 대부분을 생각하기에 매달려 보내지 않고 좀 더 조화로운 상태에서 살아가는 겁니다.

 그 목표를 이루려면 어떻게 해야 할까요?

의외의 사실처럼 들릴지도 모르지만, 사고 행위를 줄이기 위해서 우리가 해야 할 일은 아무것도 없습니다. 그저 사고가 시작됐다는 사실을 알아차리고, 생각하는 것에 매달리기보다 그것이 저절로 사라질 때까지 기다리면 됩니다. 사람들 대부분은 생각과 '싸우는' 데 길들어져 있습니다. 그럴수록 상황은 더욱 나빠질 뿐이며 결국에는 과도하게 생각하는(overthinking) 고통스러운 경험으로 이어지게 됩니다. 문제의 해결책은 괴로움을 초래한 원인에 대해 *더 많은 것을 하기*보다는 *아무것도 하지 않는* 데 있습니다. 뭔가를 억지로 몰아붙이지 말고 자연스러운 흐름에 맡기라는 뜻입니다.

우리의 마음속에서 사고라는 행위가 벌어지고 있으며, 그것이 모든 괴로움의 원천이라는 사실을 인지하는 것만으로도 그 상황에서 분리되어 사고를 점차 가라앉히고 결국 사라지게 할 수 있습니다. 상식에서 벗어나는 말처럼 들리겠지만 과도한 생각과 부정적인 감정에 마침표를 찍는 가장 좋은 방법은 이들에게 저항하거나 회피하는 일을 포기하는 겁니다. 사고는 저항

문제의 해결책은
아무것도 하지 않는 데 있다.
억지로 몰아붙이기보다
자연스러운 흐름에 맡겨라.

하면 끈질기게 살아남지만, 받아들이고 놓아두면 결국 떠나갑니다.

이 개념을 잘 설명해주는 비유를 하나 들어보겠습니다.

내가 당신에게 탁하고 더러운 물 한 그릇을 건네주면서 이 물을 깨끗하게 만들어 달라고 부탁했다고 가정해봅시다. 당신은 어떻게 맑은 물을 만들겠습니까? 잠시 기다리면서 마음속에서 어떤 대답이 떠오르는지 지켜보세요.

사람들 대부분은 물을 여과하거나 끓여야 한다고 대답합니다. 하지만 물그릇을 한동안 가만히 놓아두면 오물이 밑바닥으로 가라앉아 얼마 뒤에는 물이 저절로 깨끗해진다는 사실을 알지 못합니다.

우리의 마음이 작동하는 방식도 이와 같습니다. 우리가 사고와 맞서 싸우지 않고(즉 내면에서 여과하거나 끓이지 않고) 가만히 놓아두면 사고는 저절로 가라앉아 마음을 생각하는 것으로부터 자유롭게 해줄 겁니다. 물의 본원적인 상태는 깨끗하며, 우리의 마음도 원래의 상태는 맑고 깨끗합니다. 우리 스스로 마음을 뒤흔들어 탁하게 할 뿐입니다.

당신의 삶이 불투명하고, 혼란스럽고, 스트레스에 가득한 듯이 느껴지고 앞으로 무슨 일을 해야 할지 잘 모르겠다면, 그건 모두 사고가 마음을 뒤흔들어 앞이 보이지 않는 진흙탕을 만들었기 때문입니다. 당신의 마음이 혼탁해진다는 말은 과도한 생각의 수렁에 빠져 있다는 표시입니다. 아무런 판단도 없이 자신이 생각한다는 사실을 알아차리고, 사고가 저절로 가라앉아 사라질 공간을 만들어주면 마음은 서서히 맑아집니다.

사람이 뭔가를 생각하는 일은 마치 모래 늪에 빠진 것과 비슷합니다. 생각과 싸울수록 부정적인 감정은 커지고 상황은 더 나빠집니다. 모래 늪도 마찬가지입니다. 당신이 모래 늪에 빠졌을 때 그 상황과 맞서 싸우면 절대 그곳을 벗어날 수 없습니다. 공포에 질려 정신없이 버둥댈수록 모래 늪은 더 빠르게 당신을 빨아들입니다. 함정에서 빠져나오는 유일한 방법은 모래와 싸우는 일을 멈추고 몸이 부력을 받아 늪의 표면으로 자연스럽게 떠오르기를 기다리는 겁니다.

생각하기에서 벗어나는 유일한 방법 역시 그와 맞서 싸우기를 멈추고, 내면적 지혜가 우리를 맑고 평화로웠던 원래의 상태로 인도하기를 믿고 기다리는 것뿐입니다.

당신이 생각하는 상태와 생각하지 않는 상태를 끊임없이 오락가락한다고 느낀다면, 그건 매우 정상적인 상태라는 사실을 알아야 합니다. 매일 매 순간 아무것도 생각하지 않으면서 세상을 살아갈 수 있는 방법은 없습니다. 그토록 불가능한 목표를 세우려고 애쓰면 오히려 자신을 사고의 쳇바퀴로 밀어 넣어 더 큰 괴로움을 초래하게 됩니다.

인간은 물리적이고 유한한 경험을 지닌 영적이고 무한한 존재입니다. 우리는 사람과 신을 연결하는 중간 통로에서 살아가기 때문에 기쁘고 평화로운 상태와 불안하고 스트레스를 느끼는 상태를 자연스럽게 오갑니다. 우리는 사고의 상태와 비(非) 사고의 상태가 끝없이 교차하는 일을 막을 수 없습니다. 다만 사고하는 시간을 최소한으로 줄임으로써 기쁨, 평화, 열정, 충만한 사랑을 느낄 시간을 더 많이 만들어낼 수는 있습니다.

마음속에서 사고가 시작되거나 스트레스가 밀려오는 일을 스스로 통제할 수 없다는 사실에 좌절감을 느끼는 사람도 있겠지만, 걱정할 필요는 없습니다. 우리는 언제라도 무념의 상태나 평온함의 경지로 돌아갈 수 있습니다. 그것 역시 인간에게 주어진 아름다운 경험의 하나입니다.

우리가 겪는 모든 경험의 밑바탕에 평화, 사랑, 충만함의 상태가 자리 잡고 있다는 사실을 알게 되면 진정한 평화를 얻을 수 있습니다.

이 아름다운 상태는 우리가 영영 잃어버리는 게 아니라 잠시 잊을 뿐입니다. 잊는다고 해서 그 상태가 존재하지 않는다는 뜻은 아닙니다. 우리는 밤이 되어 어둠이 찾아와도 해가 여전히 존재한다는 사실을 압니다.

한순간만 주의를 기울여도 우리의 내면에 무한한 맑음, 사랑, 기쁨, 그리고 평화의 우물이 늘 존재함을 기억할 수 있습니다.

우리가 과도한 사고에 빠져 있거나 마음속에서 뭔가를 끝없이 되새기고 있다는 사실을 깨달았을 때 해야 할 일은 그것이 일시적인 생각일 뿐임을 기억하고, 태양이 곧 다시 떠오르리라는 믿음을 바탕으로 안식을 찾는 것입니다. 우리는 그런 이해를 바탕으로 이 광활한 우주에서 밤의 존재가 수행하는 역할에 감사할 수 있습니다. 밤이 어떻게 우리 경험의 일부가 되는지 깨닫고, 해의 찬란함 못지않게 밤의 아름다움도 소중히 여길 수 있는 겁니다.

*　――――――――――――――――――――

생각은 일시적이어서 오고 가지만
당신은 늘 그 자리에 있다.

당신이 누구인지 알고 싶다면
생각의 저편을 바라보고
당신의 진정한 본성을 경험하라.

* 7

사고를 멈추기 위한
현실적인 방법

Practical Steps for
How to Stop Thinking

"나는 생각을 너무 많이 하는 버릇이
 하나의 질병이라고 확신한다."
—표도르 도스토옙스키

사고를 극복하는 법은 배우기 간단해 보일지는 몰라도 늘 쉽기만 한 것은 아닙니다. 자신의 감정적 상태를 알아차리고 고통스러운 사고의 패턴을 내려놓으려면 연습이 필요합니다.

생각하기를 멈추는 법을 알아내기가 어렵다고 해도 괜찮습니다. 그로 인해 자책하지 마시기를 바랍니다. 어려운 시기일수록 스스로를 비판하는 일을 삼가고 우리 자신에게 더 큰 사랑, 연민, 참을성을 베풀어야 합니다.

이 장에서는 사고를 내려놓는 데 도움이 되는 다섯 단계의 간단한 프로세스를 소개합니다. 여러분이 기억하기 쉽도록 '멈춤'을 의미하는 영어 단어 PAUSE의 머리글자를 따서 각 단계를 정리했습니다.

첫 번째 단계는 모든 것을 잠시 **멈추고**(pause) 깊은 숨을 들이쉬면서 신경계를 안정시키는 과정입니다. 깊은 호흡은 *생각하는 마음*에서 몸으로 초점을 옮겨주고, 우리 자신을 현재의 순간에 고정하게 해줍니다. 덕분에 우리는 감정을 알아차릴 수 있을 뿐 아니라 감정으로부터 자신을 분리할 수도 있습니다.

'멈춤' 단계는 감정과 행동 사이에 공간을 창조함으로써 자신을 괴로움의 쳇바퀴에서 맴돌게 하는 판박이 같은 반응을 거부하고 새로운 반응을 '선택'할 기회를 줍니다. 이런 공간이 없다면 변화는 존재할 수 없습니다. 그 공간은 겉으로는 텅 빈 듯이 보여도 절대 공허하지 않습니다. 그곳은 우리에게 새로운 삶의 경험을 안겨주는 무한한 가능성으로 가득합니다. *생각과 사고 사이의 공간*에는 당신이 그토록 찾아 헤매던 평화가 자리 잡고 있습니다.

두 번째 단계는 당신 자신에게 이렇게 **묻는**(ask) 겁니다. "이 생각은 내가 원하는 느낌을 안겨주는가?" 또는 "나는 괴로움이 지속되기를 바라는가?" 이 질문들은 우리가 감정적 괴로움에 시달려야 할지 그렇지 않을지를 스스로 선택할 수 있다는 사실을 상기시켜줍니다. 우리 모두에게는 부정적인 생각을 떠나보낼 준비가 아직 부족한 시기가 있습니다. 그래도 괜찮습니다. 다만 평화를 원한다면 지금이라도 괴로움의 원천인 생각하기를 내려놓는 길을 선택해야 합니다.

세 번째는 사고를 멈추거나 내려놓을 선택권이 나에게 있다는 사실을 **이해하는**(understand) 단계입니다. 당신은 이 순간 본인이 무엇을 원하는지 결정을 내려야 합니다. 당신은 평화를 원하나요, 또는 괴로움의 원천인 사고를 계속해서 이어가고 싶은가요? 그런 선택은 한편으로 두려울 수도 있지만, 자신을 굳게 믿고 어떤 일이 생겨도 문제가 없을 거라는 사실을 확신하면 훨씬 수월하게 생각을 내려놓을 수 있습니다.

네 번째는 당신 자신을 향해 "생각하는 것은 괴로움

의 뿌리다"라고 되풀이해서 **말하는**(say) 단계입니다. 이 사실을 당신에게 계속 상기시키면 사고 행위는 그 힘을 잃고 관리하기가 쉬워집니다. 그 이유는 당신이 사고라는 작용의 본질을 꿰뚫기 시작했기 때문입니다. 부정적인 감정을 경험할 때마다 이 구절을 주문처럼 반복해서 외우는 것은 매우 효과가 좋은 방법입니다. 사람의 마음은 한꺼번에 여러 가지를 생각하지 못합니다. 그러므로 하나의 구절을 되풀이해서 이야기하면 두뇌가 한 곳에 초점을 맞추도록 강제할 수 있습니다. 주문을 외는 일이 효과적인 이유는 그 속에 담긴 말이 특별한 힘을 발휘해서가 아니라 그 행위로 인해 마음이 사고를 줄이거나 멈추기 때문입니다.

다섯 번째는 당신이 느끼는 감정을 온전히 **경험하는**(experience) 단계입니다. 인간의 해로운 습관과 행동은 대부분 감정을 회피하고 억누르는 데서 생겨납니다. 감정을 무시하거나 감정에 맞서 싸우면 괴로움만 더욱 커질 뿐입니다. 감정이라는 장애물을 우회해서 다

생각과 사고 사이의 공간에는
당신이 그토록 찾아헤매던
평화가 자리 잡고 있다.

른 길로 돌아가려고 해서는 안 되며 오히려 어떤 판단도 없이 감정을 있는 그대로 받아들이고 느껴야 합니다. 괴로움은 감정에서 오는 게 아니라 감정과 연관된 사고에서 비롯된다는 것을 잊어서는 안 됩니다.

당신이 아무런 판단도 없이 감정을 경험할 때는 어떤 기분이 드나요? 마음의 저항이 얼마나 적은지 느낄 수 있나요? 감정을 내려놓는 것은 얼마나 쉬워졌나요? 얼마나 큰 해방감이 찾아왔나요?

우리는 처음부터 계획되지 않은 역할을 마음에 강요하면서 괴로움을 자초합니다. 마음의 역할은 육신에 닥칠 위협을 예견하는 것이고, 몸의 역할은 감정을 조절하는 겁니다. 세상 만물에는 저마다 맡겨진 역할이 있습니다. 사고의 판단이나 개입 없이 몸이 온전히 감정을 느끼고 처리하도록 맡겨둔다면 감정은 생각보다 훨씬 쉽고 빠르게 지나갈 겁니다. 우리가 방해하는 일을 멈출 때 마음과 몸은 스스로 균형과 조화를 회복합니다.

부정적인 사고를 내려놓는 방법: PAUSE

PAUSE라는 영어 약자를 사용하면 지금까지 얘기한 다섯 단계를 더 쉽게 기억할 수 있습니다. 이 프로세스는 사고를 내려놓는 단계를 순서대로 안내합니다. 당신이 과도한 사고의 수렁에 빠질 때마다 잠시 멈춰서서 이 다섯 단계를 실천에 옮기고, 당신에게는 언제든 사고를 내려놓을 힘이 있다는 사실을 기억하기를 바랍니다.

P | 멈추기(Pause)

잠시 멈춰서서 심호흡을 하고, 신경계를 안정시키고, 현재에 집중합니다. 지금 내가 생각하고 있다는 사실을 알아차리되, 그 내용을 판단하지 않습니다.

A | 묻기(Ask)

당신 자신에게 이렇게 묻습니다. "이 생각은 내가 원하는 감정을 느끼게 해주는가?" 또는 "나는 괴로움이 계속되기를 바라는가?" 그 질문의 답이 '아니오'라면,

당신은 언제든지 사고 행위를 내려놓고 평화를 찾는 길을 선택할 수 있습니다.

U | 이해하기(Understand)

생각하기를 멈추고 내려놓을 선택지가 나 자신에게 있음을 이해합니다.

S | 말하기(Say)

"생각하는 것은 괴로움의 뿌리다"라는 주문을 반복해서 말함으로써 생각을 가라앉히고 떠나보냅니다.

E | 경험하기(Experience)

아무런 판단과 저항, 그리고 생각 없이 감정을 온전히 경험합니다. 아무것도 생각하지 말고 그냥 느끼세요.

신경계가 안정되고 사고가 멈출 때까지 이 프로세스를 반복합니다.

이 과정을 지속적이고 영구적인 습관으로 개발하는 가장 효과적인 방법은, 부정적 감정을 사고가 진행 중이라는 표시로 활용하고 그때마다 이 프로세스를 통해 평화의 상태로 돌아가는 겁니다. 하루 중 언제든 시간이 날 때마다 이 과정을 밟는 일이 중요합니다. 그래야만 생각하는 데 낭비하는 시간을 최소한으로 줄이고 평화와 사랑의 상태에 더 오래 머무를 수 있습니다. 새로운 것을 배울 때는 늘 처음 시작하기가 어렵습니다. 그러나 실천을 거듭할 때마다 점점 쉬워집니다. 이 과정도 오랫동안 반복하면 어느덧 습관으로 자리 잡아 당신의 기본 상태를 스트레스가 아닌 평화의 상태로 만들어줄 겁니다. 이는 마음의 평화를 찾는 데 가장 중요한 연습이라고 할 수 있습니다.

당신은 마음을 치유하고 심리적 괴로움을 덜어내는 데 도움이 되는 다른 방법은 없는지 궁금해할지도 모릅니다. 사람들의 불안감을 줄여주려는 목적에서 설계된 대부분의 방법론은 분명 효과가 있습니다. 심리 치료, 요가, 명상, 호흡 요법 같은 수행법들은 모두 스트레스 수준을 낮춰준다는 사실이 입증됐습니다. 하지만 이 방법들을 활용한 수많은 사람이 왜 여전히 괴로움에 시달리는 걸까요?

책의 서두에서도 말했듯이 나도 그런 수행법들을 수없이 탐구했지만, 여전히 감정적인 혼란에서 벗어나지 못했습니다. 그 이유를 설명하기 위해서는 조금 더 구체적으로 이야기를 풀어가야 할 듯합니다.

명상을 예로 들어봅시다. 나는 아침에 명상할 때마다 그 시간이 즐겁게 느껴졌고 명상을 수행하는 동안에는 더욱 큰 평화를 느꼈습니다. 하지만 명상을 마친 뒤에는 불과 몇 분 지나지 않아 불안감이 되돌아왔습니다. 15분의 명상을 통해 15분의 평화밖에 얻을 수 없다면, 그렇게 효과적인 투자라고 생각되지 않았습니다. 명상의 혜택이 지속되는 시간은 명상을 실천하는 시간보다 길지 않았습니다. 나는 다른 수행법들도 비슷한 결과를 안겨준다는 사실 앞에 크게 좌절했습니다. 그러다가 문득 나 자신에게 이렇게 물었습니다.

"내가 명상을 할 때 평화가 느껴지는 이유는 뭘까?"

바로 그때 내 머릿속에서 전구 하나가 환하게 빛을 밝혔습니다. 내가 명상하는 동안 사고가 멈췄다는 사실을 알게 된 겁니다. 나는 명상이 끝나자마자 다시 생각하기에 빠졌고 모든 불안감이 순식간에 되돌아왔습니다. 다시 말해 수행법이 효과가 없었던 게 아니라 내가 문제의 뿌리를 짚어내지 못하는 바람에 사고가 다시 마음을 파고들면서 수행법이 효과를 발휘하지 못했던 겁니다.

내가 명상 중에만 사고를 내려놓는 수행법에서 하루 내내 생각하는 것을 멈추는 수행법으로 바꾸자 모든 게 변했습니다. 불안감과 스트레스로 가득했던 나의 하루는 대부분 평화로 채워졌습니다. 그 순간에만 반짝 효과가 있었던 다른 수행법들도 온종일 평화의 상태를 경험하게 해주었습니다.

이런 수행법들이 과연 효과가 있느냐고 묻는다면 나는 분명히 그렇다고 말하고 싶습니다. 하지만 이들은 인식의 지평을 확장하고 생각을 내려놓는 데 유용한 도구로 활용할 때 가장 큰 효과를 발휘합니다.

중요한 점은 우리가 이 수행법들을 통해 터득한 사고 멈추기 기술을 하루 내내 계속해서 사용해야 한다는 겁니다.

'생각하기를 멈춘다'는 개념은 우리가 현재 실천하고 있는 수행법을 새로운 것으로 대체하기보다 기존의 수행법을 통해 이미 누리고 있는 효과를 보완하고, 개선하고, 지속하는 데 의의가 있습니다.

*　──────────────

우리가 지닌 가장 위대한 힘은
'선택'이다.

# 8

생각하지 않고
어떻게 잘 살아갈 수 있을까

How Can We Possibly Thrive
in the World without Thinking?

"불안은 통제 없는 생각이고,
몰입은 생각 없는 통제다."

―**제임스 클리어**

당신은 생각이 괴로움의 근원이라는 사실을 깨달은 뒤에 이런 의문에 맞닥뜨릴지 모릅니다.

"생각하지 않고 어떻게 세상에서 성공할 수 있을까?"

이 질문에 대답하기 위해서는 또 다른 질문을 하나 생각해볼 필요가 있습니다. 당신이 어떤 일을 수행하면서 최고의 능률을 발휘할 때, 즉 그 일에 전적으로 몰두해서 현재의 순간에 완전히 사로잡힐 때 머릿속에서는 어떤 생각이 흘러가나요?

잠시 시간을 내어 마음속에서 어떤 대답이 떠오르는지 지켜보시기 바랍니다.

그 대답을 통해 아무런 통찰을 얻지 못했다면, 좀 더 도움이 될만한 다른 질문을 던져보겠습니다. 당신이 세상에서 가장 좋아하는 일을 하면서 시간과 공간을 구분하지 못할 정도로 일에 푹 빠진 순간(즉 몰입의 상태에 들어간 순간)에는 얼마나 많은 생각을 하고 있나요?

잠깐 쉬면서 답이 떠오르기를 기다려보세요.

참으로 흥미로운 현상 아닌가요? 당신이 업무에서 최고의 능률을 발휘하고 완전한 몰입의 상태에 돌입하는 순간에는 사람과 일의 구분이 사라지고 마음속에서는 아무런 생각이 떠오르지 않습니다. 이것저것 판단하며 수다를 떨어대던 내면의 소리도 잦아들고 잠잠해집니다. 뭔가 생각이 떠올랐다고 해도, 그 생각은 중립적이고, 건설적이고, 창의적입니다. 즉 그 생각은 당신이 진행 중인 일에 전념하도록 돕고 몰입의 상태를 유지하게 해줍니다. 사람이 최고의 성과를 내는 상태는 곧 '무념(無念)'의 상태입니다. 당신에게는 뜻밖의 사실일지도 모르지만, 우리가 최고의 업무 능력을 발휘하는 순간은 아무것도 생각하지 않는 순간입니다.

조금 다른 관점에서 이 개념을 설명하는 사례를 들어보겠습니다. 프로 운동선수들은 경기에 나갔을 때 경기 도중에 일어나는 모든 일을 하나하나 생각하고 분석할까요? 그들은 다른 선수들과 경쟁할 때 얼마나 많은 생각을 할까요? 최고의 성과를 내는 운동선수들은 본인의 경기력이 최고조에 달하는 순간을 '그 지점(the zone)'에 도달했다고 표현합니다. 여기서 말하는 '그 지점'이란 '몰입' 또는 '무념'의 상태를 뜻합니다. 나는 이 책에서 두 가지 용어를 같은 의미로 사용합니다.

일본의 문화에서는 이런 상태를 표현하는 무심(無心)이라는 멋진 말이 있습니다. 이는 '마음이 없다'라는 뜻으로 종종 번역되는 단어입니다.

〈쇼토칸 타임스(Shotokan Times)〉*에서는 무심의 의미를 아래와 같이 정의합니다.

"무심의 상태는 마음이 두서없는 생각, 분노, 공포, 에고로부터 자유로워질 때 달성된다. 무심은 가라테의 대련(對鍊)을 포함한 삶의 모든 측면에 적용된다. 대련

---

* 쇼토칸 가라테 유파에서 운영하는 온라인 매체

중에 무심의 상태에 도달한 사람은 머릿속에서 제멋대로 날뛰는 생각을 없애고 아무런 망설임 없이 자유롭게 동작을 취하며 상대방의 동작에 반응한다. 가라테 무술가는 자신을 이 순간까지 이끌어준 모든 수행과 훈련을 바탕으로 상황에 대처할 뿐이다. 다음 동작을 어떻게 취해야 할지 머리로 생각해서 결정하는 것이 아니라, 그동안의 훈련, 본능, 그리고 무의식적인 반응이 지시하는 대로 몸을 움직이는 것이다."

충분한 훈련을 마친 운동선수에게 지나친 사고는 좋은 성적을 가로막는 방해물일 뿐입니다. 그건 다른 모든 사람에게도 마찬가지입니다. 우리가 뭔가를 생각하거나 분석하기 시작할 때 마음이 하는 일이라고는 주저하고, 꺼리고, 의심하는 것뿐입니다. 그러나 무심의 상태에서는 최고의 성과를 내고 잠재력을 끝까지 발휘할 수 있습니다.

몰입의 상태에 빠진 사람은 자신과 세상을 굳이 분리하지 않습니다. 우리는 그 상태에서 우주, 신, 무한한 지혜와 직접적으로 연결됩니다.

사고는 우리가 이런 신적 존재와 연결되는 일을 방해함으로써 스트레스, 좌절, 분노, 후회, 우울함과 같은 느낌을 안겨줍니다. 일부 종교에서 지옥의 개념을 신으로부터 완전히 단절된 상태로 묘사하는 이유도 여기에 있습니다.

많은 사람이 자기가 좋아하는 특정 활동을 할 때만 무심 또는 몰입의 상태를 경험할 수 있다고 오해합니다. 그건 절반의 진실에 불과합니다. 우리가 현재에 뿌리를 내리고 살아가는 동안에는 하루 중 언제라도 무념의 경지에 들어설 수 있습니다.

진리는 오직 이 순간에만 발견됩니다. 마음챙김(mindfulness)을 지도하는 강사, 영적 지도자, 심지어 심리 치료사들까지 명상과 호흡의 중요성을 강조하고 현재에 집중하는 법을 가르치는 이유도 바로 그 때문입니다.

성경에서 모세가 신에게 그의 이름을 묻자, 신은 "나

는 지금 존재한다(I am)"라고 대답합니다. 신은 자신이 과거에 존재했거나, 앞으로 존재할 것이라고 말하지 않습니다. 과거나 미래는 현재에 존재하지 않기 때문입니다. 따라서 신은 그저 "나는 지금 존재한다"라고 간단히 답할 뿐입니다. 이처럼 신, 진리, 우주, 자유, 평화, 기쁨, 사랑(이들은 모두 동의어입니다)은 오직 이 순간에만 발견하고 경험할 수 있습니다.

현재에 닻을 내리고 몰입의 상태에 들어간 사람은 에고의 한계로부터 자유로워지고 세상에서 가장 놀라운 것을 창조합니다.

✽ ─────────────────────────

사랑에 이르는 길을 생각해낼 수 없는 것처럼
당신은 몰입에 이르는 길을 생각해낼 수 없다.

사랑과 몰입은
생각을 내려놓고
우리의 진정한 자아를 드러낼 때
자연스럽게 생겨난다.

이들은 순복과 믿음의 부산물이다.

* 9

생각하기를 멈추면
삶의 목표와 꿈,
야망을 잃어버리게 될까

What about Our Goals, Dreams, and Ambitions?

"마음은 한계가 없다.
우리의 생각이 한계를 정할 뿐이다."

—**나폴레온 힐**

나는 생각한다, 고로 괴로워한다.

나는 사고가 괴로움의 뿌리임을 알아낸 순간 눈이 번쩍 뜨이는 깨달음을 얻었습니다. 모든 부정적 감정의 참된 원인을 발견했다는 사실이 너무도 기쁘고, 홀가분하고, 고마웠습니다. 하지만 그런 황홀감은 오래 지속되지 못했습니다. 환희가 가라앉자마자 마음속에서 아래와 같은 의문이 솟아났기 때문입니다.

"생각하는 것이 모든 괴로움의 뿌리라는 이유로 생각하기를 완전히 멈춘다면 지금부터는 어떻게 세상을 살아가야 할까. 나의 모든 목표, 꿈, 야망은 어떻게 되는 걸까. 이제 삶에서 뭔가를 꿈꾸고 희망하는 일은 그만둬야 하는 걸까. 거실에 앉아 온종일 TV나 보면서 의미 있는 일은 아무것도 하지 못하는 쓸모없는 사람이 되어야 하나?"

이런 질문들을 떠올리자마자 내 마음속에서는 또 다른 공포와 불안감이 생겨나기 시작했습니다. 평화와 행복을 얻기 위해서는 모든 꿈을 포기한 채 산으로 들어가 수도승이라도 되어야 할 것만 같았기 때문입니다.

나는 그럴 준비가 되지 않았고, 그러고 싶지도 않았습니다. 속세를 벗어나면 진리를 향한 여정은 더 쉬워질지도 모르지만, 나는 다른 사람들과 더불어 세상을 살아가며 삶의 충만함을 경험하는 일이 진심으로 즐거웠습니다.

그렇다면 우리가 지금까지 쌓아 올린 삶을 포기하지 않으면서 괴로움을 멈추려면 어떻게 해야 할까요? 그 질문에 답하기 위해서는 '생각vs.생각하기'의 개념으로 돌아가야 합니다. 앞에서 얘기한 것처럼 둘의 근원은 다릅니다. 생각은 우주 또는 절대적인 자아에서 비롯되고, 사고는 우리 자신의 에고에서 나옵니다. 근원이 어디에서 비롯되는지에 따라 그것이 우리의 마음에 괴로움을 초래할지 그렇지 않을지가 결정됩니다.

마찬가지로 우리가 세운 목표나 꿈도 그 근원이 어디인지에 따라 이들을 추구할 때 어떤 감정이 느껴지는지가 정해집니다. 그 차이를 이해하는 일은 매우 중요합니다.

삶의 목표에는 두 가지의 원천이 있습니다. 하나는 영감(inspiration)에서 창조된 목표이며, 또 하나는 절박감(desperation)에서 생겨난 목표입니다.

절박감에서 생겨난 목표는 우리에게 엄청난 결핍감과 긴박감을 안겨줍니다. 우리는 스스로 달성하겠다고 약속한 거창한 목표 앞에 위축되면서 마치 어깨에 무거운 짐이라도 짊어진 듯이 부담스러운 감정을 느낍니다. 게다가 가면증후군(impostor syndrome)*과 자기 회

---

* 자신이 노력이 아니라 행운 덕분에 성공했다고 생각하면서 주변 사람들을 속이고 있다고 스스로 불안해하는 심리

의가 고개를 들면서 늘 시간이 부족하다는 느낌에 시달립니다. 우리는 정신없이 바쁜 일상을 살아가며 조금이라도 더 빨리 목표를 달성할 방법을 찾아 헤매고, 내면의 허전함을 채우기 위해 항상 바깥을 바라봅니다.

그중에서도 최악의 상황은 목표를 달성한 뒤에도 어느 정도 시간이 지나면 예전과 똑같은 결핍감에 빠진다는 겁니다. 우리는 자신이 성취한 일에 대해 아무런 만족감을 느끼지 못하고 이를 음미하지도 못합니다. 자기가 해낸 일이 만족스럽지 않으므로 본인에 대해서도 불만족스러워합니다. 어떤 일을 더 해야 할지 알지 못한 채 바깥을 둘러보며 남들의 조언을 구하려 해도 다른 사람들 역시 똑같은 일을 지속하고 있다는 사실만 확인할 뿐입니다. 그러다 보면 영혼을 갉아먹는 부정적인 감정에서 벗어나야 한다는 절박감에 또 다른 목표를 세우게 됩니다.

이런 종류의 목표를 조금 자세히 들여다보면 이들 대부분이 궁극적 목표(end goal)가 아니라 수단적 목표(means goal)라는 사실을 알 수 있습니다. 다시 말해 뭔가 다른 것을 얻기 위해 목표를 세우는 겁니다. 우리가 아무리 많은 일을 이루어도 그 목표로부터 만족감을 느낄 수 없는 이유가 바로 여기에 있습니다. 가령 세상에서 이름난 인물이 되겠다는 당신의 목표 뒤에는 자신이 중요한 사람이 되고 싶다는 욕구가 자리 잡고 있을지도 모릅니다. 본인이 부족한 사람이라는 내면의 우려를 근본적으로 해결하지 못한다면, 어떤 외부적 목표를 달성하더라도 당신의 느낌을 바꾸지 못합니다.

아이러니한 점은 우리가 절박감에서 생겨난 목표를 달성한 뒤에도 오히려 예전보다 더 큰 공허함을 느끼게 된다는 겁니다. 그런 때마다 이전보다 훨씬 큰 목표를 세우지만, 충만함과 만족함을 느끼는 상태에는 결코 도달하지 못합니다. 아무리 필사적으로 노력하고 아무리 커다란 목표를 세워도 영원히 부족한 느낌 속에서 헤맬 뿐입니다.

만약 당신이 이런 상황을 경험하고 있다면, 그런 사람이 당신 혼자만은 아니라는 사실을 알아야 합니다.

대부분의 사람들이 그런 식으로 목표를 세우며 삶을 살아갑니다. 내가 그 모습을 이토록 자세히 묘사할 수 있는 이유는 나 역시 그런 삶을 살았기 때문입니다.

영감을 바탕으로 목표를 세우다

한 가지 좋은 소식이 있습니다. 당신이 그런 식으로 목표를 세우는 것은(우리 대부분이 그렇게 목표를 세워야 한다고 배웠습니다) 본인의 잘못이 아니며, 이를 충분히 피할 방도도 있다는 겁니다. 우리는 절박감이 아니라 영감을 바탕으로 목표와 꿈을 창조할 수 있습니다.

우리가 영감을 바탕으로 목표를 세운다면 이야기가 완전히 달라집니다. 영감의 상태에서 뭔가를 창조할 때는 감동적이고, 직관적이고, 속이 후련한 느낌을 받습니다. 그렇게 세워진 목표는 의무가 아니라 소명처럼 느껴집니다. 마치 자신의 내면에서 강력한 생명력이 샘솟아 자아를 통해 현실 세계로 모습을 드러내는 듯합니다. 화가가 그림을 그리고, 무용가가 춤을 추고, 작가가 글을 쓰고, 가수가 노래를 부르는 이유도 여기에 있습니다. 비록 그런 활동을 통해 돈을 벌거나 생계를 해결하지 못한다 해도, 그들은 개의치 않습니다. 사람들은 뭔가를 창조해야 한다는 의무 대신 창조의 행위 자체에 자연스럽게 이끌립니다. 마치 중력처럼 그 힘에 빨려 들어가고, 그렇지 않고서는 견디지 못하는 겁니다. 우리가 그런 감정을 느낄 때, 비로소 결핍감이 아니라 충만함의 공간에서 삶의 목표를 만들어냅니다.

우리가 어린아이였을 때는 영감에서 탄생한 꿈을 품었습니다. 무대 위에서 연기하는 배우가 되고, 음식을 만드는 요리사가 되고, 글을 쓰는 작가가 되고, 우주를 탐구하는 우주인이 되고, 예술가가 되고, 야생동물들을 구하고, 사람들을 치료하고, 유용한 물건을 발명하고, 남들에게 웃음을 선사하는 사람이 되기를 원했습니다.

당신은 어렸을 때 어떤 꿈을 꿨나요? 단지 재미로라도 그 꿈을 이루기 위한 시도를 조금 해본다면 어떤 느낌이 들까요? 아마도 지금까지 까맣게 잊고 있었던 영감에서 생겨난 목표를 떠올리게 될지도 모릅니다.

우리는 성인이 된 뒤에도 영감을 바탕으로 자연스럽게 목표를 창조합니다. 자선사업을 시작하고, 회사를 설립하고, 새로운 취미를 찾고, 동물 보호소를 만드는 것 같은 목표를 세울 수도 있습니다. 또는 가족을 부양하고, 세계를 여행하고, 도시를 떠나 자연 속에서 살아가고, 정원을 가꾸고, 새로운 언어나 악기를 익히고, 마라톤을 뛰고, 블로그를 시작한다는 목표를 수립하기도 합니다.

우리가 영감에서 비롯된 목표를 세울 때는 결핍감을 바탕으로 뭔가를 창조하지 않습니다. 우리는 어떤 일을 '해야 한다는' 느낌이나 더 많은 것을 갖고 싶다는 욕구 때문이 아니라, 단지 그것을 '원하기' 때문에 창조합니다. 이런 종류의 창조에는 삶의 기쁨과 사랑이 넘쳐흐릅니다. 사람들이 아기를 낳는 이유도 여기에 있습니다. 그들은 아기에게 뭔가를 바라서가 아니라 자신이 지닌 풍요로움을 함께 나누고 싶어서 아기를 낳습니다.

이토록 심오한 영감은 우리 자신에게서 비롯된 게 아니라 우리 자신보다 위대한 뭔가가 우리를 통해 드러냅니다. 나는 이런 느낌을 '신적 영감(divine inspiration)'이라고 부릅니다. 우리에게 주어진 창조의 아이디어는 우리 스스로 상상하거나 머리를 짜낼 수 있는 범위를 훨씬 뛰어넘습니다. 여기에는 어떤 경계선도, 한계도, 제약도 없습니다. 이는 우리에게 넘치는 에너지를 제공함으로써 삶의 '높은 경지'에 오르게 해주는 놀라운 힘입니다. 우리는 이 상태에 놓였을 때 온전하고 완벽할 뿐 아니라 무조건적 사랑, 기쁨, 평화로 가득한 느낌을 받습니다. 그건 우리가 이 세상에서 경험할 수 있는 가장 놀라운 느낌입니다.

모든 사람이 이런 순수한 영감을 경험합니다. 잠시 숨을 돌리고 당신이 심오한 영감에 이끌려 삶에서 뭔가 위대한 것을 창조하고 싶다는 욕구를 품었던 순간을 돌이켜보길 바랍니다. 실제로 그것을 창조했는지 아닌지는 중요하지 않습니다. 단지 그런 영감을 받았던 순간을 떠올려보세요.

그건 당신이 이 세상에서 경험한 가장 멋지고 놀라운 느낌 아니었나요? 사람들 대부분이 그런 신적 영감을 받습니다. 하지만 그 꿈을 현실로 이뤄야 한다는 생각을 시작하자마자 곧바로 그 느낌은 억눌려 사라져버립니다. 우리는 자신을 의심하고, 꿈을 이루지 못할 이유를 찾아내고, 목표가 비현실적이라고 말하고, 더 중요한 일에 집중하라고 본인을 설득하고, 자신에게 그 일을 해낼 능력이 없다고 생각합니다. 우리가 무엇을 창조하고 싶은지 마음속에서 저절로 떠오른 생각에 대해 다시 '생각하기' 시작하면서, 그 영감의 근원을 막아버리고 절박감에 빠져 일상의 삶으로 복귀하는 겁니다. 우리는 영감의 근원을 차단하면서 풍요로움, 생동감, 환희, 기쁨, 순수하고 무조건적 사랑 같은 느낌의 근원도 함께 차단합니다. 그리고 의심, 우려, 좌절, 슬픔의 감정으로 되돌아갑니다.

하지만 우리가 무념의 삶을 살아갈 때는 목표와 꿈을 추구하는 일을 멈추지 않습니다. 우리는 긴박감이 아니라 신적인 영감을 바탕으로 목표와 꿈을 창조합니다.

그렇다면 어떤 목표나 꿈이 영감에서 탄생했는지, 또는 절박감에서 비롯됐는지 어떻게 알 수 있을까요?

절박감에서 생겨난 목표와 영감으로부터 탄생한 목표는 겉보기에 매우 비슷합니다. 하지만 그 수면 아래에는 큰 차이가 존재합니다.

당신의 목표와 꿈이 영감에서 탄생했는지 아닌지를 판단할 수 있는 가장 간단한 방법은 앞서 이야기한 생각과 사고의 차이를 기억하는 겁니다. 마음속에서 저절로 떠오른 생각에서 비롯된 목표와 꿈은 영감을 통해 창조됩니다. 반면 인위적인 사고의 행위를 거쳐 만들어진 목표와 꿈은 절박감에서 비롯됐다고 봐도 좋습니다.

절박감에서 생겨난 목표는 대체로 공포에 뿌리박혀 있으므로 이를 통해서 얻을 수 있는 행복도 조건적입니다. 반대로 영감에서 탄생한 목표는 사랑에 뿌리를 두고 있으며 결과물보다 행위의 기쁨에 초점이 맞춰져 있습니다. 즉 목표를 달성했을 때 얻어진 결과물이 아니라 목표를 추구하는 행위 자체가 당신에게 기쁨을 안겨주는 겁니다. 요컨대 당신이 왜 목표를 세웠는지에 따라 그 목표를 추구할 때 어떤 감정이 느껴지는지가 결정됩니다.

영감에서 나온 목표는 당신이 가장 소중히 여기는 가치가 무엇인지를 파악하는 과정에서 창조됩니다. 안전함? 가족 부양? 여행? 창의성? 학습? 평화? 자기표현? 영감에서 탄생한 목표는 당신의 가치관과 일치하지만, 절박감에서 생겨난 목표는 가치관과 모순됩니다. 어떤 사람에게는 영감에서 탄생한 목표가 다른 사람에게는 절박감에서 생겨난 목표가 될 수 있습니다. 모든 것은 당신이 무엇을 가치 있게 여기느냐에 달려 있습니다.

가령 자신의 재능을 소중하게 여기면서도 앞날에 대한 불안감에 빠진 작가는 본인이 훌륭한 작가라는 사실을 남들에게 인정받고자 하는 절박감으로 베스트셀러 작품을 써낸다는 목표를 세울 수 있을 겁니다. 반대로 그가 영감을 바탕으로 목표를 세운다면 오로지 글쓰기가 좋아서 책을 펴내겠다고 마음먹을 수도

우리의 목표는
영감과 절박감이라는
두 가지 원천에서 만들어진다.

있겠지요.

첫 번째 목표는 자신이 훌륭한 작가라는 사실을 '입증하기' 위해(외부적 인정) 세웠고, 두 번째 목표는 자신이 하는 일을 순수하게 '좋아하기' 때문에 세웠습니다. 두 번째 목표는 그의 가치관과 일치하지만, 첫 번째 목표는 그렇지 못합니다.

하지만 자신의 메시지를 최대한 많은 사람에게 전달하는 일을 최고의 가치로 여기는 작가에게는 그 반대의 경우가 참일 수도 있습니다. 그 사람에게는 자신의 작품을 베스트셀러 목록에 올리는 일이 영감에서 탄생한 목표일지도 모릅니다. 모든 것은 개인의 가치 시스템을 이해하는 데 달려 있습니다.

하지만 일 자체를 사랑하는 데서 탄생한 목표는 결과물을 얻어내기 위해 세운 목표보다 대체로 더 큰 행복을 생산합니다. 그뿐 아니라 당신이 지금 하는 일 자체를 사랑하면 그 부산물로서 외적인 목표가 달성되는 경우도 많습니다. 사랑은 노력보다 당신을 더 먼 곳으로 데려다줍니다.

그렇다고 금전적 목표를 세워서는 안 된다고 주장하는 것은 아닙니다. 세상에 옳고 그른 목표는 없으며, 단지 영감에서 탄생한 목표와 절박감에서 생겨난 목표가 있을 뿐입니다. 중요한 것은 목표가 창조된 근원이지 목표의 내용이 아닙니다.

예를 들어 어떤 사람이 가족의 안전과 평온함을 가장 중요한 가치로 여긴다면 그 가치를 지켜내기 위해 돈을 벌겠다고 계획하는 것은 절대적으로 영감에서 탄생한 목표입니다. 하지만 같은 사람이 사회적 지위를 얻기 위해 돈을 벌겠다고 마음먹는 것은 절박감에서 생겨난 목표일 수 있습니다. 따라서 당신은 자신에게 이렇게 물어야 합니다. 돈을 어떻게 활용해야 내게 가장 소중한 일을 이룰 수 있는가?

또 한 가지, 기억해야 할 중요한 사실이 있습니다. 영감에서 비롯된 목표를 세웠다고 해서 반드시 하루의 모든 순간을 그 목표만을 위해 바칠 필요는 없다는 것입니다. 그럴 수 있는 형편이 되는 사람은 세상에 많지 않습니다. 우리가 해야 할 일은 그 목표를 향해 매일 작은 발걸음을 옮기는 겁니다. 즉 하루에 얼마나 오랜 시간을 쏟느냐가 중요한 게 아니라 그 목표를 이루기 위해 매일 조금이라도 할 수 있는 일을 실천하는 게 중요합니다.

당신의 영감에서 탄생한 목표가 세상에서 가장 훌륭한 가정을 꾸리는 것이라면, 그 목표를 이루기 위해 매일 해야 할 일은 무엇일까요?

당신의 목표가 업무에서 최고의 성과를 내는 것이라면, 당신은 업무 능력을 개선하기 위해 매일 어떤 단계를 조금씩 밟아 나가야 할까요? 정원을 아름답게 가꾸기로 마음먹었다면 작은 약초 한 그루를 심는 일부터 시작할 수는 없을까요? 새로운 언어를 배우는 것이 당신의 목표라면 하루에 한 단어를 익히는 일부터 첫걸음을 떼면 어떨까요?

만일 당신이 전 세계를 여행한다는 목표를 세웠다면 더 자주 여행을 떠나기 위해 당신이 매일 실천해야 할 일은 무엇일까요? 비록 1년 내내 여행을 다니지는 못할지도 모르지만, 당신이 더 자주 여행을 떠날 능력을 쌓기 위해 할 수 있는 일은 꽤 많을 겁니다. 가령 하루에 조금씩 돈을 모으고, 멀리 떨어진 곳에서 일자리를 찾고, 다른 나라의 언어를 배우는 학원에 등록할 수도 있겠지요.

영감에서 탄생한 목표를 현실로 이룰 방법은 무수히 많습니다. 중요한 것은 그 목표를 이룰 수 있는가가 아니라, '어떻게' 이룰 것인가의 문제입니다. 작은 발걸음부터 시작해서 할 수 있는 만큼 매일 조금씩 그 목표에 다가설 때 당신의 삶도 더욱 의미 있고 충만해질 겁니다. 당신에게 있어 가장 소중한 목표를 향해 매일 조금씩 전진하고 있으니까요. 그것이 목표를 추구하는 행위 자체를 즐김으로써 더 많은 사랑과 기쁨을 누리는 방법입니다.

그렇다면 영감에서 탄생한 목표나 꿈은 어떻게 세울 수 있을까요?

생각이 당신의 마음에서 저절로 솟아나듯이, 신적

영감에서 창조된 목표나 꿈은 당신이 '노력'한다고 얻을 수 있는 게 아닙니다. 우리는 하루 종일 자연스럽게 생각과 영감의 세례를 받습니다. 어린아이들을 보세요. 모두 자기가 하고 싶은 일에 대한 꿈을 마음껏 펼쳐나갑니다. 아이들의 마음속에는 꿈을 이루지 못할 가능성에 대한 우려 따위가 들어설 여지가 없습니다. 우리가 아이들과 유일하게 다른 점은 신적 영감으로부터 자연스럽게 탄생한 생각을 스스로 차단해버리는 법을 배웠다는 겁니다.

영감은 강물이고 사고는 댐입니다. 댐이 세워져 강물의 흐름이 막히면 물고기가 죽고, 야생이 사라지고, 홍수가 나고, 삼림이 파괴됩니다.

우리의 마음속을 흐르는 영감을 사고의 댐이 막아서는 순간 자기 회의, 자기 파괴, 불안감 같은 현상이 발생합니다.

하지만 강물을 막은 댐이 제거되면 생태계는 복구되어 자연 그대로의 상태로 되돌아옵니다. 우리의 마음도 마찬가지입니다.

우리가 직관을 이용해서 사고의 댐을 제거하면 새로운 영감과 아이디어가 우리를 통해 자유롭게 모습을 드러냅니다. 그것이 우리가 절박감이 아닌 영감을 바탕으로 목표를 '창조하는' 방법입니다.

내게는 불필요한 사고를 가라앉히고 무한한 창조력과 가능성의 샘물을 활용하는 데 도움을 주는 질문이 하나 있습니다.

"만일 내가 무한정한 돈을 소유했고, 세상에 아무것도 두려워할 일이 없으며, 남들에게 인정받을 필요도 없다면, 이제부터 나는 어떤 일을 하고 무엇을 창조할 것인가?"

당신 자신에게 이 질문을 던져보고 마음속에서 어떤 대답이 떠오르는지 지켜보세요. 공포, 비판, 자기 의심 같은 장벽을 제거했을 때 얼마나 훌륭한 아이디어가 샘솟는지 놀라게 될 겁니다. 영감이 의식의 표면으로 저절로 올라오도록 그냥 놓아두세요. 다만 그 행위로 인해 사고에 사로잡혀서는 안 됩니다. 진정한 꿈을 차단하지 말고 그 꿈이 스스로 모습을 드러내도록 허락해야 합니다.

사고가 한계를 짓지 않는 마음은 어떤 일이든 가능합니다.

* ───────────────

살고 싶으면
몸에 영양을 공급하고
살아 있음을 느끼고 싶다면
영혼에 영양을 공급하라.

*10

좋은 것도
나쁜 것도 없다

Nothing is Either
Good or Bad

"좋고 나쁜 것은 없다.
단지 생각이 그렇게 만들 뿐이다."

—윌리엄 셰익스피어

피아노에는 88개의 건반이 있습니다. 우리는 피아노를 바라볼 때 특정한 건반을 가리키며 그 건반이 '잘못됐다' 또는 '틀렸다'라고 말하지 않습니다. 단지 어떤 곡을 연주할 때 듣기에 좋지 않은 소리가 나면, 그 건반이 '잘못됐다'라고 생각하는 겁니다. 이렇듯 특정한 곡이라는 맥락을 벗어나면 피아노에 잘못된 건반은 없습니다. 무한하리만큼 다양한 방식으로 표현될 수 있는 음의 조합이 있을 뿐입니다.

피아노에 잘못된 건반이 없듯이 우리가 삶에서 내리는 의사결정에도 '잘못된' 결정은 없습니다. 단지 저마다 다른 삶의 경로가 있을 뿐입니다. 우리가 해야 할 일은 어느 길을 선택할지 스스로 결정하는 겁니다. 우리는 옳고 그른 길을 구분하는 순간 우리 앞에 놓인 무궁무진 우리의 의사결정에 잘못된 결정은 없다.
단지 저마다 다른 삶의 경로가 있을 뿐이다.

한 기회의 바다로부터 자기 자신을 차단하게 됩니다.

　세상에 옳고 그른 의사결정이 없다는 말이 남들에게 해를 입혀도 문제가 없다는 뜻은 절대 아닙니다. 내 말의 의미는 우리가 삶의 여정 속에서 수시로 내려야 하는 수많은 의사결정 중에 단 하나의 올바른 경로는 존재하지 않는다는 뜻입니다. 세상에 옳고 그른 의사결정이 없다는 사실을 깨닫는다면 언제나 '올바른' 길을 선택해야 한다는 압박감에서 벗어날 수 있습니다.

　예를 들어 당신이 등산을 간다고 상상해봅시다. 산을 오르다 잠시 멈춰서서 경치를 감상할 장소는 무수히 많습니다. 산을 오르는 과정에서 당신이 발길을 멈추고 자연의 장엄한 경관을 구경하기에 '잘못된' 장소는 없습니다. 어떤 장소가 됐든 그곳을 열린 마음으로 받아들일 때 다른 지점에서 한 번도 경험하지 못했던 멋진 경치를 즐길 수 있습니다. 당신에게 주어진 선택지를 너무 일찍 판단해버리면 지금까지 보지 못했던 아름다운 경관을 놓치게 될지도 모릅니다. 조금 더 탐구의 노력을 기울인다면 겉으로는 덜 중요해 보이는 선택지에도 예상 밖의 혜택이 따를 수도 있습니다.

옳고 그름이나 좋고 나쁨을 따지지 말고 아무런 판단 없이 진리를 추구하세요.

주의해야 할 점은 당신이 진리라고 철석같이 믿는 것이 알고 보면 거짓일 수도 있다는 겁니다. 진리가 한쪽 극단에 속한 경우는 드물며, 대개 그 중간 어딘가에 존재합니다. 진리는 주관적이지 않습니다. 어떤 사람에게 '참'이고 다른 사람에게 그렇지 않은 것은 보편적인 진리가 아닙니다. 어떤 신분이든, 어디서 왔든, 배경이 어떻든 지구상에 존재하는 모든 살아 있는 사람에게 똑같이 적용되는 진리를 찾으시기를 바랍니다. 그것이야말로 당신이 지금껏 찾아 헤맨 모든 대답을 들려줄 진리입니다. 진리는 오직 당신의 내면에 존재한다는 사실을 기억하시기를 바랍니다. 외부에서 진리를 찾으면 안 됩니다.

외부에서 찾아낸 것은 언제라도 잃어버릴 수 있지만, 내면에서 찾아낸 것은 누구도 빼앗아 가지 못합니다.

※ ──────────────────

지적인 사람은
끊임없이 배움을 쌓고
현명한 사람은
끊임없이 배움을 비워낸다.

* 11

직관을
따르는 법

How to Follow
Your Intuition

"용기를 내어 당신의 마음과 직관을 따르라.
그것들은 당신이 무엇을 원하는지 이미 알고 있다.
다른 모든 것은 부차적인 요소일 뿐이다."
―**스티브 잡스**

피아노에 옳고 그른 건반이 없듯이 우리가 내리는 의사결정에도 옳고 그름은 없습니다. 하지만 주어진 상황이나 전후 맥락에 따라 우리의 삶에 좀 더 적합한 의사결정은 분명히 있습니다.

그렇다면 우리는 어떤 길을 선택할지 어떻게 결정해야 할까요? 의사결정을 내릴 때는 무념의 상태에 의존해야 합니다. 더 많이 사고하고, 분석하고, 외부의 의견을 물을수록 불필요한 불안감과 좌절감만 생겨날 따름입니다. 우리는 어떤 일을 해야 할지 마음속 깊은 곳에서 이미 알고 있습니다. 우리는 그것을 직관, 육감, 내적 지혜 같은 말로 표현합니다. 우리가 외부 사람들에게 의견을 묻는 이유도 직관이 알려준 방향을 다시금 확인받고 싶기 때문입니다. 외부의 의견을 구할수록 더 큰 자기 의심으로 이어지게 됩니다.

당신에게 무엇이 옳은지 알 수 있는 사람은 오직 당신뿐입니다. 아무도 당신에게 그 답을 말해주지 못합니다. 당신 주변에는 삶의 지침을 제공하는 멘토나 선생이 무수히 많을 수도 있겠지만, 그가 만약 최고의 스승이라면 당신의 직관에 귀를 기울이고 내면에서 해답을 찾으라고 말할 겁니다. 진리는 오직 내면에만 존재합니다. 수많은 사람이 남들의 조언을 따른 뒤에 후회를 경험하는 이유도 그 때문입니다. 우리는 직감을 외면해서는 안 된다는 사실을 마음속 깊은 곳에서 이미 알고 있습니다.

당신의 직관은 늘 가야 할 곳으로 당신을 인도합니다. 마치 내면에 장착된 내비게이션 시스템처럼 어느 길을 택해야 하고, 장애물이 있으면 어디로 돌아가야 하는지 실시간으로 알려주는 겁니다. 당신의 직관은 가야 할 곳을 정확히 알려주지만, 그 시스템이 안내하는 길은 당신을 놀라게 할지도 모릅니다. 자신을 의심하지 마세요. 직관이 당신을 목적지까지 정확히 데려다주리라는 사실만을 믿으시기를 바랍니다.

직관을 따르는 삶은 어떤 모습일까요?

당신의 직관을 따른다는 말은 자기 자신보다 더 큰 존재의 능력을 활용한다는 뜻입니다. 당신은 무념의 상태에서 우주와 직접적으로 연결됩니다. 직관은 사고의 형태가 아니라 뭔가를 아는 느낌으로 다가옵니다. 당신은 어떤 일을 해야 할지 *생각하지* 않고, 그저 *알게* 될 뿐입니다. 중요한 것은 올바른 결정을 내리는 게 아니라 자기 자신을 믿고 당신이 현재 상황에 가장 적합한 길을 스스로 선택하고 있음을 이해하는 겁니다.

어떤 것이 옳고 그르거나 좋고 나쁜지를 판단해서 의사결정을 내리지 마세요. 당신에게 속이 후련한 느낌을 선사하면서도 가장 소중한 가치와 일치하는 쪽을 선택하세요. 당신이 진심으로 묻는다면, 직관이 어느 쪽을 선택하라고 대답해줄 겁니다.

직관을 따르면 모두가 날 때부터 소유하고 있는 내적 지혜의 안내를 받을 수 있고 무엇을 해야 할지 알 수도 있습니다. 앞에서도 말했듯이 몰입의 상태에 놓인 사람은 오직 직관만을 믿고 행동합니다. '그 지점'에 도달한 사람은 어려운 일도 수월하게 해내고, 논리적 사고를 넘어서는 정보와 기회를 향해 마음의 문을 활짝 엽니다.

아기를 키워본 경험이 없고 그런 교육을 받지도 못한 산모가 아기를 돌보는 방법을 저절로 알아가는 것도 직관이 하는 일입니다. 당신의 친구가 말로는 아무 일도 없다고 했지만, 그에게 뭔가 문제가 있음을 깨닫게 되는 것도 직관의 역할입니다.

당신은 스스로 인지하고 있는 것보다 훨씬 자주 직관을 사용합니다. 많은 사람이 창조적인 업무나 프로젝트에만 직관을 사용해야 한다고 생각합니다. 하지만 직관은 삶을 헤쳐나가며 '올바른' 대답이 없는 상황에 맞닥뜨릴 때마다 언제든 유용하게 활용할 수 있습니다. 누군가와의 인간관계를 시작해야 한다거나, 직장을 그만두어야 한다거나, 새로운 집으로 이사해야 한다고 알려주는 느낌도 직관에서 나옵니다. 직관은 우리에게 언제 결혼하고, 누구와 가정을 꾸리고, 어떤 일을 새로 시작하고, 어떤 습관을 끊어야 한다고 말해줍니다. 때로는 길 위에서 우연히 마주친 낯선 사람에게 말을 건네라고 권함으로써 그 사람을 가까운 친구로 만들어주기도 합니다. 우리에게 꼭 필요한 일, 우리가 성장하는 데 도움이 되는 일을 하라고 어깨를 토닥여주는 작고 조용한 목소리가 바로 직관의 음성입니다. 공포는 우리를 제자리에 묶어두지만, 직관은 우리가 원하는 곳으로 길을 안내합니다.

그렇다고 우리가 지식, 논리, 이성 등을 활용해서는 안 된다는 말은 아닙니다. 단지 아무런 부정적 판단 없이 우리의 직관적 의사결정을 믿고 이를 적절히 이용해야 한다는 겁니다. 그래야만 꼬리를 무는 과도한 사고와 괴로움의 굴레에서 벗어날 수 있습니다. 핵심은 사고가 아닌 생각을 활용하는 데 있습니다.

가령 우리가 음식을 요리하거나 업무를 위한 아이

공포는 우리를 제자리에 묶어두지만,
직관은 우리가 원하는 곳으로 길을 안내한다.

디어를 새로 짜낼 때도 마음속에서 떠오른 생각을 활용해서 길을 안내받아야 합니다. 그 말은 중립적인 관점을 바탕으로 상황에 대응하고 어떤 판단도 덧붙이지 말아야 한다는 뜻입니다. 우리가 뭔가 행동을 취할 때 사고가 뜬금없이 끼어드는 순간은 너무도 많습니다. 그러다 보면 우리는 이렇게 생각하게 됩니다. "나는 요리에 소질이 없어." "아무리 해도 좋은 아이디어를 떠올리지 못할 거야." 어떤 과업이 됐든 이런 부정적인 이야기를 스스로 만들어내는 것은 불필요할뿐더러 일을 처리하는 데도 아무런 도움이 되지 않습니다.

사고의 함정에 빠진 마음은 세상의 모든 것을 낱낱이 파악해야 한다고 우리를 부추깁니다. 그러나 이런 믿음을 품는 순간 더 많은 스트레스와 괴로움만 더해질 뿐입니다. 우리는 세상의 모든 것을 알 필요도 없고, 그럴 능력도 없습니다. 우리의 제한된 마음으로 어떻게 온 세상의 모든 것을 입맛에 맞게 이해하고 조종할 수 있을까요?

우리가 세상의 모든 것을 알 필요가 없다는 사실은

너무나 좋은 소식입니다. 우리가 해야 할 일은 직관을 믿고 우리의 내적 지혜가 최선의 길을 안내하리라는 신념을 품는 것뿐입니다. 당신 주위에서 가장 풍요롭고, 기쁘고, 성공적인 사람들에게 어떻게 그런 성과를 거두었고 무엇이 그들을 그런 의사결정으로 이끌었느냐고 물어보세요. 그들은 결국 직관을 따랐을 뿐이라고 말할 것입니다. 만일 그들이 논리와 이성만을 좇았다면 꿈을 추구하기 위해 그토록 결단력 있게 행동하지 못했을 겁니다.

직관은 마음이 볼 수 없는 것을 봅니다. 우리 시대에 이루어진 가장 위대한 성취와 창조는 한때 불가능하게 여겨졌을 뿐 아니라 이를 시도하는 일 자체가 정신 나간 행동처럼 보였습니다. 하지만 우리는 불가능의 시대가 아닌 무한한 가능성의 시대에 살아갑니다. 우리의 가슴을 따르는 일이 겉으로는 위험해 보일지도 모르지만, 이를 따르지 않는다면 오히려 불행해질 수도 있습니다.

직관은 대개 당신에게 약간의 두려움을 안겨주는 길을 선택합니다. 새로운 현실을 창조하려면 익숙한 곳에 머무르지 말고 미지의 세계에 발을 들여놓아야 하기 때문입니다. 예전과 똑같은 모습으로 같은 자리에 머물러 있는 것은 당신 스스로를 포함해서 그 무엇도 성장시키지 못합니다.

미지의 세계를 용감하게 탐구하는 일은 인간이 창조되는 순간부터 우리에게 주어진 거부할 수 없는 숙명과도 같습니다. 우리가 진정으로 살아 있음을 느끼는 장소는 바로 미지의 세계입니다. 우리의 마음은 확실함을 원하지만, 가슴은 자유를 갈망합니다. 우리는 '확실함'이라는 환상 속에서 살아갑니다. 우리가 소유한 모든 것은 언제가 됐든 순식간에 잃어버리거나 빼앗길 수 있습니다. 세상에서 유일하게 변하지 않는 것이 변화라는 사실은 누구나 잘 압니다. 하지만 우리는 자연스럽고 불가피한 것과 싸우는 데 에너지를 전부 소모하면서도 자신이 왜 그토록 큰 괴로움에 시달리는지 의아해합니다. 우리가 두려워해야 할 것은 변화가 아니라 예전과 똑같은 곳에서 똑같은 모습으로 살아가려는 마음의 관성입니다.

삶에서 일어나는 일 대부분은 우리의 통제 밖에 있습니다. 물론 삶을 통제하지 못한다고 해서 삶을 포기해야 한다는 말은 아닙니다. 사실은 그 반대입니다. 평화는 우리가 확실함을 추구할 때가 아니라 불확실함 안에 편안히 자리 잡을 때 찾아옵니다. 자신의 삶이 꼭 어떤 모습이 되어야 한다고 생각하는 대신 인생의 우여곡절을 있는 그대로 받아들여야 합니다. 세상일을 특정한 방식으로 몰아가려 애쓰지 말고 어떤 일이 일어날지라도 당신에게는 아무런 문제가 없다는 사실을 믿기 바랍니다.

우리가 삶에서 일어나는 모든 일을 통제하지 못한다고 해도, 그 일에 대한 우리의 반응이나 감정은 충분히 통제할 수 있습니다. 그것이 바로 행복을 선택하는 길이며, 그 비밀은 생각을 내려놓는 데 있습니다. 우리에게 궁극적으로 중요한 것은 바로 감정 아닐까요? 성공, 기쁨, 삶의 보람 등을 측정하는 진정한 잣대는 우리가 소유한 물건이 아니라 내적으로 느끼는 감정입니다.

우리에게는 상상력이라는 선물이 주어져 있습니다. 우리가 상상력을 발휘할 수 있는 잠재력은 무한합니다. 하지만 우리는 자신이 상상한 것을 성취할 '방법'을 찾아내야 한다는 생각에 빠져 스스로 스트레스를 만들어냅니다. 사람들 대부분은 그 시점에서 포기를 선언하거나, 아니면 그 꿈을 실현하기 위해 무작정 애쓰며 매일 괴로움 속에서 살아갑니다. 우리는 원하는 것을 얻으려면 고생과 괴로움을 감수해야 한다고 자신을 설득합니다. 하지만 직관을 믿는 사람에게는 그 말이 사실일 수 없습니다. 우리의 임무는 우리가 원하는 바가 '무엇'인지를 결정하는 것이지, 그것을 얻을 방도를 궁리하는 게 아닙니다. 그 '방법'은 전적으로 우주의 섭리에 달려 있습니다. 그 책임을 우주의 손에 넘기는 것이 최고의 선택인 이유는, 우리가 원하는 것을 성취할 방법이 무한히 많기 때문입니다.

우리가 두려워해야 할 것은 변화가 아니라
예전과 똑같은 곳에서
똑같은 모습으로 살아가려는
마음의 관성이다.

직관이 우리가 상상한 바를 현실로 이뤄낼 방안을 자세하게 보여주는 경우는 드물지만, 그 대신 언제나 지금 이 순간 우리가 내딛어야 하는 다음 발걸음을 안내해줍니다. 모든 것을 한꺼번에 알아내려고 애써봐야 과도한 사고의 수렁에 빠지게 될 뿐입니다. 걷기 시작하면 길은 곧 보이게 될 겁니다.

우리가 삶에서 바라는 대상이 무엇이든 그것은 언제나 손에 넣을 수 있습니다. 단지 이를 얻어내는 '방법'과 '시간'이 예상과 다를 뿐입니다.

직관은 늘 우리에게 말을 겁니다. 어떤 일을 해야 한다고 당신의 귀에 끊임없이 속삭이던 마음속의 작은 목소리를 기억하나요? 우리에게 길을 안내해주는 것은 바로 그 직감입니다. 직감이 들려주는 말을 따르지 않아 후회해본 적은 없나요? 또는 아무런 논리적 이유 없이 어떤 일을 꼭 해야 할 것만 같은 의무감을 느꼈고, 그 느낌을 따른 덕분에 놀라운 일이 벌어진 적은 없나요?

그것이 바로 직관의 목소리입니다.

직관은 생각과 느낌을 통해 이야기합니다. 하지만 계속 이야기했듯, 생각과 사고는 매우 다르다는 사실을 잊지 마세요. 사고는 직관에 대한 부정적인 판단이며, 당신이 마음을 따르는 일을 방해하는 불안감의 근원입니다.

직관을 선택하면 속이 탁 트이고, 우주와 일치되고, 미지의 세계에 발을 들여놓은 듯한 느낌을 받습니다. 직관은 항상 조용하고, 분명하고, 직접적이고, 자연스럽습니다.

한편 직관은 논리적이고 합리적인 마음을 종종 벗어나기 때문에, 이를 받아들이기 위해서는 충분한 준비가 필요합니다. 직관은 당신에게 성장하고, 창의성을 발휘하고, 새로운 일을 시도하라고 말합니다. 또 남들이 하는 말을 따르기보다 당신이 진정으로 원하는 바를 추구하라고 가르칩니다. 직관을 좇으면 자유, 사랑, 기쁨에 넘치는 삶을 창조할 수 있습니다.

그렇다면 왜 더 많은 사람이 직관의 목소리에 귀를 기울이지 않을까요? 그건 바로 두려움 때문입니다.

직관이 들려주는 말을 귀담아듣는 일은 두렵습니다. 그 이유는 직관이 미지의 세계에 존재하기 때문입니다. 사람들은 미지의 세계를 두려워합니다. 그곳에서는 앞날을 예측하기가 어렵습니다. 하지만 지금의 모습에 머물지 않고 새로운 삶을 경험하려면, 미지의 세계에 용감히 한 발을 들여놓고 무한한 기회를 향해 마음의 문을 활짝 열어야 합니다.

당신이 내린 의사결정에 다른 사람들은 동의하지 않을지도 모릅니다. 그러나 당신이 세상에 온 목적은 자신의 평화를 희생하고 남들의 취향을 만족시키기 위해서가 아닙니다. 당신은 배우고, 성장하고, 사랑하기 위해 이곳에 왔습니다. 당신이 성장하는 데 도움이 되는 것은 대부분 주위 사람들에게 편안하게 느껴지지 않습니다. 그들이 그것을 받아들일 준비가 되어 있지 않기 때문입니다. 그래도 상관없습니다. 사람은 저마다 성장하는 시간이 따로 있습니다. 남들의 두려움을 당신의 현실로 만들 필요는 없습니다. 당신에게 살아 있는 느낌을 선사하고 영감을 안겨주는 일을 다른 사람들로 인해 멈춰서는 안 됩니다.

헨리 포드는 이렇게 말했습니다.

"당신이 어떤 일을 할 수 있다고 생각하든 할 수 없다고 생각하든, 무조건 당신이 옳다."

우리가 어떤 일이 불가능하다고 생각하면서 삶을 살아간다면 자신을 무한한 가능성에서 차단할 수밖에 없습니다. 우리가 밟아야 할 첫 번째 단계는 자신이 무엇을 해야 하는지 마음속으로 이미 알고 있다는 사실을 깨닫는 겁니다. 우리의 발목을 잡는 유일한 장애물은 공포입니다. 마음의 브레이크를 풀고 오직 '사고'만이 자신의 발걸음을 가로막는다는 사실을 깨닫는 순간 넘치는 풍요로움, 무한한 창의력, 순수한 가능성으로 가득한 본연의 상태로 돌아갈 수 있습니다. 집착을 버리고, 직관을 믿고, 눈앞에 놓인 다음 단계를 밟아간다면 우주의 섭리가 나머지 일을 해결해줄 겁니다.

※ ─────────────────────

당신은
안전을 위해 결정하는가,
아니면 자유를 위해 결정하는가?

* 12

통찰이 들어설
공간을 만들어라

Creating Space for
Insight

"나는 오늘 기적을 위한 공간을 마련했다.
그리고 기적의 크기보다는 기적을 창조할 공간을
얼마나 크게 만드느냐가 중요하다는 사실을 깨달았다."

―**카일 그레이**

어느 선사와 학자 이야기: 잔을 비워라

옛날에 어느 현명한 선사가 살았습니다. 사람들은 먼 곳에서 그를 찾아와 도움을 청하곤 했습니다. 선사는 그들에게 선을 가르치고 깨달음을 얻는 방법을 알려주었습니다. 그러던 어느 날, 학자 한 사람이 선사를 방문해서 그에게 조언을 구했습니다. "선에 대한 가르침을 받기 위해 왔습니다." 그 학자는 이렇게 말했습니다.

하지만 얼마 되지 않아 그 학자가 선에 대해 자기만의 견해와 지식으로 가득하다는 사실이 분명해졌습니다. 그는 선사의 말을 번번이 가로막고 자기 이야기를 늘어놓았으며, 상대방의 말을 귀담아들으려 하지도 않았습니다. 선사는 그 학자에게 차나 한잔 나누자고 말했습니다.

두 사람이 자리에 앉았고 선사는 손님의 잔에 조용히 차를 따랐습니다. 그는 잔이 다 채워졌는데도 차를 따르는 일을 멈추지 않았습니다. 차는 흘러넘쳐 테이블과 바닥에 떨어지고 결국 학자의 옷을 적시기까지 했습니다. 학자는 소리쳤습니다. "그만 따르세요! 잔이 다 채워졌습니다. 안 보이세요?"

선사는 미소를 지으며 이렇게 말했습니다.

"바로 그겁니다. 당신은 이 잔과 같습니다. 너무 생각이 많아 다른 것이 더 들어설 여지가 없군요. 잔을 비우고 다시 오세요."

아무것도 없음, 즉 무(無)에 대해 이렇게 많은 얘기를 할 수 있다는 사실이 참으로 아이러니합니다. 무는 공간의 속성입니다. 우주를 공부하다 보면 모든 것은 무에서 유래했다는 사실을 알게 됩니다. 뭔가가 창조되려면 창조를 위한 공간이 먼저 존재해야 합니다.

우리의 마음도 마찬가지입니다. 새로운 아이디어처럼 전에 없던 뭔가를 생각해내려면 먼저 그 생각을 받아들일 공간을 마련해야 합니다. 넘치는 찻잔처럼 낡은 생각으로 가득한 마음에는 새로운 생각이 들어설 공간이 남아 있지 않습니다.

우리가 직관을 활용할 때 한 가지 사실을 반드시 기억해야 합니다. 직감을 신뢰하는 일은 중요하지만, 새로운 아이디어, 관점, 정보 등으로부터 우리 자신을 차단하고 닫아버려서는 안 된다는 겁니다. 당신이 새로운 아이디어와 마주쳤을 때 뭔가 두려움이 느껴진다면, 그 공포를 좀 더 깊이 파고들어 조사해야 한다는 신호로 받아들이세요. 마음의 문을 계속 열어둔다면, 공포의 너머에서 당신이 찾고 있던 드넓은 기회의 세계를 찾게 될지도 모릅니다.

우리의 목표는 자신을 의심하지 않으면서 열린 마음으로 세계를 탐구할 수 있는 균형점을 찾아내는 겁니다. 낡은 신념에 도전장을 던지고 더 이상 유용하지 않은 믿음을 내려놓을 때, 우리의 삶을 풍요롭게 해줄 새로운 아이디어를 위한 자리를 마련할 수 있습니다.

이 공간을 창조하는 방법 중 하나는 무념의 상태를 이용하는 겁니다. 우리가 사고라는 힘겨운 노력을 멈추고 마음을 조용히 가라앉히는 순간 새로운 생각과 아이디어가 자리 잡을 공간이 생겨납니다. 판단은 마음을 닫지만, 질문은 마음을 엽니다. 기존의 사고방식에 끊임없이 의문을 제기하는 일이야말로 마음속의 공간을 창조하는 최고의 방법입니다.

모든 마법은 공허함의 공간에서 펼쳐집니다. 가령 운동선수들에게는 집중적인 훈련 기간이 필요하지만, 훌륭한 선수들은 최고의 성적을 유지하기 위해서는 훈련 뒤의 집중적인 휴식도 훈련 못지않게 중요하다는 사실을 잘 압니다. 그들은 휴식을 취하는 사이에 몸과

모든 마법은
공허함의 공간에서 펼쳐진다.

마음을 회복하고, 근육을 늘리고, 더 강해집니다. 선수들이 휴식을 통해 창조한 공간은 그들이 훈련을 통해 그토록 얻어내고자 했던 성과가 비로소 모습을 드러내는 곳이기도 합니다.

모든 사람은 마음속에 생각과 영감을 위한 공간을 마련했을 때 아이디어가 샘솟는 경험을 합니다. 예를 들어 당신은 삶에서 중요한 문제나 의사결정을 어떻게 처리해야 할지 몰라 깊이 고민하다가 오히려 샤워나 산책 같은 편안한 활동 중에 갑자기 해결책이 떠오르는 경험을 해본 적이 있을 겁니다. 그것이 우리가 심리적인 공간을 창조하는 순간이며, 그 공간을 통해 아이디어가 흘러들어오는 순간입니다.

프리드리히 니체는 19세기에 활동한 가장 위대한 독일 철학자 중 한 사람으로 도덕과 종교에 관한 관점을 획기적으로 바꿔놓은 인물입니다. 그에게는 새로운 아이디어를 위한 공간을 창조하는 자신만의 방법이 있었습니다. 그는 책을 쓰던 도중 문득 자리를 박차고 일어나 먼 길을 산책하곤 했습니다. 그리고 작은 메모지를 휴대하고 길을 걷다가 새로운 아이디어가 생각나면 이를 적어 내려갔습니다. 전하는 말에 따르면 니체는 자신의 책 《나그네와 그의 그림자(Der Wanderer und sein Schatten)》의 대부분을 산책 중에 썼다고 합니다.

알베르트 아인슈타인 역시 이 개념을 잘 이해한 과학의 천재였습니다. 아인슈타인은 어려운 문제에 부딪히면 일을 멈추고 바이올린을 연주했습니다. 그가 바이올린을 연주하는 동안 문제의 답이 불쑥 떠오르곤 했는데, 그 답은 억지로 짜낸 게 아니라 마음을 차분히 가라앉히고 영감이 흐를 수 있는 공간을 만들었을 때 자연스럽게 생겨났습니다.

우리는 세상의 모든 일을 알아내려고 노력할 필요가 없습니다. 이른바 천재라고 불리는 사람들도 가장 위대한 발견은 노력만으로 이루어지지 않는다는 사실을 잘 알고 있었습니다. 최고의 능력을 발휘하기 위해서는 휴식이 필요하듯이, 최고의 아이디어를 생각해내려면 마음의 공간이 필요합니다.

많은 경우 우리가 찾고 있는 해답은 전혀 기대하지 않았던 곳에 감춰져 있거나, 현실에서 한 발자국 물러나 새로운 관점이 들어설 공간을 만들 때 발견됩니다. 문제를 정확히 이해하고 마음속에 공간을 창조하는 순간 어떤 도전에 대한 통찰도 얻어낼 수 있습니다.

우리는 예전과 전혀 다른 삶의 경험으로부터 한 줌의 생각, 한 줄기의 통찰, 하나의 아이디어만큼만 떨어져 있을 뿐입니다.

✶ ─────────────────────────

우리가 의심하지 않는 것은
우리를 억압하고

우리가 의심하는 것은
우리를 자유롭게 한다.

*13

생각하지 않는 삶의
잠재적 장애물

Potential Obstacles
When Living in Non-thinking

"생각하지 말라.
모든 것이 복잡해질 뿐이다.
그저 느껴라.
집에 있는 듯이 편안히 느껴진다면
그 느낌이 향하는 길을 따르라."

─R. M. 드레이크

이 책에서 이야기한 원칙을 삶에 충실히 적용한 독자들은 지금쯤 무념의 순간을 찾아내어 평화를 경험하고 있을 겁니다. 아직 그 상태까지 이르지 못했다고 해도 낙담할 필요는 없습니다. 누구든 연습과 실천을 통해 평화를 얻을 수 있습니다. 무념의 상태에서 삶의 여정을 이어나가다 보면 약간의 장애물에 부딪히기도 합니다.

하지만 걱정할 필요는 없습니다. 그 모두가 깨달음의 길에서 거쳐야 하는 정상적인 과정일 뿐입니다.

당신은 이미 가장 어려운 부분을 습득했습니다. 생각하기를 멈추는 연습을 통해 부정적 사고가 삶을 통제하지 못하도록 막아내는 법을 배운 겁니다.

하지만 우리는 앞으로 일어날지도 모르는 문제를 예상하고 미리 해결함으로써 실제 문제가 생겼을 때 당황하는 일을 줄일 수 있습니다. 당신이 무념의 여정을 이어가다가 맞닥뜨릴 수 있는 몇 가지 질문을 탐구해보겠습니다.

무념을 실천하면 비(非) 생산적인 사람이 되지 않을까?

당신이 무념의 상태에서 평화를 경험하게 됐다면, 그로 인해 예전보다 생산성이 떨어지거나, '경쟁력'을 잃거나, 더 게을러지는 게 아닌가 하는 걱정이 들 수도 있을 겁니다. 하지만 그런 우려는 진실과 너무나 거리가 멉니다. 오히려 우리는 무념의 상태에서 일할 때 생산성이 가장 높습니다. 사고가 멈췄을 때 더 큰 효율성을 발휘하고, 더 좋은 아이디어를 떠올리고, 저항감이나 스트레스를 덜 느끼고, 일을 미루지 않게 됩니다.

게다가 일하는 시간도 줄일 수 있습니다. 불안감이나 걱정에 시달리는 시간이 현저히 줄어들기 때문입니다. 당신은 휴식도 일 못지않게 중요하다는 사실을 깨닫고 몸이 원하는 것을 제공합니다. 또 속도를 늦추고 천천히 일하는 편이 평화와 기쁨을 얻는 길이라는 사실을 알게 됩니다. 과도한 업무에 허덕이며 다음 과업을 성취하는 데만 정신이 팔려 있을 때는 평화와 기쁨을 경험하기가 어렵습니다. 예전에는 스트레스에 가득했던 일이 더는 당신에게 불안감을 안겨주지 않습니다.

그동안 당신이 '투쟁 또는 도피'의 상태에서 살아왔다면, 그건 불안감에 너무 익숙해진 나머지 그 감정을 당연한 것, 즉 정상적인 상태로 받아들였기 때문입니다. 그런 감정이 갑자기 사라진 상태에서 살게 된 사람이 예전과 다르고 낯선 느낌을 받는 것은 당연한 일입니다. 그건 지극히 정상적인 성장통일 뿐이며 시간이 지나면 다 사라집니다. 당신이 무념의 상태에서 삶을 계속해서 이어간다면, 조만간 평화가 당신 내면의 새로운 표준으로 자리 잡을 겁니다.

무념을 실천한다는 말은 현실을 외면한다는 뜻이 아닐까?

사람들은 무념을 실천한다는 말을 현실을 회피 또

는 외면한다는 뜻으로 받아들이거나, 경마장의 말처럼 곁눈 가리개를 쓰고 앞만 바라보면서 일생을 보낸다는 의미로 오해합니다. 사실은 정반대입니다. 무념의 상태에서 살아가는 사람은 현실이 반드시 어떤 모습으로 펼쳐져야 한다고 생각하기보다 현실을 있는 그대로 초연히 받아들입니다. 무념을 실천하면 현재에 깊이 몰입해서 주변이나 마음속에서 일어나는 일을 아무런 판단 없이 받아들일 공간을 만들게 됩니다. 오직 무념을 통해서만 우리를 두렵게 했던 것을 정면으로 마주하고, 공포가 우리의 삶을 통제하지 못하도록 막을 수 있습니다. 무념은 현실이 아닌 모든 것을 내려놓음으로써 평화를 찾는 최선의 방책입니다.

생각하지 않으면 어떻게 일을 하고 문제를 해결할 수 있을까?

무념의 원리는 개인적 삶을 헤쳐나갈 때뿐 아니라 직장에서 일할 때도 똑같이 적용됩니다. 우리는 업무를 처리하거나 문제를 해결할 때도 '생각하지' 않고 떠오른 '생각'을 활용해야 합니다.

우리가 업무 중에 하는 일의 대부분은 지금까지 존재하지 않았던 문제의 해결책을 찾아내는 것이며, 그 해결책은 마음속에서 저절로 떠오르는 생각을 통해서만 발견할 수 있습니다. 그러나 우리는 사고의 수렁에 빠지기 시작하면서 그 아이디어들을 일일이 판단할 뿐 아니라 눈앞에 닥친 상황이나 우리 자신까지 평가하면서 비생산적이고 불필요한 스트레스를 만들어냅니다. 사실 우리가 '투쟁 또는 도피'의 상태에 있을 때는 그렇지 않을 때와 비교해서 훨씬 생산성이 떨어집니다. 이런 종류의 사고가 우리에게 긍정적인 혜택을 안겨주는 경우는 드물며, 우리가 경험하기를 원하는 결과나 감정을 생산하지도 못합니다.

우리가 일하다가 빠지는 '사고'의 예는 아래와 같습니다.
이 일은 너무 어렵다.
이 일은 너무 오랜 시간이 걸릴 것이다.
나는 이 프로젝트가 싫다.

왜 내게만 항상 이런 일이 생길까?

이 일은 불가능하다.

나는 이 일을 해낼 능력이 없다.

이 일은 끔찍하다.

나는 실패할 것이다.

우리가 일하다가 저절로 떠오르는 생각의 예는 아래와 같습니다.

좀 더 나은 방법은 없을까?

누구에게 도움을 구해야 할까?

이런 식으로 시도해보면 어떨까?

만일 _____이 일어난다면?

(빈칸 안에 아이디어, 통찰, 혁신 등을 채워 넣으세요.)

또한 앞서 이야기한 '생각vs.생각하기' 도표를 활용하면 일터에서 생각과 사고를 구분하는 데 도움이 될 겁니다.

불안과 걱정이 반복되고 의심이 되돌아오면 어떻게 해야 할까?

우리가 평화를 경험한 뒤에도 종종 불안, 걱정, 의심을 느끼는 이유는 사고가 우리에게서 엄청난 양의 시간과 에너지를 빼앗아 가기 때문입니다. 사람들 대부분은 거의 하루의 전부를 스트레스(사고)의 상태에서 보내는 데 익숙해져 있습니다. 사고를 멈추는 순간 과거 생각하는 데 사용되던 에너지는 '자유로운' 상태가 되지만, 그렇다고 그 에너지가 곧바로 다른 용도로 전환되는 것은 아닙니다. 오히려 그 에너지를 다시 사고에 쏟아붓는 예전의 습관으로 돌아가기 일쑤입니다. 왜냐하면 지금껏 그렇게 해왔고, 그 감정에 익숙하기 때문입니다. 그럴 때 우리가 해야 할 일은 새롭게 발견한 에너지를 영감에서 창조된 목표를 위한 에너지로 전환하는 겁니다.

이 단계에서 유용한 방법 하나가 '활성화 의식'(activation ritual)을 수행하는 겁니다. 이는 우리를 무념과 몰입의 상태로 이끄는 데 도움이 되는 아침 일과를 의미합니다. 당신에게 편안한 느낌을 선사하고 무념의 상태를 실천하는 데 도움이 되는 활동이나 루틴이라면 어떤 일이든 괜찮습니다. 가령 운동, 명상, 호흡 요법, 기도, 일지 작성, 차 끓이기 같은 행위도 여기에 포함할 수 있습니다. 마음의 평화를 얻는 데 도움이 된다면 무엇이라도 상관없습니다. 잠에서 깨자마자 활성화 의식을 실천하면 자신을 긍정적인 방향으로 인도하는 모멘텀을 쌓을 수 있으며, 덕분에 남은 하루를 무념의 상태에서 보내기가 수월해집니다. 한 번 움직이기 시작한 물체는 계속해서 움직이기 마련입니다. 나 역시도 과거에는 영적 스승들이 왜 그토록 아침 일과를 중시하는지 깨닫지 못했습니다. 하지만 무념과 모멘텀의 힘을 이해한 뒤에는 그 까닭을 알게 됐습니다.

당신이 너무나 큰 평화와 만족감을 느꼈다는 이유만으로 뭔가 잘못됐다는 생각이 들기 시작했다면, 그건 마음이 당신을 다시 사고의 세계로 유도하기 위해 애쓰고 있다는 증거입니다. 당신의 마음은 매우 뛰어난 영업사원이라, 어떤 말을 늘어놓아야 당신을 파괴적 사고의 악순환 속으로 끌어들일지 정확히 압니다. 미지의 세계를 향한 믿음과 행복감 속에 머물 것인지, 아니면 익숙한 고통과 심리적 괴로움이라는 낡은 습관으로 돌아갈 것인지는 바로 이 순간 당신의 선택에 달려 있습니다. 요컨대 우리는 미지의 세계에서 무한한 자유와 행복을 누릴 것인가, 또는 친숙한 괴로움 속에 갇혀 살아갈 것인가를 스스로 결정할 수 있습니다.

당신이 다시 사고의 함정에 갇혔다고 해도 괜찮습니다. 그로 인해 자신을 탓하거나 죄책감을 느껴서는 안 됩니다. 자신을 책망해봐야 사고의 굴레에 더 깊이 빠질 뿐입니다. 인산은 사고하게끔 만들어진 존재입니다 당신의 마음에서 사고가 시작됐다는 사실을 알게 됐다면, 이 책의 7장에서 다룬 PAUSE 방법을 따라 사고를 중단하는 연습을 실천하고, 당신에게는 언제라도 평화, 행복, 사랑의 상태로 돌아갈 능력이 있다는 사실을 스스로 상기시키기를 바랍니다. 이 과정을 반복하면서 당신 자신에게 사랑과 연민을 발휘하세요. 그래야만 지나친 고통과 노력 없이 변화를 이루어낼 수 있습니다.

* ─────────────────────────

두려움 속에서
평화를 느끼는 이에게
온 우주는 스스로 길을 내어준다.

*14

무조건적인 사랑

Unconditional
Love

"인류가 얻어낼 수 있는 가장 위대한 힘은
조건 없는 사랑에서 나온다.
그 힘은 우리가 한계, 조건, 경계선 없이
무언가를 사랑할 때 발휘된다."

―**토니 그린**

내게 조건 없는 사랑을 알게 해준 사람은 나의 동반자 마케나입니다. 나는 세상을 살아가면서 모든 게 궁금했습니다. 사물이 왜 지금과 같은 모습으로 존재하게 됐는지 그 모든 것을 알고자 했습니다. 물론 세상 만물 뒤에 놓인 의미와 이유를 전부 파악하면서 삶을 경험할 수는 없는 노릇이었습니다.

내가 마케나와 사귀기 시작한 지 1년쯤 되던 어느 날, 다른 연인들이 다 그렇듯 나도 그녀에게 왜 나를 사랑하느냐고 물었습니다. 마케나는 왜 나를 사랑하는지는 잘 모르겠지만, 그저 사랑할 뿐이라고 천진스럽게 대답했습니다. 그러면서 그녀는 나에게 왜 자신을 사랑하느냐고 되물었습니다. 나는 곧바로 열 가지가 넘는 이유를 댔습니다. 아름다운 미소와 귀여운 웃음, 따뜻한 마음씨, 가족들에 대한 사랑, 지적 능력 등 내가 그녀를 사랑하는 이유는 끝도 없었습니다.

우리는 결혼하기 전까지 7년 정도 연애를 했지만, 나는 마케나에게 처음 그 질문을 한 뒤 몇 달에 한 번씩은 왜 나를 사랑하느냐고 꼭 묻곤 했습니다. 최근에 이르기까지 그녀의 대답은 한결같았습니다. "잘 모르겠어. 그저 내가 알고 있는 건 당신을 사랑한다는 것뿐이야. 그것도 아주 많이."

마케나의 대답은 오랫동안 내 마음을 괴롭혔습니다. 그녀가 나를 사랑하는 이유를 잘 모른다는 사실을 나로서는 이해할 수 없었기 때문입니다. 나는 마케나를 사랑하는 이유를 천 가지는 델 수 있었지만, 그녀는 나를 사랑하는 이유를 단 하나도 말하지 못했습니다. 하지만 나는 그녀를 매우 사랑했으므로 그 사실을 받아들였고 그 뒤에도 그녀를 향한 사랑을 계속 이어갔습니다.

그러던 어느 날, 나 자신에게 다른 질문을 던져보기로 마음먹으면서 삶 전체를 바꿔놓을 깨달음을 얻었습니다.

나는 마케나가 나를 사랑하는 이유를 왜 말하지 못하는지 궁금해하는 대신 나 자신에게 이렇게 물었습니다. 내가 마케나를 사랑하는 이유는 그녀가 귀엽게 웃거나 남들을 잘 돕기 때문일까? 어느 날 그녀가 더는 웃지 않고 다른 사람들을 돕지 않는다면 어떨까? 내가 마케나를 사랑하는 이유라고 생각했던 행동을 그녀가 하지 않게 된다면, 나도 마케나를 사랑하지 않게 되는 걸까?

나는 마케나를 사랑하는 이유를 구구절절 열거하는 순간, 그녀에 대한 나의 사랑은 특정한 성품이나 행동에 따라 조건화될 수밖에 없음을 깨달았습니다. 마치 마케나가 그 조건을 충족하지 않는다면 그녀를 사랑하지 않겠다는 듯이 말이죠. 물론 그런 일은 절대 있을 수가 없습니다.

그 순간 나는 마케나가 나를 사랑하는 이유를 대지 못했던 까닭이 나에 대한 사랑이 무조건적이기 때문이라는 사실을 깨달았습니다. 물론 나라는 사람에 대

모든 사랑은 이유를 초월해서 존재한다.
내면에서 넘치는 사랑을 경험하며
그 풍요로운 사랑을 조건 없이 나누는 것이
무조건적인 사랑이다.

해 그녀가 특별히 좋아하는 면이 있을 수도 있겠지만, 그것이 그녀가 나를 사랑하는 '이유'가 되지는 않습니다. 만일 그녀가 나를 사랑하는 특정한 이유가 있다면, 내가 그런 특성을 드러낼 때만 나를 사랑한다는 뜻일 뿐입니다.

나를 향한 마케나의 사랑은 내가 표현하는 기분이나 하는 일에 좌우되지 않습니다. 그녀의 사랑은 모든 '이유'를 초월해서 존재하며, 대가를 서로 주고받는 개념과도 상관이 없습니다. 마케나는 내가 그녀를 사랑하기 때문에, 또는 내가 그녀를 위해 뭔가를 해주기 때문에 나를 사랑하는 것이 아닙니다. 그녀는 자신 속에서 넘치는 사랑을 경험하고 있으며, 그 풍요로운 사랑을 내게 조건 없이 쏟아붓고 있는 겁니다.

나는 마케나를 향한 사랑에 어떤 이유나 단서를 붙이지 않고 그녀를 사랑하는 법을 배웠습니다. 내 마음속에는 마케나에 대한 압도적인 사랑이 말로 표현할 수 없을 만큼 차고 넘쳐서 어떤 일이 생겨도 그녀를 사랑하지 않고는 견딜 수가 없습니다. 이런 형태의 사랑은 외부적인 이유에서 비롯되는 게 아니라 우리 모두를 탄생시킨 무한한 근원으로부터 나옵니다.

모든 사람은 이토록 순수하고 조건 없는 사랑과 연결되어 있습니다. 사람들은 거기에 신이나 우주 같은 이름을 붙입니다. 그 연결고리를 차단함으로써 무조건적 사랑으로부터 자신을 분리하려는 환상을 창조하는 것은 오직 우리의 사고뿐입니다.

사람들이 서로 사랑하는 이유를 내려놓을 때, 우리가 발견할 수 있는 사랑의 크기는 무한히 커집니다.

✳ ───────────────────────────

용기란 공포를 모르는 것이 아니라
공포의 한복판에서
사랑을 실천하는 것이다.

*15

그렇다면 이제
무엇을 해야 하나

Now What?

"모든 게 끝났다고 생각되는 순간이 찾아올 것이다.
그때가 바로 모든 것이 시작되는 순간이다."

―루이스 라무르

당신은 이 책의 마지막 대목에 도착했습니다. 그것은 당신에게 새로운 삶의 시작이기도 합니다. 당신은 평화, 사랑, 기쁨으로부터 오직 한 조각의 생각만큼만 떨어져 있을 뿐입니다. 그 점을 잊지 말고 항상 마음에 담아두어야 하는 이유는, 삶이 어려움에 빠졌을 때 그것만이 유일한 희망이기 때문입니다. 나는 이 책의 서두에서 당신이 이 책을 읽은 뒤에는 전혀 다른 사람이 될 거라고 약속했습니다. 당신이 열린 마음으로 자발적으로 이 책을 읽기 시작했다면 이미 많은 통찰을 얻었을 것이며 그로 인해 세상을 바라보는 관점이 바뀌었을 것입니다. 그러므로 이제 당신은 이 책을 읽기 전과는 다른 사람이 되었습니다.

통찰을 통해 새로운 눈으로 세계를 바라볼 수 있게 된 사람이 그것을 외면하기란 불가능합니다. 한 번 확대된 의식이 다시 축소되는 일도 없습니다. 당신은 때로 그 사실을 깜빡하고 다시 사고의 함정에 빠져 괴로움을 느낄지도 모릅니다. 그러나 이 통찰에 대한 기억을 되살린다면 언제라도 사랑, 평화, 기쁨을 되찾을 수 있습니다.

만일 그 통찰이 지나치게 단순해 보인다면, 그건 마음이 당신을 다시 사고의 세계로 유인하기 위해 애쓰기 때문이라는 사실을 잊지 마세요. 진리는 항상 단순하며 앞으로도 영원히 그럴 겁니다. 진리는 머리로 생각하는 것이 아니라 영혼 깊은 곳에서 *알아차리고 느끼는 무엇*입니다. 이 모든 것을 알고 있는 내면의 고요한 지혜에 귀를 기울이고, 그 지혜의 손에 당신의 삶을 인도하는 역할을 맡겨야 합니다.

우리는 영혼의 소리를 들을 때 가장 심오한 충만함을 느낍니다. 이 사회는 우리가 너무나 부족한 존재이며 우리에게는 뭔가가 빠져 있거나 원하는 것이 주어져 있지 않다고 끊임없이 말을 겁니다. 사람들도 각자의 견해, 판단, 조언을 우리에게 폭탄처럼 쏟아붓습니다. 하지만 그들은 저마다의 생각에 사로잡혀 있을 뿐입니다. 그들은 좋은 의도에서 우리에게 말을 건네겠지만, 그들의 말에 꼭 귀를 기울여야 할 의무는 없습니다.

당신이 원하거나 필요로 하는 모든 것은 이미 내면에 존재합니다. 당신의 영혼은 그토록 찾아 헤매던 사랑, 기쁨, 평화, 만족감으로 가득합니다. 다만 사고 행위에 사로잡혀 있을 때는 그 사실을 잊어버리고 진리를 보지 못할 뿐입니다.

늘 평온함의 상태를 유지하고, 삶에 도움이 되지 않는 사고를 내려놓아야 합니다. 직관을 따라 속이 탁 트이고, 자아와 일치되고, 미지의 신비로움을 안겨주는 느낌을 추구하시기를 바랍니다. 이를 더 많이 실천할수록 더 많은 풍요로움을 창조할 수 있습니다.

당신은 괴로움의 사슬을 끊고 평화, 사랑, 기쁨의 상태에 다가서는 데 필요한 능력을 이미 갖추고 있으며,

언제라도 이들을 이용할 수 있습니다. 어쩌면 당신은 그 사실을 이미 알아차리고 우주의 지극한 축복을 경험하고 있을지도 모릅니다.

당신이 이 책을 집어 들고 우리와 함께 진리를 찾는 여정에 나선 일도 절대 우연이 아닙니다. 삶이라고 불리는 무한히 아름다운 경험 속으로 당신을 안내하도록 내게 허락해준 것은 참으로 영광스럽고 놀라운 축복입니다. 당신의 사랑과 빛을 세상과 계속 공유해주시기를 바랍니다.

내면의 진심을 담아
조세프

✶ ──────────────────────────────

변화는 이루어야 할 결과가 아니라
내려놓음에서 생겨난 부산물이며
그저 경험되는 것일 뿐이다.

* 실천편

생각하지 않는
일상으로 향하는
아주 특별한 안내서

✱ ───────────────

모든 것에 대해 생각하려 애쓰는 마음을 내려놓아라.
그렇게 해야만 당신이 찾는
평화를 얻을 수 있다.

이 장은 당신이 무념의 상태를 일상 속에서 실천하는 일을 도울 목적으로 설계됐습니다. 이 안내서는 크게 두 가지 주제(내적 작업과 외적 작업)와 당신을 도와줄 도구 상자로 구성되어 있습니다. 이는 당신이 내면적 세계에 무념의 상태를 통합하면서, 한편으로 주위의 세계에 접근하는 일을 도울 것입니다.

과도한 사고의 굴레에서 벗어난다는 말은 단순한 개념처럼 보이지만, 이를 실천하기는 쉽지 않습니다. 당신이 그 작업에 어려움을 겪는다고 해도 아무런 문제가 없습니다. 사람들 대부분은 사고의 수렁에 빠져 수십 년을 살아오면서도 이를 멈추기 위해 노력해 본 적이 한 번도 없을 겁니다. 그 과정은 어려울 뿐 아니라 이를 밟아가는 모습도 사람마다 다릅니다. 뭔가 새로운 것을 익히기 시작했을 때 곧바로 '좋은' 성과를 내지 못한다고 해서 자책할 필요는 없습니다. 걸음마를 처음 배우는 아기를 지켜보듯이 당신 자신을 따뜻한 눈으로 바라보고, 마음속에 새로운 실험을 위한 공간을 마련해야 합니다. 무엇이든 더 많이 연습하고 실천할수록 더 나아지는 법입니다. 시간이 지나면 이루어지리라는 사실을 믿어야 합니다. 당신이 지금 이 자리에서 이 책을 읽고 있다는 것만으로도 평화를 향한 여정에 이미 큰 진전을 이룬 것입니다. 그 여정을 꾸준히 지속한다면 반드시 평화가 찾아올 겁니다.

*1
내적 작업
Inner Work

✱ ──────────────────────

사고(자아)의 부재는
평화(신)의 현존이다

이번 안내서는 당신의 마음을 다스리는 내적 작업에 초점이 맞춰져 있습니다. 이는 당신이 사고의 함정에서 벗어나 무념의 상태에 도달하는 구체적인 단계를 제시하며, 당신이 더욱 평화롭게 하루를 보낼 수 있도록 돕습니다.

부정적인 사고를 내려놓는 방법: PAUSE

PAUSE라는 영어 약자를 사용하면 생각을 내려놓는 다섯 단계를 쉽게 기억할 수 있습니다. 당신이 과도한 사고의 수렁에 빠질 때마다 잠시 '멈춰 서서' 이 다섯 단계를 실천에 옮겨보세요. 당신에게는 언제든 생각을 내려놓을 힘이 있다는 사실을 기억하기를 바랍니다.

P | 멈추기(Pause)

잠시 멈춰서서 심호흡을 하고, 신경계를 안정시키고, 현재에 집중합니다. 지금 내가 생각하고 있다는 사실을 알아차리되, 그 내용을 판단하지 않습니다.

A | 묻기(Ask)

당신 자신에게 이렇게 묻습니다. "이 생각은 내가 원하는 감정을 느끼게 해주는가?" 또는 "나는 괴로움이 계속되기를 바라는가?" 그 질문의 답이 '아니오'라면, 당신은 언제든지 사고 행위를 내려놓고 평화를 찾는 길을 선택할 수 있습니다.

U | 이해하기(Understand)

생각하기를 멈추고 내려놓을 선택지가 나 자신에게 있음을 이해합니다.

S | 말하기(Say)

"생각하는 것은 괴로움의 뿌리다"라는 주문을 반복해서 말함으로써 생각을 가라앉히고 떠나보냅니다.

E | 경험하기(Experience)

아무런 판단과 저항, 그리고 생각 없이 감정을 온전히 경험합니다. 아무것도 생각하지 말고 그냥 느끼세요.

신경계가 안정되고 사고가 멈출 때까지 이 프로세스를 반복합니다.

무념의 잠재적 장애물과 해결책

사고를 내려놓기 위해 노력하다 보면 그 작업을 어렵게 만드는 잠재적 문제에 부딪힐 때가 있습니다. 우리를 불안감에 빠뜨리는 공통적인 장애물 몇 가지와 이들에 대한 해결책을 소개합니다.

사고를 멈추기 싫은 마음

이따금 당신은 생각하기를 포기하고 싶지 않을 수도 있습니다. 지금 이 위치에 도달한 것이 모두 끊임없이 생각해온 덕이라고 믿기 때문입니다. 그 믿음에도 일리가 있을지 모르지만, 중요한 점은 당신을 이곳까지 데려다준 것이 다른 곳으로도 데려다준다는 보장이 없다는 겁니다. 당신이 괴로움의 악순환을 깨뜨리고 삶에서 쳇바퀴처럼 되풀이되는 자기 파괴적 패턴에서 벗어나고 싶다면 뭔가 다른 방법을 찾아야 합니다.

같은 행동을 반복하면서 다른 결과를 기대하는 것은 미친 짓입니다. 당신은 진짜 중요한 질문을 자신에게 던져야 합니다.

"나는 평화를 바라는가, 아니면 괴로움의 상태에 계속 머물기를 원하는가?"

모든 고통의 뿌리가 사고라는 사실을 기억하고 앞으로는 더 불행한 감정에 빠지지 않겠다고 마음먹으면 무념의 상태에서 믿음의 도약을 이룰 수 있습니다.

믿음의 부족

지금의 우리는 삶을 더 나은 방향으로 개선할 수 있다는 사실을 믿기 어렵습니다. 우리 자신을 의지하고 예전과 다른 방향으로 변화를 시도하려면 커다란 믿음의 도약이 필요합니다. 당신의 삶을 기쁨, 평화, 사랑으로 채우기 위해서는 먼저 그 일이 가능하다는 사실을 믿어야 합니다.

당신은 본인보다 훨씬 큰 존재(우주/신/직관)의 한 부분입니다. 그 위대한 생명의 힘은 당신이 태어난 순간부터 지금까지 줄곧 당신을 보살피고 이끌었습니다. 우리의 유한한 마음으로 도저히 이해할 수 없는 직관을 의지하는 일은 어려울 뿐 아니라 두렵기까지 합니다. 그러나 우리는 모든 일을 걱정하고 통제하려 안간힘을 쓰는 대신 오직 직관에 대한 믿음을 통해서만 완전한 평화를 경험할 수 있습니다.

공포

미지의 대상을 의지할 때 공포가 느껴지는 것은 지극히 당연한 일입니다. 공포를 느끼지 않는 게 오히려 더 이상할 정도입니다! 공포란 우리에게 뭔가가 중요하다는 신호임과 동시에 마음이 당신을 보호하기 위해 애쓰고 있다는 신호이기도 합니다.

우리가 진정으로 원하는 것은 모두 공포 너머에 존재합니다. 공포에서 벗어나기 위해서는 어떤 일이 생긴다 해도 당신에게 아무런 문제가 없다는 사실을 내면 깊은 곳에서 확인해야 합니다. 비록 그런 과정을 통해 공포를 완전히 제거하지는 못한다고 해도, 두려움이 당신을 해치거나 죽이지 못한다는 사실을 깨달을 수는 있습니다.

공포의 목소리에 귀를 기울이면 당신의 꿈이 죽게 될지도 모릅니다. 공포는 하나의 감정일 뿐이며, 당신은 그 감정을 마음속의 공간에 넉넉히 담아낼 수 있는 강한 존재입니다. 공포를 극복하기 위해서는 그 감정을 있는 그대로 받아들이고 PAUSE 프레임워크를 실천해야 합니다. 사고는 두려움의 원천입니다. 생각하지 않으면 공포도 없습니다.

두려움을 극복하고 직관을 따르는 법

우리가 진정으로 원하는 일을 가로막고 직관을 따르지 못하도록 방해하는 유일한 장애물은 공포입니다. 공포는 사고에서 비롯됩니다, 사고가 모든 심리적·감정적 괴로움의 뿌리인 이유도 여기에 있습니다.

공포는 외부적 사건(예를 들면 부정적이고 좋지 않은 일)을 두려워해야 한다고 마음을 위협하지만, 사실 우리가 진짜 두려워하는 것은 그런 일이 벌어졌을 때 자신이 느끼게 될 감정입니다. 공포는 외부가 아닌 내면의 문제입니다. 그것이 매우 좋은 소식인 이유는 우리의 내면에 존재하는 것은 언제라도 바꾸거나 내려놓을 수 있기 때문입니다.

공포를 극복하려면 먼저 당신이 무엇을 진정으로 두려워하는지 의문을 제기하고 그 두려움 뒤에 놓인 진실을 바라봐야 합니다. 공포는 우리를 '안전지대' 안에 붙들어두기 위해 설계된 환상에 불과합니다. 우리는 자신의 마음속에서 어떤 일이 일어나는지 객관적으로 지켜볼 때 두려움을 내려놓고 자유로워질 수 있습니다.

사람들은 두려움을 느낄 때면 대부분 이를 억누르거나 회피하려고 합니다. 하지만 그런 시도는 공포를 더 키우고 그 감정의 손에 더 큰 힘을 쥐어줄 뿐입니다.

우리가 공포를 있는 그대로 받아들이고 사고의 저편에 놓인 진실을 바라본다면, 두려움이라는 환상을 사라지게 하고 평화를 되찾을 수 있습니다. 무념의 상태에서 순수한 현존과 평화를 경험하는 사람은 마음속에 공포가 남아 있더라도 무엇을 해야 할지 정확히 이해하고 앞으로 나아갑니다. 이런 상태에서 공포는 더 이상 우리의 발목을 잡지 못합니다.

공포가 느껴지면 다음의 안내서를 길잡이로 삼아 그 감정을 극복하시기 바랍니다. 이 지침을 제대로 따른다면 당신이 원하는 모든 것이 두려움의 건너편에서 당신을 기다리고 있다는 사실을 알게 될 겁니다.

공포의 정체를 파악하기

당신이 두려워하는 대상은 무엇입니까? 구체적으로 정의해보세요.

사고 뒤에 무엇이 있는지 탐구하고 조사하기

공포라는 감정을 자세히 들여다봅시다. 당신이 진정으로 두려워하는 것은 마음속으로 상상하는 일이 실제로 일어나는 게 아니라, 그런 일이 생겼을 때 당신이 느끼게 될 감정입니다. 당신은 어떤 감정을 두려워합니까?

1. 당신이 두려워하는 일이 실제로 벌어진다면, 그 일이 당신에게 어떤 의미로 다가올 것 같나요? 당신은 자신에 대해 어떤 결론에 도달했나요?

   (예시) 만약 내게 _____ (당신이 두려워하는 일이나, 벌어질 가능성이 있는 일)이 생긴다면, 그 말은 내가_____ (당신이 자신에 대해 내린 결론)이라는 뜻이다.

2. 그 결론은 타당한가요? 아니면 당신 자신에게 들려주는 이야기에 불과한가요?
3. 그 결론(사고)은 당신에게 어떤 감정을 안겨주나요?
4. 당신이 그 결론을 계속 믿는다면 어떤 대가를 치러야 할까요? 그 감정을 종이 위에 구체적으로 옮겨보시기를 바랍니다. 최대한 자세하게 적어보세요.
5. 당신은 그 사고로부터 괴로움이 생겨난다는 사실을 알고 있나요?
6. 당신은 그 믿음을 멈추고 사고를 내려놓을 준비가 됐나요?
7. 사고가 사라지는 순간을 상상하면 어떤 기분이 드나요?
8. 당신의 직관은 지금 당신에게 어떤 말을 하나요?
9. 사고의 느낌과 비교했을 때 직관의 느낌은 어떤가요?

항상 자신의 직관을 따르고, 당신이 필요할 때는 언제라도 이 연습을 계속할 수 있다는 사실을 기억하시기 바랍니다.

무념의 상태에서 의사결정 내리는 법

무념을 실천할 때 가장 어려운 일 중 하나가 직관을 믿고 의사결정을 내리는 법을 배우는 겁니다. 아래의 방법을 활용하면 당신에게 필요한 새로운 행동 방식을 창조하는 데 도움이 되리라 믿습니다.

의사결정 정의하기
당신이 내려야 할 의사결정이 무엇인지 간단하게 적어봅니다.

질문을 통해 의사결정의 본질 탐구하기
1. 당신은 이 의사결정을 내렸을 때 어떤 일이 생기는 것을 두려워합니까?
2. 조금 더 깊이 파고 들어봅시다. 당신이 실제로 무서워하는 대상은 무엇입니까? 어떤 느낌이 두려운가요?

3. 공포는 당신에게 어떤 이야기를 들려줍니까? 공포가 늘어놓는 말을 하나도 걸러내지 말고 종이 위에 자세히 옮겨보세요. 그 말이 참이라는 증거가 있나요? 아니면 그럴듯한 이야기일 뿐인가요?
4. 당신은 공포와 사고의 목소리에 귀 기울였을 때 어떤 비용을 치러야 합니까? 당신이 감당해야 하는 개인적, 신체적, 심리적, 감정적, 영적 대가는 무엇입니까? 쓸 수 있는 만큼 적어보세요.
5. 당신은 사고가 얼마나 많은 괴로움을 안겨주는지 알고 있습니까? 이제 생각하는 습관을 내려놓을 준비가 됐나요?
6. 당신이 외부의 견해, 조언, 영향력 등을 모두 차단했을 때 진심으로 하고 싶은 일은 무엇인가요? 어떤 의사결정이 속이 탁 트이고 진정한 자아와 연결되는 느낌을 안겨주나요?
7. 직관을 따르면 어떤 감정이 느껴질까요?
8. 당신의 직관은 어떤 이야기를 들려주며, 이 순간 어떤 일을 해야 한다고 손짓하나요?

9. 직관을 따르면 당신이 원하는 감정을 느낄 수 있고, 갈망하는 삶을 살 수 있다는 사실을 알고 있나요?

당신이 아직 공포를 느낀다고 해도 앞으로는 직관을 따라 살겠다고 다짐해야 합니다. 당신은 공포보다 위대하고 사고보다 강합니다. 어떤 일이 생겨도 당신에게는 아무 문제가 없을 것이며 세상의 모든 일은 당신을 위해 이루어지리라는 사실을 믿으시기를 바랍니다.

해로운 습관을 극복하는 법

마음속에 공간을 창조하고 사고를 내려놓는 법을 익히다 보면, 자신에게 괴로움을 유발하는 부정적이고 해로운 습관이 넘쳐난다는 사실을 깨닫게 됩니다. 아래의 안내서를 활용하면 나쁜 습관을 끊는 데 도움이 될 것입니다.

먼저 당신이 바꾸고 싶은 행동이 무엇인지 알아차리고, 그 습관을 진심으로 고치고 싶은지 다시 확인합니다. 괴로움의 악순환을 멈추려면 괴로움을 유발하는 믿음을 바꾸거나 내려놓아야 합니다. 만약 당신이 아무것도 바꾸고 싶지 않다면 더 말할 필요도 없지만, 그럴 마음이 있다면 지금부터라도 행동 바꾸기 프로세스를 시작하세요.

당신이 바꾸기를 원하는 습관적 행동의 내용(어떤 행동이 언제 얼마나 자주 이루어지는지)을 정확하고 구체적으로 묘사해봅시다. 빠뜨리지 말고 상세하게 기록해야 합니다.

1. 그 행동을 취하기 직전에 어떤 감정을 느낍니까? 즉 그 행동을 유발하는 감정은 무엇입니까? 솔직하게 적어보세요.
2. 당신의 마음속에서는 어떤 사고의 패턴이 생겨납니까? 당신은 그 행동을 취하는 순간 자신에게 뭐라고 이야기하나요? 정확하고 구체적으로 기록해보세요.
3. 당신은 그 습관에 대해 어떤 믿음을 품고 있습니까? 어떤 결론을 통해 그 행동을 꼭 해야 한다고 느끼게 됐나요?
4. 그 생각을 믿을 때 어떤 느낌이 듭니까?
5. 그 행동을 하지 않으면 어떤 일이 생길 것 같나요? 다시 말해 그 행동을 하지 않았을 때 어떤 결과

가 초래될 거라고 믿습니까?
6. 그 행동을 하지 않았을 때 그런 일이 생긴다는 사실은 절대로 옳은가요?
7. 그 생각이 얼마나 해로운지, 그리고 얼마나 큰 괴로움을 주는지 알고 있습니까?
8. 그런 사고와 행동을 기꺼이 내려놓을 의사가 있습니까?

하루의 모멘텀을 만드는 방법

우리가 하루를 시작하면서 어떤 모멘텀을 만들어내느냐에 따라 나머지 하루가 어떻게 펼쳐질지가 결정됩니다.

예를 들어 마음의 불안감을 유발하는 행동(가령 눈을 뜨자마자 스마트폰을 집어 들거나 이메일에 답장을 보내는 행동)으로 하루를 시작하면, 그날은 스트레스에 가득한 '투쟁 또는 도피' 모드에서 하루를 출발하게 되어 종일 마음의 평화를 찾기가 어렵습니다. 적절한 활성회 의식 또는 아침 루틴을 만들어내면 무념의 상태에 돌입하고 지고한 자아와 연결되기가 수월해집니다. 위대한 영적 스승들이 하나같이 아침 의식이나 루틴을 고집하는 이유도 여기에 있습니다.

당신에게 가장 이상적인 아침 루틴을 개발하려면 먼저 무념의 상태에 도달하는 데 도움이 되는 사물의 목록을 만들어야 합니다. 개인적 행위뿐 아니라 주위의 환경적 요소도 고려해서 목록을 작성해보세요.

그 목록에서 하나 또는 두 개의 항목을 골라 일주일 동안 매일 아침 실천합니다. 행동에 옮기기가 너무 벅차지 않은 쉬운 일부터 시작하세요.

한 주가 지난 뒤에는 아침 루틴을 평가합니다. 그 루틴을 실천해보니 느낌이 어떤가요? 루틴을 실천하는 시간은 적절한가요? 당신에게 도움이 된다고 생각하나요? 루틴에 좀 더 많은 행위를 추가하거나 이를 다른 항목으로 바꾸고 싶은가요? 만일 그렇다면 한 번에 한 항목씩만 바꿔보시기를 바랍니다. 짧은 시간에 너무 급격한 변화를 주면 목표를 이루는 데 도움이 되지 않고 루틴을 오래 지켜나가기도 어렵습니다. 새롭게 결정한 루틴을 한 주 실험해보고 다시 되돌아보세요.

당신을 무념의 길로 인도하는 최적의 아침 루틴을 개발할 때까지 이 과정을 반복해야 합니다.

*2
외적 작업
Outer Work

✱ ——————————————————————

감사함은 모든 것을 있는 그대로 받아들이는 것이고
희망은 그 무엇도 영원히 지속되지 않음을
이해하는 것이며
평화는 마음으로부터 떨어져 나가는 것이다.

첫 번째 안내서는 괴로움의 사슬을 끊고 마음의 평화를 찾는 과정을 돕기 위해 만들었습니다. 두 번째 안내서에서는 주위 세계와 어떻게 상호작용해야 진정한 자아와 연결되어 평화로 향하는 길을 찾을 수 있을지 살펴봅니다.

무념의 환경 설계하기

당신이 처한 환경은 당신을 무념의 경지로 안내할 수도 있고 사고의 수렁에 빠뜨릴 수도 있습니다.

현실은 내면에서 창조되지만, 주위 환경도 우리의 내면에 큰 영향을 미칩니다. 따라서 무념의 상태에 이르는 데 도움이 되는 환경을 개발하는 일은 매우 중요합니다. 조용한 공간을 만들고 주의력을 빼앗는 요소를 줄이면 사고의 습관을 내려놓기가 쉽습니다. 즉 그런 환경에서는 무념의 상태에 돌입하기 위해 예전만큼 큰 노력을 쏟을 필요가 없습니다.

반복해서 말하지만, 당신의 주변에서 사고 행위를 부추기는 사물들을 제거하면 평화와 무념의 상태에 좀 더 오랫동안 머물 수 있습니다. 물론 당신 자신을 근본적으로 바꾸지 않고 주위 환경만 바꿔서는 변화의 효과가 그리 오래 지속되지 못합니다. 하지만 내면의 변화를 이루기 위해 노력하는 과정에서 주위 환경을 적절히 바꾼다면 목표를 달성하는 데 큰 도움이 될 것입니다. 당신이 사랑하는 아름다운 삶을 창조하기 위해서는 이 두 가지가 적절히 조화를 이뤄야 합니다.

무념의 환경 만들기

직관을 활용해서 스스로에게 다음과 같은 질문을 던져보세요.

"무념의 상태에 도달해서 그곳에 평화롭게 머물기 위해 내가 실천할 수 있는 가장 효과적인 행동은 무엇인가?"

당신의 마음속에 떠오르는 아이디어를 하나도 거르지 말고 모두 종이 위에 옮겨보세요. 큰 아이디어든 사소한 아이디어든, 예전에 시도했던 일이든 새로운 일이든 상관없습니다. 아마 집과 일터처럼 환경이 서로 다른 곳에서는 다른 아이디어가 생각날 겁니다. 직관이 마음껏 이야기하게 놓아두고, 당신의 진정한 자아와 일치하는 말에 귀를 기울여야 합니다.

아이디어를 모두 적은 뒤에 목록을 살펴봅니다. 그

중에서 당신의 삶에 가장 큰 영향을 줄법한 항목을 골라 일주일 동안 실천합니다. 첫 번째 항목이 도움이 됐다면, 그다음 주에는 두 번째 항목을 실천에 옮깁니다. 이런 식으로 목록에 담긴 모든 항목을 시도합니다. 처음에는 작고 쉽게 시작해야 합니다. 한꺼번에 너무 많은 변화를 시도하면 오래 유지하기가 어렵습니다.

당신의 경험을 일지로 작성하는 일도 도움이 됩니다. 어떤 항목이 유용했나요? 어떤 항목이 그렇지 못했나요? 그 아이디어를 시도한 것이 삶의 경험에 어떤 영향을 미쳤나요? 이런 식으로 경험을 기록하고 시스템을 점차 개선해보세요.

사고를 유발하는 환경 제거하기

1단계: 당신을 과도한 사고와 불안감 속으로 몰아넣는 요인의 목록을 작성합니다. 아래의 각 유형에 따라 그 요인들을 적어보길 바랍니다.

신체적 건강

몸에 좋지 않은 영향을 미치고 마음을 불안감과 과도한 사고에 빠뜨리는 요인.

(예시) 음식, 흥분제, 알코올, 탈수, 수면 부족, 움직이지 않기 등

물리적 환경

불안과 과도한 사고를 유발하는 물리적 요인.

(예시) 소음, 온도, 위치, 음악, 사색 등

디지털 환경

스마트폰, 컴퓨터, TV 등이 제공하는 기능 중 당신에

게 불안과 과도한 사고를 초래할 확률이 높은 요인.

(예시) 수시로 휴대전화 확인하기, 알림 메시지, 이메일 등

디지털 소비

불안과 과도한 사고를 유발할 가능성이 큰 미디어 콘텐츠.

(예시) 소셜미디어, 뉴스 알림 등

2단계: 사고를 유발하는 요인을 가장 중요한 것부터 순서대로 나열합니다.

모든 유형을 다 채운 뒤에 각 유형에서 당신의 일상에 가장 큰 영향을 미치는 상위 세 가지 항목을 파악하고 1부터 3까지 숫자를 매깁니다. 영향력이 가장 큰 항목이 1입니다.

3단계: 그 요인들을 제거할 방법을 찾아냅니다.

각 항목의 상위 세 가지 요인을 완전히 제거하거나 현저하게 줄일 수 있는 방법을 찾아내어 종이에 적습

니다. 그중에서도 가장 핵심적인 요인 한 가지를 골라 이번 주에 제거합니다. 그다음 주에는 두 번째 요인을 골라 실천에 옮깁니다. 이런 식으로 당신에게 과도한 사고를 유발하는 모든 요인을 하나씩 제거합니다. 특정한 요인을 없애려는 아이디어가 성공하지 못했다면, 이를 제거할 새로운 아이디어를 찾아내야 합니다.

4단계: 새롭게 발견한 통찰을 일지에 기록합니다.

이렇게 연습하는 동안 당신이 얻어낸 통찰을 종이에 적습니다. 어떤 방법이 효과가 있었고, 어떤 것이 그렇지 못했나요? 어떤 요인들이 쉽게 제거됐고, 어떤 요인이 없애기가 어려웠나요? 제거하는 데 좀 더 다른 전략이 필요한 요인은 무엇이었나요? 이 연습을 진행하는 동안 어떤 점을 깨달았나요? 무엇이 당신을 놀라게 했나요? 어떤 패턴을 발견했나요? 이런 요인들이 당신 곁에 계속 머문다면 어떤 대가를 치러야 할까요? 이들을 완벽하게 제거하면 어떤 일이 일어날까요? 이들과 관련된 당신의 목표는 무엇인가요?

영감을 바탕으로 목표 세우기

당신의 목표가 생겨난 근원에 따라 목표를 추구할 때 느끼는 감정이 결정됩니다. 절박감에서 생겨난 목표는 불안, 긴장감, 스트레스를 초래하지만, 영감에서 탄생한 목표는 속이 후련하고, 자아와 일치되고, 흥미진진한 느낌을 선사합니다.

중요한 점은 외부적 결과물이나 타인의 인정을 얻으려 하지 말고 당신의 가치관과 가장 긴밀하게 연결된 목표를 세워야 한다는 겁니다.

영감에서 비롯된 목표를 세울 때 유용한 질문들은 다음과 같습니다.

- 당신에게 무한한 돈이 있어서 다시는 일을 할 필

요가 없다면, 남은 인생 동안 무엇을 하며 살아가고 싶습니까?

• 당신은 삶에서 어떤 가치를 가장 소중하게 여깁니까? 매일같이 그 가치를 행하기 위해서는 어떤 목표를 세워야 할까요?

• 당신이 늘 하고 싶어 했으면서도 시간이 없거나 두려워서 하지 못했던 일은 무엇입니까?

• 어떤 행동을 하면 속이 가장 후련하고 진정한 자아와 연결되는 느낌이 드나요?

• 당신의 창의성을 발휘하기 위해 가장 즐겨 활용하는 방법은 무엇인가요?

• 당신이 어렸을 때부터 품어왔던 꿈은 무엇입니까?

이 질문들에 대한 당신의 답변을 바탕으로 목표를 세우면 가장 소중한 가치를 실현하는 데 도움이 될 겁니다. 그 가치는 결과물보다 행위에 초점이 맞춰져야 합니다. 당신이 그 행위에 얼마나 오랜 시간을 투자하느냐는 중요하지 않으며, 할 수 있는 만큼 매일 조금이라도 실천하는 데 의의가 있습니다. 그러다 보면 점점 더 많은 시간을 낼 수 있게 됩니다. 당신이 진정으로 좋아하는 일에 시간을 내다보면 그 일에 대한 사랑도 늘어날 것이며 삶을 향한 사랑도 커질 겁니다.

영감에서 탄생한 목표는 너무 거창하지 않아도 됩니다. 작고 단순하다고 해도 아무 문제 없습니다. 목표의 크기가 중요한 게 아니라 그 목표가 당신에게 어떤 감정을 선사하느냐가 중요합니다.

오로지 돈을 벌기 위해 목표를 세우는 일을 피하시기 바랍니다. 금전적 목표가 영감에서 탄생하는 경우는 드뭅니다. 당신이 그만큼의 돈을 벌고 싶어 하는 이유는 무엇인가요? 그 돈으로 무엇을 하고 싶나요? 어떤 일을 해서 돈을 벌기를 원하나요? 돈을 버는 데 따르는 행위나 번 돈으로 하고 싶은 일을 중심으로 목표를 세워야 합니다. 그것이 결과(산출물)가 아니라 좋아하는 일(투입물)에 초점을 맞추는 방법입니다. 당신이 속이 탁 트이고, 보람에 넘치고, 사랑으로 충만한 감정을 느꼈다면, 그 목표는 영감에서 비롯됐음이 분명합니다. 당신은 영혼을 팔아버리는 대신 영혼에 양식을 공급하고 있는 겁니다.

일터에서 더 많은 영감을 얻는 법

업무 중에 당신의 에너지를 가장 많이 소모하는 일, 즉 내키지 않거나 부담스러운 느낌을 주는 일의 목록을 만들고 여기에 '에너지 소모 작업 목록'이라는 이름을 붙입니다.

또 업무 중에 에너지를 불러일으키는 일, 즉 당신을 고무시키고, 활력과 생기를 주고, 홀가분한 느낌을 선사하는 일의 목록을 작성하고 여기에 '에너지 생산 작업 목록'이라고 이름 붙입니다.

매주 '에너지 소모 작업 목록'에 담긴 일을 한 가지 적게 하고, '에너지 생산 작업 목록'에 포함된 일을 한 가지 더 합니다.

당신의 목표는 '에너지 생산 작업'에 속한 일을 처리하는 데 전체 업무 시간의 80퍼센트를 보내는 겁니다.

만일 '에너지 소모 작업'을 완전히 없앨 수 없는 환경이라면, 그 작업을 좀 더 즐기면서 수행할 방법을 찾아내야 합니다. 때로는 작은 변화만으로 우리가 경험하는 세상을 완전히 바꿔놓을 수 있습니다.

* 3
# 일지
Daily Journal

✳︎ ——————————————————————

우리가 이 땅에 배우고 성장하기 위해
잠시 머무는 방문객인 것처럼,
모든 감정도 우리 마음속에 잠시 머무는
방문객일 뿐이다.

우리가 무념으로 향하는 여정에서 할 수 있는 가장 효과적인 일 중 하나는 날마다 일지를 작성해서 그날의 성과를 추적해나가는 겁니다. 당신이 그날 경험한 사고, 감정, 행동 등을 판단을 덧붙이지 말고 있는 그대로 일지에 기록해보세요. 규칙적으로 기록할수록 더 유용합니다. 이 기록을 통해 본인의 사고 패턴, 사고 유발 요인, 유용한 도구 등에 대한 통찰을 얻게 될 것이며, 이는 무념의 상태에 도달하는 데 매우 귀중한 자산이 되어줄 것입니다.

아래의 형식을 활용해서 일지를 작성해보시기 바랍니다. 자신에게 별로 도움이 되지 않는다고 느껴지면 꼭 이대로 따라 할 필요는 없습니다. 당신이 직접 개발한 형식이나 질문을 활용해서 자유롭게 일지를 작성하면 됩니다.

   당신에게 자연스럽게 받아들여지고 실천하기가 수월하다면 어떤 형태라도 상관없습니다. 처음에는 하루에 5분 정도만 할애해도 충분합니다. 일지를 작성하는 작업이 너무 번거롭고, 복잡하고, 시간이 오래 걸리면 꾸준히 실천하기가 어렵습니다.

아침: 그날의 다짐

우리가 자신의 직관을 따르겠다고 의도적으로 다짐하지 않으면 평소에 조건화된 습관을 그대로 따르게 됩니다. 이 일지는 그런 사고의 패턴을 깨뜨리고 직관을 의식 속으로 끌어들일 목적에서 설계됐습니다. 따라서 이 일지를 작성하기에 가장 적합한 시간은 아침입니다. 그래야만 과도한 사고에서 자유로워지는 하루를 설계할 수 있습니다.

오늘 내 직관은 무슨 이야기를 들려주는가?

외부적 영향력이나 타인들의 조언을 무시하고 직관의 목소리에 귀 기울였을 때, 직관은 어떤 방향으로 나아가라고 말하는가? 어떤 일을 시도해보길 권하는가? 이 순간 가장 속이 후련하고, 새롭고, 자아와 일치하는 느낌을 안겨주는 것은 무엇인가?

오늘 공포나 불확실성과 마주친다면 어떻게 대처해야 할까?

오늘 내 직관을 믿고 따르는 데 도움이 되는 주문(mantra)을 적어보자.

저녁: 그날의 성찰

아래의 질문들은 당신이 행한 사고의 과정(투입물)과 삶에서 느끼는 평화, 사랑, 기쁨의 수준(산출물) 사이의 관계를 파악할 수 있도록 설계됐습니다. 사고를 내려놓으면 자연스럽게 긍정적인 감정 상태에 도달하게 됩니다. 결과에 집착하기보다 산출물에 초점을 맞췄을 때 어떤 일이 일어나는지 이 일지를 통해 확인하시기 바랍니다.

결과는 저절로 따라오는 법입니다. 이 일지는 저녁에 작성하는 게 가장 효과적입니다. 하루를 반성하면서 그날의 경험을 통해 많은 것을 배울 수 있기 때문입니다.

투입물/원인 질문

아래의 질문에 1부터 10까지의 숫자로 대답합니다.

1은 가장 정도가 낮고 10은 가장 정도가 높음을 의미합니다. 답을 일지에 기록하고 내용을 덧붙이세요.

- 오늘은 얼마나 많이 생각하는 것을 내려놓았나?

  |—|—|—|—|—|—|—|—|—|
  1   2   3   4   5   6   7   8   9   10

- 오늘은 얼마나 많이 직관을 따랐나?

  |—|—|—|—|—|—|—|—|—|
  1   2   3   4   5   6   7   8   9   10

- 오늘은 내 진정한 자아를 얼마나 많이 표현했나?

  |—|—|—|—|—|—|—|—|—|
  1   2   3   4   5   6   7   8   9   10

- 오늘은 에너지를 얼마나 효과적으로 관리했나?

  |—|—|—|—|—|—|—|—|—|
  1   2   3   4   5   6   7   8   9   10

- 오늘은 속이 트이고, 새롭고, 자아와 일치하는 느낌을 주는 대상을 얼마나 많이 따랐나?

  |—|—|—|—|—|—|—|—|—|
  1   2   3   4   5   6   7   8   9   10

- 오늘은 내가 가장 가치 있게 생각하는 대상에 얼마나 많이 주의를 기울였나?

  |—|—|—|—|—|—|—|—|—|
  1   2   3   4   5   6   7   8   9   10

산출물/결과 질문

아래의 질문에 1부터 10까지의 숫자로 대답합니다. 1은 가장 정도가 낮고 10은 가장 정도가 높음을 의미합니다. 답을 일지에 기록하고 내용을 덧붙이세요.

- 오늘은 얼마나 높은 수준의 평화를 느꼈나?

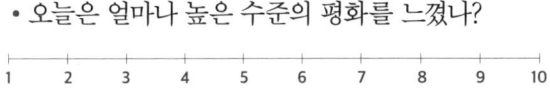

- 오늘은 얼마나 높은 수준의 기쁨을 느꼈나?

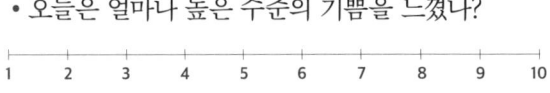

- 오늘은 얼마나 많이 자아와 일치하는 느낌을 받았나?

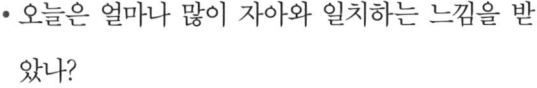

- 오늘은 현재에 집중하는 순간을 얼마나 자주 경험했나?

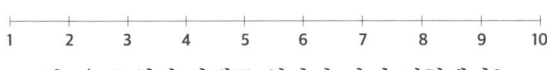

- 오늘은 몰입의 상태를 얼마나 많이 경험했나?

성찰

당신이 기록한 투입물과 산출물을 검토해보시기 바랍니다. 둘 사이에 어떤 관련이 있나요? 투입물은 산출물에 어떤 영향을 미쳤나요? 이 질문들에 대답하는 과정에서 무엇을 알게 됐나요? 일정한 패턴을 발견했나요? 당신이 배운 점은 무엇인가요? 당신의 직관은 어떤 이야기를 들려주고 있나요?

*4
삶에 필요한 도구들
Resources

* ───────────────────────

풍요로운 삶은
두려움에 지배당하지 않고
두려움을 좇는 데서 온다.

두려움을 궁금해하라.
너의 꿈으로 통하는 문이니.

이 책에 나오는 유용한 프레임워크, 도표, 사례 등을 당신이 쉽게 참고할 수 있도록 한 곳에 정리했습니다. 이 도구들을 활용하면 무념으로 향하는 여정에 많은 도움이 될 겁니다.

부정적인 사고를 내려놓는 방법: PAUSE

PAUSE라는 영어 약자를 사용하면 생각을 내려놓는 다섯 단계를 쉽게 기억할 수 있습니다. 당신이 과도한 사고의 수렁에 빠질 때마다 잠시 '멈춰 서서' 이 다섯 단계를 실천에 옮기고, 당신에게는 언제든 생각을 내려놓을 힘이 있다는 사실을 기억하기를 바랍니다.

P | 멈추기(Pause)

잠시 멈춰서서 심호흡을 하고, 신경계를 안정시키고, 현재에 집중합니다. 지금 내가 생각하고 있다는 사실을 알아차리되, 그 내용은 판단하지 않습니다.

A | 묻기(Ask)

당신 자신에게 이렇게 묻습니다. "이 생각은 내가 원하는 감정을 느끼게 해주는가?" 또는 "나는 괴로움이 계속되기를 바라는가?" 그 질문의 답이 '아니오'라면, 당신은 언제든지 생각을 내려놓고 평화를 찾는 길을 선택할 수 있습니다.

U | 이해하기(Understand)

생각하기를 중단하고 내려놓을 선택지가 나 자신에게 있음을 이해합니다.

S | 말하기(Say)

"생각하는 것은 괴로움의 뿌리다"라는 주문을 반복해서 말함으로써 생각을 가라앉히고 떠나보냅니다.

E | 경험하기(Experience)

아무런 판단과 저항, 그리고 생각 없이 감정을 온전히 경험합니다. 아무것도 생각하지 말고 그냥 느끼세요.

신경계가 안정되고 사고가 멈출 때까지 이 프로세스를 반복합니다.

생각 vs. 생각하기

아래의 시나리오들은 생각과 사고의 차이를 설명하기 위해 작성했습니다. 각 시나리오에서 당신에게 떠오른 최초의 반응(생각)과 그 생각을 머릿속에서 곱씹기 시작했을 때의 차이점을 살펴보시기를 바랍니다. 생각은 필연적이지만, 그 생각에 대한 사고는 불필요합니다.

상황: 특정한 사건이 벌어졌을 때

생각	사고
중립적 관찰 또는 직관적 메시지	그 생각에 대한 부정적 판단 또는 자의적 해석

상황: 비가 올 때

생각	사고
비가 온다.	왜 항상 내게 이런 일이 벌어지지? 이건 최악이야. 비 때문에 하루를 망쳤어.

상황: 일자리를 잃었을 때

생각	사고
일자리를 잃었다.	나는 능력이 없어. 모든 사람이 나를 좋지 않게 생각해. 이 충격에서 벗어날 수 없을 거야. 이건 불공평해.

상황: 직장에 출근했는데 성취감이 느껴지지 않을 때

생각	사고
직장을 그만두고 싶다.	다른 직장을 구하지 못하면 어떻게 하지? 다음번 일자리는 더 싫을 거야. 나는 다른 직업을 구할 능력이 없어. 누가 나 같은 사람을 채용할까?

상황: 주말에 어떤 일을 할지 결정할 때

생각	사고
창의적인 취미를 새로 시작하고 싶다.	그런 건 시간 낭비야. 나는 창의적이지 못해. 나는 그런 취미에 소질이 없어.

생각vs.생각하기

속성	생각 (thoughts)	생각하기, 사고 (thinking)
근원	우주	에고
성격	긍정적	부정적
무게감	가벼움	무거움
에너지	광대함	제한적
천성	무한함	유한함
성품	창조적	파괴적
본질	신적	인간적
감정	생동감	긴장감
정서	사랑	공포
감각	전체성	분리성
노력	수월함	고됨
뿌리	진리	환상
시간	현재	과거/미래

경험의 방정식

우리가 겪는 실제의 경험은 삶에서 마주치는 여러 사건과 그 사건들에 관한 생각에서 비롯됩니다. 다시 말해 우리가 느끼는 감정은 외부적 사건에서 오는 게 아니라 그 사건에 관한 우리 자신의 사고 행위에서 생겨납니다.

인간의 사고가 어떻게 경험을 바꾸는지 알기 위해서는 아래와 같은 간단한 방정식을 통해 이를 좀 더 시각적으로 표현해볼 필요가 있습니다.

사건 + 같은 사고 = 같은 경험
사건 + 새로운 사고 = 새로운 경험

이 방정식이 뜻하는 바는 이렇습니다. 우리가 특정한 사건을 겪을 때마다 똑같은 생각을 하면 언제나 똑같은 경험과 똑같은 감정이 생겨날 뿐입니다. 하지만 똑같은 사건을 다르게 생각하는 순간 경험을 바꾸고 새로운 감정을 창조할 수 있습니다.

다시 말해 사건 자체를 바꿀 필요 없이 생각을 바꿔서 삶의 경험을 바꿀 수 있는 겁니다.

하지만 마음의 평화를 얻는 가장 이상적인 비결은 생각을 바꾸기보다 사고 행위 자체를 내려놓는 데 있습니다. 특정한 사건에 대한 사고 행위가 없을 때 평화가 찾아오는 이유는, 우리 스스로 대상을 판단하고, 서술하고, 기대하지 않아야만 실제를 있는 그대로 경험할 수 있기 때문입니다. 이 말을 좀 더 간단한 방정식으로 표현하면 다음과 같습니다.

사건+사고=실제에 대한 관념
사건-사고=실제
사건-사고=평화

* ─────────────────────

생각하는 것을 멈추는 순간,
비로소 삶이 시작된다.

옮긴이 | **박영준**

대학교에서 영문학을 전공하고 대학원에서 경영학을 공부한 후 외국계 기업에서 일했다. 바른번역 소속 전문 번역가로 활동 중이며 국제 정치, 경제, 경영, 자기계발, 첨단기술 등 다양한 분야의 책을 번역하고 있다.
옮긴 책으로는 《프로젝트 설계자》,《나폴레온 힐과의 마지막 대화》,《열두 개의 성공 블록》,《존 맥스웰 리더십 불변의 법칙》,《시간 해방》,《컨버전스 2030》,《우버 인사이드》,《세상 모든 창업가가 묻고 싶은 질문들》,《포춘으로 읽는 워런 버핏의 투자 철학》,《언러닝》 등이 있다.

당신이 생각하는 모든 것을 믿지 말라 (완결판)

초판 1쇄 발행 2023년 11월 22일
2판 1쇄 발행 2025년 11월 24일
2판 2쇄 발행 2025년 12월 18일

지은이 조세프 응우옌
옮긴이 박영준

책임편집 윤지윤
마케팅 이주형
기획편집 이정아 오민정 이상화
제작 357 제작소

펴낸이 이정아
펴낸곳 (주)서삼독
출판신고 2023년 10월 25일 제 2023-000261호
이메일 info@seosamdok.kr

ⓒ 조세프 응우옌
ISBN 979-11-93904-62-6 (03320)

- 이 책은 저작권법에 따라 보호받는 저작물이므로 무단전재와 무단복제를 금지하며, 이 책 내용의 전부 또는 일부를 이용하려면 반드시 저작권자와 출판사의 서면동의를 받아야 합니다.
- 잘못된 책은 구입하신 서점에서 바꿔드립니다.
- 책값은 뒤표지에 있습니다.

서삼독은 작가분들의 소중한 원고를 기다립니다. 주제, 분야에 제한 없이 문을 두드려주세요.
info@seosamdok.kr로 보내주시면 성실히 검토한 후 연락드리겠습니다.

멍청해지기 전에 읽는
뇌과학

멍청해지기 전에 읽는
뇌과학

이인아 지음

지치지 않고 계속 나아가는 뇌를 만드는 결정적 습관

ORIGINALS

추 천 의 글

'성장이 없는 사람'이 되지 않기 위한 안내서

_김경일 인지심리학자

주변을 둘러보면 참으로 좋은 학교에 입학해 심지어 우수한 성적으로 졸업했는데도 유난히 멍청해 보이는 사람들이 있다. 어떤 경우에는 말 그대로 '일머리가 없는 사람'으로 보이기도 하고, 좀 더 관찰해보면 '성장이 없는 사람'으로 여겨져 안타까움을 주기도 한다.

왜 그럴까? 이를 두고 심리학자들은 높은 교육 수준에도 불구하고 학습 능력은 형편없는 사람이라고 부른다. 그 이유는 분명하다. 뇌를 잘못 사용하고 있기 때문이다. 나이 때문도 집안 환경 때문도 아니다. 좋거나 나쁜 머리는 타고난다고 생각하고 지레 포기하는 것도 매우 어리석은 태도다. 나의 뇌를 제대로 사용하고 활용할 중차대한 책임은 우리 스스로에게 있다.

그런데 우리의 뇌는 참으로 신기하고 미묘한 장치다. 그리 만만한 것이 아니라는 뜻이다. 그래서 '뇌 사용법'에 관한 매우 친절하면서도 자세한 안내서가 필요하다. 초장수 시대, 즉 오래 살고 오래 일하는 시대를 살아가야 하기에 더더욱 중요하다. 모든 이들이 읽어야 할 소중한 지침서의 역할을 해줄 책이 드디어 나왔다.

이미 늦은 건지 불안한 모든 이들에게

_김민철 《무정형의 삶》 작가

돌아서면 잊어버리는가? 이 책을 권한다. 반복해도 헷갈리는가? 이 책을 권한다. 고유명사들이 머릿속에서 자꾸 사라지는가? 이 책을 권한다. 이미 늦어버린 게 아닌지 자꾸 불안하다면, 너무나도 똑똑한 AI 앞에서 미래가 걱정되어 한숨을 내쉰 적이 있다면, 그 모두에게 이 책을 권한다.

사실 이미 좀 늦어버린 것이 아닌가 포기하고 있었다. '멍청해지기 전에 읽는 뇌과학'이라지만, 이미 멍청해지고 난 뒤라면 어찌한단 말인가. 친구들과 모이면 불행 배틀하듯 자신의 건망증 이야기를 늘어놓기에 바쁘다. 옥스퍼드대학교 출판부에서도 2024년의 단어로 '뇌 썩음'을 선정했다고 하니, 그럼 우린 트렌디한 건가 농담만 건넬 뿐.

물론 이 책을 읽는다고 저 모든 고민이 단숨에 해결될 리는 없다. 세상에 그렇게나 쉬운 일이었다면, 애초에 수많은 고민이 태어나지도 않았을 테다. 다만 이 책은 똑 부러지게 알려준다. 뇌는 우리가 하는 만큼 변한다고. 계속 AI만 똑똑하게 할 일이 아니라 내 뇌도 똑똑하게 만들어야 한다고. 방법이 있다고, 어렵지 않다고.

우리는 마지막 순간까지 뇌와 함께 살아갈 수밖에 없다. 평생 함께할 이 뇌가 조금 더 믿음직스러워진다면, 나의 내일이 약간은 더 순탄하지 않겠는가? 그러니 저자가 힘주어 전하는 말들을 함께 믿어보는 것이 영 손해는 아닐 것이다.

차례

프롤로그 뇌, 가장 가까우면서 가장 낯선 우주를 찾아서　　　　　　**008**

1. 나는 뇌를 오해하고 있다
우리가 뇌에 대해 잘못 알고 있는 것들

You never learn, do you? - **배운 것을 내 것으로 만들려면**　　**015**
젊은 뇌와 나이 든 뇌는 다를까 - **학습과 나이에 대한 오해**　　**025**
오래 집중하는 힘이란? - **수동적 집중력과 진정한 집중력**　　**037**
세상을 제대로 보고 있는지에 대하여 - **뇌에 대한 열린 시선**　　**048**

2. 뇌는 내가 하는 만큼 바뀐다
뇌의 가능성을 열어주는 습관

기억은 과거가 아니라 미래를 위함이다 - **상상을 위해 회상하기**　**061**
몸을 움직이면 많은 것이 달라진다 - **움직임 리스트 만들기**　　**072**
무질서 속 질서, 스토리를 만든다는 것 - **스토리텔링하기**　　　**083**
번아웃이 오기 전에 필요한 균형들 - **학습 시스템의 균형 잡기**　**095**

멍하게 있는 시간의 효과 - **디폴트 모드 쓰기**   **105**
궁금증이 만드는 가능성에 대하여 - **호기심 유지하기**   **117**

3. 뇌를 파악하고 나아갈 때 얻는 힘
뇌의 대응력을 높여주는 전략

나는 위치 파악을 잘하는 사람인가 - **중심 이동 학습하기**   **131**
실패 아닌 실패를 제대로 하는 법 - **효율적 시행착오하기**   **142**
정리력 상승을 위해 필요한 연습 - **머릿속 구조물 만들기**   **152**
감정적 맥락이 많은 것을 바꾼다 - **감정 수프 잘 만들기**   **163**
학습하는 법도 학습이 필요하다 - **도구 잘 활용하기**   **173**
사소하고 하찮은 것들이 나를 만든다 - **루틴 쪼개기**   **184**

4. 어떤 불안에도 흔들리지 않는 뇌를 위하여
뇌의 중심이 잡혀 있는 삶

경험과 기억을 만드는 것은 바로 '나' - **트루먼의 시대**   **197**
이제부터 인지적 마라토너가 되자 - **페이스 조절 연습**   **207**
결론은 경험적 느낌을 믿기 위하여 - **기억의 외주화 줄이기**   **218**
나는 일의 변화에 준비되어 있는가 - **일의 본질을 찾아서**   **231**
인생이란 지도 위에서 잘 걸어가는 법 - **지도의 중요성**   **242**
우회로를 많이 가진 사람 - **여러 대안 갖기**   **254**

―― 프롤로그 ――

뇌, 가장 가까우면서
가장 낯선 우주를 찾아서

어렸을 때 키가 빨리 커졌으면 하는 바람으로 하루에도 몇 번씩 키를 재본 경험이 다들 있을 것입니다. 빨리 어른이 돼서 하고 싶은 일을 마음껏 하며 성장해 나가는 내 모습을 그려보았죠. 하지만 우리 뇌의 인지기능은 키가 알아서 저절로 크는 것처럼 그저 가만히 있는다고 알아서 성장하지 않습니다. 또 커가면서 남들과 비교해 뒤처지지 않고 무엇이든 잘 해내고 싶지만 현실이라는 벽에 부딪히며 좌절감도 많이 느낍니다. 더 이상 정신적으로 성장하지 않고 정체되어 있거나 심지어 점점 후퇴하고 있다는 느낌마저 들고요. 집중력이나 기억력이 예전만 못하고 '왜 이렇게 멍청해지는 것 같지?' 하고 느낄 때도 있죠. 정도의 차이가 있을 뿐 아무리 자신의 일을 잘하는 것처럼 보이는 사람들도 모두 이런 생각으로 힘겨워합니다.

제가 뇌를 전문적으로 연구한 지도 이제 30여 년이 되어갑니다. 그동안 뇌의 신경세포로 이루어진 회로가 작동하는 방식과 신경세포들의 특징, 그로 인해 발생하는 행동과 뇌 인지의 특성을 연구하면서 확실한 사실 하나를 알았습니다. 사람의 다른 신체와 달리 뇌는 끝없이 '발달'할 수 있다는 점입니다. 키는 어느 나이가 되면 더 이상 크지 않고 몸의 골격도 성장의 한계점이 있죠. 운동을 열심히 해서 근육을 키울 수는 있지만 그것도 한계가 있습니다. 하지만 우리 뇌는 다릅니다. 기본적으로 뇌는 거의 천억 개에 가까운 신경세포들과 그들 간의 연결인 조 단위 시냅스들의 기능적 조합을 통해 무한한 가능성을 만들어낼 수 있기 때문에 그 잠재력의 한계를 규정하기 어렵습니다. 뇌는 억울할 수 있습니다. 왜냐하면 사람들이 느끼는 뇌의 한계는 마치 약속하기라도 한 듯 스스로 규정지은 한계이지, 실제 과학적 한계는 아닐 수 있기 때문입니다.

이처럼 변할 수 있는 뇌의 성질, 즉 가소성은 실로 놀랍습니다. 런던의 길을 완전히 외워 차를 몰다 보니 해마가 커진 것으로 유명한 '런던 택시 운전사 연구'를 비롯해서, 뇌졸중 환자가 회복하는 동안 손상된 뇌 부위의 기능을 대신하기 위해 다른 뇌 영역들이 활발히 역할 분담을 한 연구 결과도 마치 카멜레온처럼 변할 수 있는 뇌의 뛰어난 가소성을 보여줍니다. 이 책에서 소개할 고령의 수녀들에 관한 연구나 규칙적인 명상을 할 때 뇌가 변하는 것 역시 가소성이라는 원리에 기반을 두고 있습니다. 쉽게 말하면 뇌는 어떤 환경의 변화에도 대처할 수 있게 가변적으로 작동하도록 설계되어 있습니다. 심지어 뇌의 해마에서는 새로운 세포들이 성인이 되어도 계속 생겨나는데, 변화하는 환경에 대처하며 잘 살기 위해서는 뇌도 끊임없이 새롭게 학습하고 변해야 하기 때문입니다. 따라서 뇌의 주인인 내가 새로운 환경 속으로 나의 몸을 부지런히 던져주기만 하면 뇌는 알아서 그 환경에 적응적인 방식으로 빠르게 혹은 서서히 변화하며 학습해 나갈 것입니다.

이 책은 이처럼 계속 더 나은 삶을 위해 변화하고 싶은 분들을 위해 썼습니다. 이미 누구나 갖고 있는 가소성이라는 믿음에 꽃을 피우기 위해 일상에서 뇌를 어떻게 조금씩 바꾸어 나갈 것인지 살펴보는 '뇌인지과학 가이드북'이라고 생각하면 좋겠습니다. 낯선 곳으로 여행을 가기 전 누구나 미지의 그곳에 대해 알고 싶어 각종 정보를 수집하죠. 여행 블로그나 유튜브 영상을 보면서 미리 간접경험을 하기도 합니다. 그런데 여러분은 직접 그곳에 가서 자신의 몸을 이곳저곳으로 움직이며 여행지를 경험한 사람과 여행 관련 영상이나 글을 통해 그곳에 대해 간접적으로 학습한 사람을 구별할 수 있나요? 사실 몇 마디만 나눠 보면 쉽게 구별할 수 있습니다. 일단 남들과 다른 독특한 에피소드가 있는지, 그리고 특정 경험을 이야기할 때 주인공의 시점에서 나의 감정과 느낌을 충분히 섞어서 이야기하는지만 봐도 금세 알 수 있습니다. 결정적으로 다음에 그곳을 다시 간다면 어떻게 하고 싶은지 계획을 이야기해 보라고 하면 가장 확실하게 알 수 있죠. 마찬가지로 우리의 뇌 인지도 직접 체험하지 않은 간접 정보에 의해 변화하는 데는 뚜렷한 한계가 있습니다.

지금부터 여러분의 일생에서 지금껏 가보지 못했던 뇌 인지적 세계 속의 그곳, 그리고 가본 적은 있지만 제대로 다시 한번 경험해 보고 싶은 그곳을 여행하는 법을 안내하겠습니다. 생각보다 이 여행길에서 걸어가는 걸음이 내 마음처럼 빠르지 않을 수도 있어요. 그러나 중요한 것은 속도가 아닙니다. 뇌의 가소성이 결국 뇌의 변화를 일으키고 또 그 변화를 온전히 내 것으로 간직하기 위해서는 '제대로' 그리고 '꾸준히' 노력해야 합니다. 다행인 것은 변화의 시도, 그 첫걸음만으로도 많은 것을 시작했다고 볼 수 있습니다. 모두가 뇌인지과학적 원리를 나침반 삼아 인생이라는 항해의 주인이 되어 멋진 여행을 하는 데 이 책이 조금이나마 도움이 되기를 바랍니다.

나는 뇌를 오해하고 있다

우리가 뇌에 대해 잘못 알고 있는 것들

"You never learn, do you?"

배운 것을 내 것으로 만들려면

할리우드 영화에 자주 등장하는 대사 중 우리에게 친숙한 것이 있습니다. 큰 인기를 끌었던 영화 엑스맨 시리즈 중 2006년에 개봉한 〈엑스맨: 최후의 전쟁X-Men: The Last Stand〉의 한 장면을 예로 들어볼까요? 엑스맨의 중심 캐릭터인 울버린이 빌런인 매그니토와 싸우다가 거의 죽게 되었을 때, 매그니토가 "You never learn, do you?"라고 조롱하듯 한마디를 던지고 주인공을 죽이려고 합니다. 이 말은 "넌 평생 학습이란 걸 못하지?" 정도로 번역할 수 있을 것입니다. 대개 이 대사는 예전에 주인공이 악당에게 비슷한 방식으로 당해서 죽을 뻔했던 상황을 악당이 다시 주인공에게 상기시키면서 "너, 예전에도 이렇게 당하더니 또 당하네!"라고 비웃는 장면에서 나옵니다. 여기서 'learn'이라는 영어단어가 우리말로 하면 바로 '학습'이죠.

할리우드 영화의 공식은 바로 다음 장면에서 주인공이 "Actually I do(사실 난 배웠지)."라고 받아치면서 허를 찌르는 공격으로 악당을 물리치는 통쾌한 모습을 보여주는 것입니다. 〈엑스맨: 최후의 전쟁〉의 해당 장면에서도 어김없이 울버린이 고통스러운 표정으로 "Actually I do."라고 말하자마자 매그니토의 뒤에서 비스트라는 또 다른 돌연변이 슈퍼 히어로가 그를 처치합니다. 매그니토는 허를 찔렸다는 표정으로 죽음을 맞이하고요. 이 경우, 울버린의 대사는 과거의 경험으로부터 배운 것이 있어서 이미 대비를 해놓았다는 의미입니다.

학습이 이뤄졌다 말할 수 있으려면

할리우드 영화나 영미권 소설에 자주 등장하는 '학습하다'라는 표현은 이처럼 과거의 어떤 경험이 미래의 행동에 영향을 미치는 것을 의미합니다. 여기서 우리의 뇌에 학습이 일어났는지를 확인하기 위해서 두 가지 필수 조건이 성립해야 한다는 것을 알 수 있습니다. 첫째, 새로운 경험을 해야 합니다. 이것은 아무리

하찮은 학습이라 하더라도 학습이 일어나려면 무조건 충족되어야 하는 조건입니다. 새로운 경험은 내가 원하지 않아도 어떤 사건을 당함으로써 하게 될 수도 있고, 내가 특정한 일을 찾아가거나 일을 벌여서 만들 수도 있죠. 하지만 무언가를 경험했다고 해서 곧 학습이 이루어졌음을 의미하는 것은 아닙니다.

그렇다면 학습이 온전히 이루어지기 위한 두 번째 조건은 무엇일까요? 이 두 번째 조건이 충족되었는지를 보려면 특정 경험을 한 이후로 시간이 좀 지나야 합니다. 시간이 지난 뒤, 이전에 경험한 것과 비슷한 일을 겪었을 때 내가 어떤 행동으로 반응하는지를 봐야 합니다. 내가 반응으로 내놓은 특정 행동이 경험하지 못했던 때와 비교해서 더 '적응적인' 행동이었다면 이때 비로소 학습이 이루어졌다고 말할 수 있습니다. 적응적 행동이란 쉽게 말하면 나의 생존을 위해 '접근'할 것인지 '회피'할 것인지 잘 판단했다는 것을 의미합니다. 예를 들어, 어두운 골목길이 보이면 그 골목길을 회피하여 밝은 길로 돌아가는 것이 적응적 행동일 수 있습니다. 반대로 밝은 길 앞에서는 접근하는 행동이 적응적이겠죠?

'경험'과 '적응적 행동'이라는 이 두 학습의 필수 조건을 생각할 때, 예시로 든 영화의 주인공은 학습을 한 것일까요? 네, 그렇다고 할 수 있습니다. 왜냐하면 주인공은 과거에 악당과 특정 경험을 했기 때문에 첫 번째 조건을 충족했고, 시간이 지나 다시 악당을 만나 비슷한 상황에 부닥쳤을 때 과거의 경험을 통해 배운 적응적 행동으로 악당을 물리치고 생존했기 때문에 두 번째 조건도 충족했다고 볼 수 있죠.

여러분의 일상에서 위 두 가지 조건을 만족해서 학습이 이루어진 경우를 발견할 수 있나요? 아마도 아주 많은 예를 생각해 낼 수 있을 것입니다. 교통카드를 처음 사용해 본 경험을 떠올려 보세요. 교통카드라는 것을 어떻게 사용하는지 아무 경험이 없던 상태에서 처음 카드를 사서 지하철역에 가서 실제 어떻게 써야 하는지 살펴본 뒤 탑승한 적이 있을 겁니다. 이후에 지하철이 아닌 버스에서 교통카드를 처음 사용해야 했을 때도 지하철을 탈 때처럼 그동안의 경험을 응용한 적응적 행동을 하여 무사히 버스에 탑승할 수 있었을 겁니다. 이렇게 되면 교통카드 사용법을 완전히 '학습'했다고 할 수 있습니다. 이렇게 학습의 두 가지 조건을 충족하며 학습의 사이클이 완성되었을 때 우리는 뿌듯함을 느낄 수 있습니다. 이것이 학습에서 오는 뇌의 자연스러운 성취감입니다. 이런 성취감을 많이 느끼면 느낄수록 세상 속에서 자신감을 얻고 우뚝 설 수 있게 됩니다.

또, 취직하기 위해서 면접을 준비해 본 사람이라면 면접장에 처음 가서 떨리는 심정으로 면접관들의 질문에 답한 기억을 떠올릴 수 있을 것입니다. 처음이라 머릿속이 하얘지고 자신이 뭐

✳

학습의 두 가지 조건,
'경험'과 '적응적 행동'을 충족하며
학습의 사이클이 완성되었을 때
우리는 뿌듯함을 느낄 수 있습니다.
이것이 학습에서 오는
뇌의 자연스러운 성취감입니다.
이런 성취감을 많이 느끼면 느낄수록
세상 속에서 자신감을 얻고
우뚝 설 수 있게 됩니다.

라고 답했는지 잘 기억이 안 날 정도로 긴장한 순간이 있었을 수 있고, 아니면 의외로 덤덤하고 수월하게 또박또박 답한 순간이 있었을 수도 있죠. 어떤 경우든 첫 번째 경험 이후 해당 기억을 떠올려 보면, 후회되는 부분과 잘했다고 생각되는 부분이 공존하겠죠. 이후 다시 다른 면접을 보게 될 때 자신의 그러한 경험은 아마도 면접 경험이 전혀 없는 사람에 비해 더 적응적인 행동을 할 수 있게 도와줄 것입니다. 이 밖에도 여러분의 삶 속에선 지금까지 무수히 많이 온전한 학습이 이루어졌습니다. 의식하며 살지 않았겠지만요.

뇌는 변할 수 있다는 가능성

뇌가 이처럼 경험적 학습을 할 수 있는 이유는 신경 가소성 neuroplasticity이라는 뇌의 특성 때문입니다. 가소성 plasticity이라는 말은 변할 수 있다는 뜻입니다. 신경은 뇌 혹은 뇌세포를 의미하니까 신경 가소성이라는 단어는 말 그대로 '뇌는 변할 수 있다'라는 뜻이죠. 하나의 뇌세포는 마치 나뭇가지처럼 많은 가지를 갖고 있는데 이 가지들이 다른 뇌세포의 가지들과 만나는 곳을 시냅스 synapse라고 부릅니다. 이 시냅스에서 뇌세포들끼리의 대화가 일어나면서 정보가 처리됩니다. 중요한 것은 뇌세포들의 가지들이 서로 만나는 방식이나 모양이 일정하지 않고 뇌가 무엇을 경험하는가에 따라, 그리고 경험을 간직했다가 다시 활용해 보는 과정에 따라 계속해서 변화한다는 사실입니다. 이 신경 가소성 덕분에 우리는 한 번 가봤던 길을 다시 찾아갈 수 있고, 악기를 배울 수도 있고, 외국어를 배울 수도 있고, 요리를 배울 수도 있습니다.

2000년에 발표된 유명한 '런던 택시 운전사 연구'에서 런던의 택시 운전사들이 혹독한 자격시험을 통과하기 위해 런던의 많은 도로를 경험하고 학습한 결과 뇌 속 해마hippocampus의 구조적 변화가 자기공명영상MRI에서 관찰되었다는 보고 역시 신경 가소성의 증거입니다. 또한 2009년에 발표된 연구에 의하면 15개월 이상 건반 연주 레슨을 받은 평균 6세 정도의 아이들의 뇌를 MRI로 찍어봤을 때, 그렇지 않은 아이들에 비해 뇌의 운동피질 영역이나 청각피질 영역 등 관련 영역에 뇌세포를 포함하는 회백질grey matter이 더 증가한 결과가 관찰되었습니다. 이 역시 뇌가 학습하면 신경 가소성에 의해 해당 영역에 구조적 변화가 발생한다는 것을 의미합니다. 2021년에 발표된 연구에서도 제2 외국어를 어렸을 때부터 배워서 두 개 이상의 언어를 자유롭게 구사하는 사람들은 뇌의 두정엽parietal lobe이라고 부르는 곳의 하위 피질 회백질이 일반인들보다 더 두껍게 발달해 있다고 합니다.

적응적 행동을 해야 내 것이 된다

이처럼 학습은 뇌가 어떤 경험을 한 뒤 그 경험으로 인해 구조적·기능적 변화를 겪고, 그 이후에 나올 행동이 더 적응적이 된다는 점에서 매우 중요한 뇌의 핵심 인지기능입니다. 학습하지 못하는 뇌는 당연히 점점 부적응적으로 변해가겠죠? 자기 주변의 변화하는 환경에 잘 적응하지 못하고 주변 사람들과의 관계에서 부적응적으로 변해가다 보면 정상적인 생활이 어려워지고, 결국 학습 능력이 우수한 사람보다 경쟁에서 뒤처지게 될 것입니다. 꼭 남과의 경쟁을 염두에 두지 않더라도 자신의 행복을 찾아나가는 것이 어려워질 것입니다.

학습하지 못하는 뇌는 위에서 말한 두 가지 필수 조건을 충족하지 못하는 뇌겠죠? 늘 다람쥐 쳇바퀴 굴리듯 같은 루틴routine만을 반복하고 새로운 일이라고는 일어나지 않는 생활을 하는 사람의 뇌가 이에 해당합니다. 영화 〈트루먼 쇼The Truman Show〉에 나오는 주인공처럼 오늘 벌어지는 일들이 어제와 다르지 않고 내일도 똑같이 벌어진다면 새로운 경험이라는 것이 생길 수 없습니다. 그리고 뇌가 새로운 경험을 하더라도 온전한 학습의 두 번째 조건, 즉 또 다른 새로운 상황에서 적응적 행동을 해보는 시도를 하지 않는다면 학습한 것이 무용지물로 될 것입니다. 이것은 이른바 우리나라 주입식 교육의 폐해로 많이 지적되는 학습법이기도 합니다. 시험을 봐도 대개는 배웠던 그대로 다시 꺼내서 답을 쓰면 되는 식의 문제가 많으므로 학습의 두 번째 조건을 시원스레 만족시켜 주지 못하죠. 뭔가 배우긴 했는데 실제로 일상생활에서 자신에게 쓸모가 있는 장면에서 직접 활용을 해보기 어려운 것도 그 이유 중 하나가 될 겁니다.

새로운 경험의 중요성을 알긴 하는데 막상 하려니 막막한가요? 사실 그다지 어렵지 않음은 이미 알고 있을지 모릅니다. 새로운 경험은 책을 읽어서 얻을 수도 있고 다른 사람의 강의나 강연을 듣거나 매체를 통해 할 수도 있고 방법은 쉬운 것부터 다양합니다. 문제는 이렇게 자기 뇌가 경험한 새로운 것을 이후에 여러 가지 유사한 상황에서 꺼내서 응용해 보는 적응적 행동을 하지 않으면 새롭게 경험한 그 소중한 무언가는 뇌에 더 이상 남지 않고 공기 중에 노출된 휘발유처럼 모두 증발해 버린다는 것입니다.

그러지 않으려면 어떻게 해야 할까요? 누군가와 자신이 읽은 책의 내용에 관해 이야기해 보고, 자신이 본 영화나 콘서트에 관해 이야기해 보고, 자신이 경험한 에피소드를 디테일하게 설명해 보고, 비슷한 상황을 보며 자신의 경험을 다시 구체적으로 떠올려 보세요. 단순히 회상이든 생각이든 대화든 기록이든 그 어떤 것도 좋습니다. 이 모든 일상생활의 '나의 경험적 기억 꺼내보기'는 예측하기 어려운 변화에 대응할 수 있는 적응적인 뇌를 만드는 지름길입니다. 뇌의 자연적 학습은 책상 위에서 이루어지는 게 아닙니다. 오히려 세상 속에서 여러 자극, 사람, 환경, 사건과 부딪히며 자신의 경험을 활용하고 대응하는 과정에서 자연스럽게 마침내 온전한 형태로 이루어진다는 것을 기억하면 좋겠습니다.

Point

배운 것을 온전히 내 것으로 만들고 싶으신가요? 그러려면 새로운 상황에서 적응적 행동을 해보는 것이 중요합니다. 오늘부터 '나의 경험적 기억 꺼내보기'를 해보세요.

젊은 뇌와
나이 든 뇌는 다를까

학습과 나이에 대한 오해

자전거나 스케이트 등을 탈 줄 아시나요? 이런 운동을 어렸을 때 배운 사람들은 성인이 되어서도 곧잘 타는데, 뒤늦게 나이 들어 배우려면 어렵다는 사람들이 많습니다. '배움에는 때가 있다'라는 말을 많이 들어 보셨을 겁니다. 저도 학창 시절을 떠올려 보면 주변 어른들께서 '젊었을 때 공부해야지 나이 들면 하고 싶어도 못한다'라고 하신 말씀을 자주 들었던 기억이 납니다. 최근엔 또 선행학습이라는 다소 생뚱맞은 교육법이 관행처럼 자리 잡아 일찍 교육을 시작하지 않으면 학생의 장래가 거기서 끝나는 것처럼 인식하는 사람이 늘었습니다. 영유아 시기부터 사교육을 시작하면서 적어도 3개 이상의 학원을 다니고, 초등학교 때 이미 중학교 과정을 시작하는 아이들도 많죠.

성인인 여러분도 한 해 두 해 나이를 먹어가며 새롭게 무언가를 배우고자 하는데 뜻대로 결과가 잘 보이지 않으면 '역시 배움에는 다 때가 있나 봐.' 혹은 '이제 학습을 하기는 너무 늦은 건가?'라며 자조 섞인 넋두리를 할 것입니다. 그런데 이런 말은 무슨 과학적 근거로 이렇게 오랫동안 전해오는 것일까요? 특히, 뇌인지과학적인 근거가 있는 말일까요?

나이와 학습의 상관관계에 대하여

물론 나이가 어릴수록 특정 학습에만 집중 가능한 환경에서 살 수 있고 지속적으로 그 한 가지 임무만을 위해 전력을 다하고자 한다면 더 잘할 수 있는 게 사실입니다. 예를 들어, 초등학교부터 고등학교까지 학교만 다니면 되는 학생일 때는 학교와 학원에서 대부분의 시간을 보내기 때문에 학습에 온전히 집중할 수 있는 환경에서 살 수 있습니다. 하지만 학교를 졸업하고 사회생활을 시작하면 우리가 흔히 '공부'라고 부르는 특정 분야의 지식과 기술 습득을 위해 시간을 내는 것 자체가 쉽지 않습니다. 또, 일과 병행하다 보면 몸과 마음이 지쳐서 별도의 학습을 하기 위한 에너지가 남아 있지 않은 경우가 허다합니다. 무엇보다도 부모의 보호를 받으면서 공부에만 집중하면 되었던 학창 시절에 비해 성인이 되면 스스로 여러 가지 책임을 져야 하고 내 욕구대로만 할 수 없는 상황에 놓이게 되죠.

뇌과학적 근거 여부를 놓고 보면, 학습에 때가 있다는 말은 뇌과학적 근거가 있기도 하고 없기도 한 말입니다. 우선 나이가 들면서 상대적으로 젊었을 때 뇌가 겪지 못했던 변화를 겪게 되는 현상은 뇌과학적으로 많이 보고되었습니다. 예를 들어, 나이가 들면 예전과 달리 전반적으로 학습을 담당하는 뇌 영역으로 정보를 전달하는 효율성과 속도 면에서 차이가 납니다. 그렇지만 젊었을 때보나 저하된 성능을 보완하기 위해 다른 방식으로 학습을 하거나 기억에 접근하려는 여러 우회로가 생기게 됩니다. 꼭 생물학적으로 저하된 기능 때문만은 아니고, 세상을 살며 길다면 긴 세월 동안 자신의 뇌 속에 구축한 '인지모델'이 나이가 들면서 나름의 방식으로 점점 더 정교해지고 다양해지는 것입니다.

그러다 보니 나이 든 뇌는 이렇게 정교해지고 다양해진 모델들을 상황에 맞게 탄력적이면서 선별적으로 사용하고자 애를 씁니다. 경험은 별로 없지만 패기 넘치던 젊었을 때의 뇌는 하지 않았던 고민이죠. 나이 든 뇌는 젊은 뇌에 비해 그 시기에 맞는 여러 장점과 단점 사이에서 균형을 잡으려고 부단히 노력합니다.

실제로 뇌인지과학 연구에서 발달 과정의 특정 시기에 반드시 학습해야 하는 것을 학습하지 못하면 이후 발달단계에서 거의 정상 수준으로 학습해서 따라잡는 것이 불가능하다는 연구가 잘 알려져 있습니다.

한 예로 1970년 미국의 로스앤젤레스에서 제니Genie라는, 거의 늑대 인간처럼 사람들과 전혀 의사소통을 할 기회가 없던 가혹한 환경에서 자란 열세 살 소녀가 발견된 적 있는데요. 수전 커티스Susan Curtiss라는 언어학자가 제니에게 언어를 가르치려고 해보았지만 단어를 단편적으로 학습하는 데 그쳤고 문법이나 문맥을 갖춰서 말을 하거나 이해하는 데는 한계를 보였습니다. 학계에서는 생후 다섯 살 이전에 언어학습이 이루어지지 않으면 그 이후에는 뇌가 언어를 습득하는 데 한계를 보인다고 믿고 있습니다. 이때가 바로 뇌가 언어를 알아듣는 데 중요한 영역인 베르니케Wernicke 영역과 말을 하는 데 중요한 브로카Broca 영역의 가소성, 즉 변화할 수 있는 능력이 가장 높은 시기이기 때문입니다.

단순한 감각도 그렇습니다. 어렸을 때 한쪽 눈의 시력이 유난히 좋아서 다른 쪽 눈의 시력이 약해지는 약시amblyopia를 교정

해야 하는 경우, 시력이 좋은 쪽 눈을 못 쓰게 막으면 약시가 있는 눈의 시력이 점점 회복되는데요. 이것은 뇌의 시각 시스템이 학습을 하기 때문입니다. 그런데 이 학습이 3~5세 사이에 이루어지지 않으면 별 효과가 없습니다. 시각뿐 아니라 청각 등의 다른 감각도 이처럼 학습의 '결정적 시기 critical period'가 있다는 것이 뇌인지과학에서 널리 알려진 사실입니다.

수영장에서 누가 빠르게 목표를 찾을까

하지만 나이든 뇌가 젊은 뇌와 완전히 다르다고 너무 단정적으로 말하는 것 또한 조심해야 합니다. 왜일까요? 그 이유는 젊었을 때보다 나이가 들어가면서 개인의 뇌 인지기능의 격차가 매우 심하게 나타나기 때문입니다.

미국국립보건원 National Institutes of Health 의 국립노화연구소 National Institute on Aging 에서 수행한 연구 결과는 그런 면에서 많은 시사점을 줍니다. 연구를 주도한 수전 레스닉 Susan Resnick 박사는 약 100명의 실험 참가자를 대상으로 노화가 인지기능에 미치는 영향을 연구했습니다. 젊은 사람들과 나이 든 사람들의 뇌의 학습을 비교하기 위해 25세부터 93세까지 다양한 연령대의 사람들을 모았습니다. 그리고 영국의 뇌인지과학자인 리처드 모리스Richard Morris 박사가 쥐의 학습 능력을 측정하기 위해 개발한 수중 미로water maze를 인간에게 사용하도록 가상현실virtual reality을 이용해 구현했습니다. 쉽게 설명하면 큰 수영장에서 자신이 딛고 설 수 있는 물속 바위가 있는 위치를 기억해 그쪽으로 빨리 헤엄쳐 가는 게 과제인 실험입니다. 해마가 손상된 쥐는 이 과제를 배울 수 없다는 것이 뇌인지과학에서는 잘 알려져 있습니다. 해마에 대해 잠깐 설명하자면, 헨리 몰레이슨Henry Molaison이 본명이지만 HM이라는 약어로 더 잘 알려진 환자가 해마를 절제하는 수술을 받은 후 새로운 일화기억episodic memory을 형성하지 못하고 수술 전 경험했던 일들을 기억하지 못하는 현상을 보였습니다. 이를 시초로 학계에서 해마에 관한 많은 연구가 이루어지면서 이제는 대중에게도 많이 알려진 뇌 영역입니다.

중요한 것은 이 수영장에서 자신이 헤엄쳐서 도달해야 하는 목표 장소가 물속에 있기 때문에 수면 위를 아무리 살펴봐도 어디로 가야 할지 알 수 없습니다. 유일한 방법은 수영장 밖에 있는 여러 시각 정보들, 예를 들면 수영장 벽에 걸린 시계나 출입문, 의자 등을 보고 목표 장소의 위치를 추론하는 것입니다. 해마는 이러한 공간적 추론에 뛰어난 능력을 발휘합니다. 예를 들어, 여러분이 길을 가거나 산을 등반하다가 내가 어디에 있는지 잘 모를 때 주변을 한번 둘러보면서 현재 위치를 정확히 알려줄 시각 정보를 찾고 이를 바탕으로 내 위치를 유추할 때 가장 바쁘게 일하는 영역이 바로 해마입니다. 이처럼 나의 외부환경에 있는 자극들을 사용하여 내 위치를 알아내는 것을 뇌인지과학에서는 '환경 중심적 인지 지도 활용allocentric cognitive mapping'이라고 부릅니다.

처음 가상의 수영장에 빠지면 어디가 목표 장소인지 모르기 때문에 당연히 수영장을 계속 헤엄쳐 다니면서 헤매겠죠? 하지만 한번 목표 장소를 찾고 더 이상 헤매지 않으면, 정상적인 해마는 그 목표 장소를 찾는 데 도움이 되는 주변 자극을 빠르게 학습합니다. 그런 후에 다시 수영장의 랜덤한 곳에 떨어지면 이번에는 처음과 달리 해당 목표 장소로 비교적 빨리 갈 수 있습니다.

연구 결과 모든 20~30대 참가자들은 대개 10~15초 안에 목표 장소까지 도달할 수 있을 정도로 매우 효율적인 학습 능력을 보여주었습니다. 심지어 40대 중반까지도 비슷한 능력을 보였습니다. 하지만 40대 중반부터, 특히 50대부터는 10초에서 길게는 35초에 이르는 매우 다양한 수영 시간을 보였습니다. 여기서 중요한 것은 50~90세 연령대의 참가자 중에도 20~30대와 마찬가지로 15초 이내에 목표 장소를 찾는 능력을 학습한 사람들이 꽤 있었다는 사실입니다. 물론 목표 장소를 찾는 데 이보다 2~3배 더 시간이 걸리는 사람들도 있었지만요.

    결론적으로 이 연구에서 알 수 있었던 것은 나이가 들면 개인의 인지적 학습 능력의 차이가 아주 많이 난다는 것입니다. 이런 경우에 '평균'이라는 것은 별로 의미가 없는 측정치입니다. 통계에서 자료의 분산^{variance}이 큰 경우, 즉 개인 간의 점수 차이가 매우 넓게 분포하는 경우에 평균이라는 수치는 별 의미가 없기 때문입니다.

    이와 같이 나이가 들수록 뇌의 인지능력의 개인차가 심해져서 대략 어떤 나이에 도달하면 뇌의 성능이 어느 정도가 된다는 말을 감히 하기 어렵습니다. 이 개인차는 각자 자신의 뇌를 통해 어떤 경험을 해왔는지, 평소에 뇌를 어떻게 활용하고 어떻게 관리하는지에 따라 달라집니다. 마치 헬스장에서 마주치는 어르신 중에 젊은 사람들도 들기 어려운 무거운 중량의 플레이트를 바벨에 끼우고 가볍게 운동하는 분들도 있고 아주 가벼운 아령만 몇 번 들어도 진땀을 흘리는 분들이 있는 것처럼, 우리 뇌를 비롯한 신체는 평소에 어떤 훈련을 받아왔는지에 따라 나이가 들어서 아주 다른 퍼포먼스를 보일 수 있습니다.

※

뇌 성능의 개인차는
각자 자신의 뇌를 통해 어떤 경험을 해왔는지,
평소에 뇌를 어떻게 활용하고
어떻게 관리하는지에 따라 달라집니다.
마치 헬스장에서 마주치는 어르신 중에
젊은 사람들도 들기 어려운 무거운 중량의
플레이트를 바벨에 끼우고
가볍게 운동하는 분들이 있는 것처럼요.

나이 핑계는 이제 그만

그러니 지금 우리에게 가장 필요한 것은 무엇일까요? 일단 뇌에 대한 선입견과 핑계부터 내려놓는 것입니다. 평소 '나이 때문에 머리가 예전 같지 않아'라고 습관적으로 자기 합리화를 해왔다면, 이제 그 핑계를 그만둡시다. 오히려 가능성의 실마리를 찾았으니 이제라도 체력을 관리하듯 뇌의 인지기능도 관리하면 좋겠죠. 뇌는 우리가 하는 만큼 변합니다.

일단 오늘부터 아주 사소한 것이라도 하루 동안 무엇을 새롭게 배웠는지 종이에 한번 끄적여 보세요. 컴퓨터나 스마트폰에 기록해도 좋지만, 이런 전자기기들은 자신이 원래 하려던 일이 무엇인지 잊어버리고 쉽게 옆길로 새게 만들기 때문에, 처음 얼마간은 온전히 하루를 돌아보며 내 뇌의 기억에 접근하는 데만 집중할 수 있는 환경을 만들기 바랍니다. 만약 습관이 잘 안 돼서 오늘 무엇을 학습했는지 떠올리기가 쉽지 않다면 자신이 받았던 문자나 전화, 이메일, SNS 메시지 등을 시간순으로 보면서 하루를 재구성해 보는 것도 방법입니다. 휴대폰 위치 기록을 보며 자신의 하루 발걸음을 따라가 보는 것도 방법이고요.

그렇게 잠시라도 기억 속을 산책하는 습관과 이를 기록하는 습관을 들이면 학습의 영원함을 체감할 수 있을 겁니다. 스스로 학습함으로써 조금씩 달라짐을 느끼는 게 중요합니다. 생명체에게 자신이 적응적으로 변화하고 있다는 느낌은 삶의 활력을 주기 때문이죠. 뇌과학에서는 '쓰지 않으면 없어진다 Use it or lose it.'라는 표현이 거의 불문율처럼 여겨지고 있습니다.

이 글을 쓰다 보니 저도 오늘 하루 무엇을 새롭게 학습했는지 생각해 보게 되네요. 다소 지루한 오디오 북 한 권 듣기를 끝내서 기뻤고, 다른 오디오 북 하나를 듣기 시작했는데 의외로 재미있어서 기분이 좋았습니다. 표지의 흥미로움과 실제 책 내용의 재미는 연결되지 않는 경우가 많다는 것을 새삼 배웠죠. 또 학교에서 한 대학원생이 자신민의 방식으로 꽤 꼼꼼히 준비를 해와서 성공적으로 발표를 한 것도 떠오릅니다. 한때는 학생들이 발표하는 방식을 표준화하려 노력했는데, 각자의 개성과 스타일을 살려 발표하는 게 더 효과적임을 느끼는 요즘입니다. 오후엔 강원도 평창으로 운전을 할 일이 있었는데 고속도로가 거의 주차장인 것을 경험했죠. 다음에는 휴가철 여부를 고려해 기차 같은 대중교통을 이용해야겠다고 생각했습니다. 여러분은 어떤 학습을 한 하루였나요? 사소한 것 하나라도 무언가 깨달음이 있는 하루를 만들어 가길 바랍니다.

Point

'나이 때문에 머리가 예전 같지 않아'라는 핑계는 이제 내려두세요. 뇌는 우리가 하는 만큼 변합니다. 매일 무엇을 배웠는지 기록하며 변화를 체감해 보기 바랍니다.

오래 집중하는 힘이란?

수동적 집중력과 진정한 집중력

저는 1980년대 후반에 서울에서 고등학교를 다녔습니다. 제가 다닌 학교는 스파르타식으로 마치 군대처럼 학생을 교육시키는 것으로 유명한 학교였습니다. 오히려 고등학교 때보다 군대에 가보니 더 편하고 느긋했다고 졸업생들이 말할 정도로 혹독한 환경이었죠. 지금은 그렇지 않겠지만 제가 다니던 때만 해도 새벽에 동이 트기도 전에 일어나 새벽 버스를 타고 학교로 등교해 자율학습을 했고, 자율학습이 끝나면 그제서야 정규 수업을 받았습니다. 같은 교실의 같은 자리에 앉아서 서로 다른 과목을 가르치는 선생님들이 번갈아 들어오는 정규 수업을 계속해서

들었죠. 그렇게 정규 수업을 다 받고 나면 야간 자율학습을 한다고 남아서 점심 때처럼 싸온 저녁 도시락을 먹고 밤까지 공부하곤 했습니다. 어떤 학생들은 야간 자율학습이 끝난 뒤 독서실로 가서 새벽까지 공부를 하고 독서실 승합차를 타고 집에 돌아가기도 했죠.

지금 생각하면 정말 한 의자에 그렇게까지 오래 앉아서 학습을 했다는 게 믿기지 않을 정도입니다. 학교에 별을 보고 들어가서 별을 보고 나오는 생활을 했으니까요. 다른 환경에서 다른 방식의 공부라는 건 해본 적이 없기에 공부는 그렇게 하는 게 맞는 줄 알고 거의 살인적인 스케줄을 그대로 소화했습니다. 그때의 기억을 떠올려 보면 같은 반에도 하루 종일 몇 시간이고 의자에 앉아서 움직임도 별로 없이 공부하는 학생이 있는가 하면, 앉아서 몇 분만 지나도 집중력이 흐려져 옆사람과 말을 하거나 딴짓을 해야 하는 학생도 있었죠. 개인차가 아주 심했던 것으로 기억납니다. '엉덩이 힘으로 공부한다'라는 말을 들어본 적 있을 겁니다. 책상에 오래 앉아 있을 수 있어야 학습을 잘할 수 있다는 말이죠. 저는 고등학교 때 강압적 환경에서 학습한 경험 때문이기도 하고, 뇌인지과학자로서도 이 표현을 썩 좋아하지 않습니다.

고등학교를 졸업하고 나서 강제로 그렇게 의자에 오래 앉아 있지 않아도 되는 생활을 하면서 비로소 잊고 있던 제 뇌의 특성을 깨닫기 시작했습니다. 즉, 전 매우 관심 있는 주제가 아니면 그렇게 몇 시간씩 주의를 집중해서 연속적으로 학습하는 데는 재능이 없었습니다. 대신 제가 관심 있는 것과 정말 좋아하는 것을 만나면 엄청난 집중력을 발휘하며 시간 가는 줄 모르고 했죠. 그것은 지금도 마찬가지입니다. 제가 좋아하는 일을 할 때는 딴생각도 잘 나지 않고 몰입해서 하지만, 마지못해서 해야 하는 일들을 할 때는 그다지 오래 집중하지 못하고 몇 분마다 비슷한 종류의 다른 일들을 오가며 짧은 집중력만 발휘하는 스타일입니다. 제가 몇 분마다 다른 일로 옮겨 가는지 누군가 관찰한다면 그 일에 대한 제 흥미 정도를 알 수 있을지도 모릅니다. 한국의 교수들은 대부분 행정적인 잡일에 치어 연구할 시간을 확보하는 것이 매우 힘든데요. 아마 제가 5분에 한 번씩 다른 일로 옮겨 간다면 그것은 행정적인 잡무일 것입니다. 하지만 제가 30분이나 1시간 혹은 그 이상 무엇을 하고 있다면 연구나 집필 등 제가 어느 정도 좋아하는 일을 하는 상황일 겁니다.

그렇다면 저는 이른바 엉덩이 힘이 약한 사람일까요? 아니면 엉덩이 힘이 센 사람일까요? 좋아하는 것을 할 땐 같은 자리에 오래 붙어 있고, 싫어하는 것을 할 땐 같은 자리에 오래 붙어 있기 어렵고. 아마 이 글을 읽는 여러분도 저와 비슷하리라 생각합니다.

집중력의 진정한 요인이란

엉덩이 힘이 세다 혹은 약하다는 일률적으로 말할 수 있는 것일까요? 제가 생각하는 답은 '일률적으로 대답할 수 없다'입니다. 아마 지금쯤 알아차리셨겠지만 '엉덩이의 힘'이라는 것은 지구력이나 끈기가 아니라 뇌의 주의 집중력 혹은 주의력attention을 의미합니다. 주의 집중력의 정도는 학습자 혹은 일을 하고 있는 사람의 여러 인지적 요인에 의해 대부분 결정됩니다. 당사자가 학습의 대상이나 일에 얼마나 관심과 흥미가 있는지, 얼마나 그 학습을 간절히 원하는지, 학습을 하는 동안 학습의 효과가 얼마나 체감되는지, 학습 과정의 즐거움이 얼마나 큰지 등 그 사람의 내적 요인이 중요하죠.

간혹 외부로부터의 객관적인 인정이나 칭찬도 중요할 때가 있고, 명예나 금전적 보상이 유효할 때도 있지만 이들의 효과는 뇌에서 대부분 오래가지 못하고 유효기간이 매우 짧습니다. 그렇기 때문에 외부 보상을 가장 큰 동기부여로 삼는 사람은 그만큼 외부 보상을 자주 받지 못하면 그 일을 계속 유지하기 어렵습니다. 반면에 스스로 느끼는 만족감과 같이 내적동기를 부추기는 요인에 의해서 주의집중을 하는 사람은 외부 보상 여부에 흔들리지 않고 훨씬 오랫동안 그 일에 매달릴 수 있죠. 특히 자신이 성취하고자 하는 일이 수개월에서 수년 동안의 상당한 집중력과 끈기를 요구하는 일이라면 누군가 그렇게 외적 보상을 계속해서 줄 가능성도 낮고 그에 따라 기대가 좌절될 가능성이 큽니다. 사람에게는 내적동기의 발동이 반드시 필요하다는 말이죠.

수동적 집중력을 뛰어넘고 싶다면

물론 우리의 뇌는 때로는 과학자들도 깜짝 놀랄 만큼 매우 놀라운 능력을 발휘할 수 있습니다. 아무리 관심 없는 일이라도 강제로 집중하도록 강요받으면 집중할 수 있긴 합니다. 그리고 드물긴 하나 그런 학습을 오랫동안 강제로 한 뇌는 놀랄 만큼 자신의 흥미와 관계없이 자신에게 던져지는 모든 것에 집중하도록, 즉 '수동적 집중력'을 발휘하도록 훈련되기도 합니다.

대학에서 학생들을 가르치다 보니 학생들의 성적표를 볼 일이 꽤 있는데요, 예를 들어 4년 동안 모든 과목에서 A+를 받는 학생들도 가끔 있습니다. 서로 성격이 다른 과목들을 상당히 많이 들었음에도 불구하고 전 과목에서 모두 최고 성적을 받았다는 것이 저처럼 좋아하는 일에만 집중할 수 있는 사람에게는 경이롭게 보일 때가 많습니다. 하지만 저는 가끔 다음과 같은 의

문이 듭니다. '이 학생은 진정 자기가 좋아하는 것이 있을까?' 그래서 대개 그런 학생을 대학원 입시 면접에서 만나게 되면 직접 물어보곤 합니다. 아마 여러분도 유명한 과학자들이 자신이 좋아하는 것만 편식(?)하는 스토리를 많이 접해 보셨을 겁니다. 따라서 역설적이지만 대학 학부생이 모든 과목에서 A+를 받았다면 그 학생은 그만큼 좋은 과학자가 되기 어려울지도 모릅니다. 물론 이것은 뇌인지과학적으로 증명된 것도 아니고 제 개인적인 의견입니다만, 현장에서는 꽤 잘 들어맞는 판단 기준이 됩니다. 즉, 뭐든 할 수 있으나 진정한 내적동기로써 하고 싶은 게 있진 않은 누군가를 가려내고 싶다면 일종의 지표가 될 수 있다는 말입니다.

여러분은 수동적 집중력이 아닌 진정한 집중력을 얻고 싶으시죠? 동물이나 사람을 상대로 인지 실험을 해보면 주의력이라는 것은 분명 훈련될 수 있는 능력이라는 확신을 얻게 됩니다. 그 훈련을 결정짓는 요소는 그 무엇도 아닌 동기motivation입니다. 학습자가 대상에 대한 호기심과 관심, 그리고 해당 과제를 잘하고 싶어 하는 의욕을 얼마나 가지느냐가 가장 중요하죠. 모닥불을 피울 때를 떠올려 보세요. 불꽃 스파크를 일으켜 불이 생기게 하는 것도 동기이고 불이 계속 꺼지지 않게 지속시키는 것도 동기입니다.

절대 에너지를 낭비하지 않는 뇌

주의력은 왜 동기나 호기심 등의 내적 상태와 깊이 연관되어 있을까요? 가장 큰 이유는, 뇌가 에너지를 절대 낭비할 수 없는 숙명을 타고났기 때문일 것입니다. 실제로 뇌인지과학 교과서에 매번 등장하는 호문쿨루스homunculus라는 개념이 있습니다. 뇌에는 손이나 입술에서 전해져 오는 신체의 감각을 지도처럼 나타내는 감각피질sensory cortex 영역이 있습니다. 감각피질 중 손가락에 해당되는 영역을 바늘로 쿡 찌르면 손가락에서 감각이 느껴지고, 입술에 해당하는 영역을 쿡 찌르면 마치 입술로 무언가를 접촉한 듯한 느낌이 날 정도로 직접적입니다. 또한, 손가락이나 몸통 등을 움직이는 신체의 운동을 위한 지도를 담고 있는 운동피질motor cortex도 있습니다. 마찬가지로 운동피질의 오른손 검지 손가락 영역을 바늘로 쿡 찌르면 오른손 검지 손가락이 나도 모르게 움직이고, 왼쪽 다리를 움직이는 데 관여하는 영역을 찌르면 왼쪽 다리가 나의 의지와 상관없이 그 명령을 충실히 수행해 움직이게 됩니다. 그래서 감각피질 지도에 나타나 있는 감각영역들을 다 합치면 마치 사람처럼 생긴 형체가 만들어지고, 마찬가지로 운동피질 지도에 나타나 있는 운동영역들을 다 합치면 역시 사람의 형체가 만들어집니다. 이 사람처럼 보이는 형상을 호문쿨루스라고 부릅니다.

그런데 호문쿨루스는 사람처럼 생겼지만 처음 보면 좀 괴상하게 생겼습니다. 입술이 유난히 과장되어 크게 그려져 있고 손가락도 마치 헐크의 손가락처럼 엄청나게 큽니다. 대신 몸통은 매우 작게 되어 있는 등 우리가 일반적으로 생각하는 사람의 형상과는 다르게 보입니다. 그 이유는 바로 뇌의 감각피질과 운동피질에서 해당 부위가 얼마나 면적을 차지하고 있는지 그 비율을 반영해서 그리기 때문입니다. 예를 들어, 입술은 우리가 말을 할 때 매우 정교하게 움직여야 하므로 운동피질에서도 입술 근육을 통제하는 영역은 상대적으로 그렇게까지 디테일한 움직임이 필요 없는 몸통이나 발에 비해 훨씬 넓은 영역을 차지합니다. 그리고 직업에 따라 다를 수 있지만 예를 들어, 직업적으로 피아노를 치는 피아니스트라면 일반인보다 더 넓은 운동피질 영역이 손가락의 정교한 움직임을 위해 할당됩니다. 따라서 호문쿨루스에는 뇌가 우리 신체의 어디에 더 에너지를 공급하고 싶어 하고 어디에는 에너지를 덜 보내고 싶어 하는지에 대한 에너지 효율성 지도가 들어 있는 셈입니다. 뇌는 이렇게 극도로 효율성을 추구하는 습성이 있습니다. 한정된 에너지를 낭비하면 안 되기 때문에 에너지를 꼭 써야 하는 곳에 집중적으로 투자하고 상대적으로 중요하지 않은 곳에는 자원을 덜 할당합니다.

주의력은 필요에 의해 생긴다

호문쿨루스는 뇌가 추구하는 효율적 자원배분의 한 예일 뿐입니다. 그 밖에도 무수한 뇌과학적 발견을 통해 우리 뇌가 에너지 낭비하는 것을 극도로 혐오한다는 사실을 알 수 있습니다. 여기서 핵심은 '필요한 곳'에 에너지를 분배한다는 것입니다. 그런데 이 필요가 자신에게 진정한 필요를 의미하는 것인지, 남의 강요에 의해서 억지로 하지 않으면 안 되는 필요를 의미하는 것인지 뇌는 다 알고 있습니다. 그리고 뇌는 자신에게 꼭 필요한 일이라면 어떻게 해서든 자원을 더 투입해서 해당 영역들에 구조적이고 기능적인 변화를 일으켜서 집중하게 만드는 능력이 있습니다. 즉, 주의력은 필요에 의해 자연스럽게 생깁니다.

주의력을 고민하기 전에 먼저 '나는 지금 내가 진정 원하고, 나에게 필요한 것을 하고 있는가?'를 돌아봐야 합니다. 여러분의 인지적 관심사에 따라 호문쿨루스를 그려본다면 어떤 모양일지 한번 상상해 보세요. 어디가 강조되고 과장되어 있을까요? 반대로 어디가 약하고 부족할까요? 바쁜 일상을 보내다 보면 처음 내가 순수하게 몰두한 마음, 흥미와 호기심을 잃기 쉽습니다. 그럴수록 일상에서 자주 자신의 내적동기를 점검해 보는 게 중요합니다. 원래 갖고 있던 의욕의 방향이 다른 곳을 향해 있진 않나요? 현실을 회피하기 위해 다른 자극에 시간을 빼앗기고 있는 건 아닌가요?

나의 몰입을 방해하는 환경과 생각들은 무엇인지, 빨리 내 주의력을 되찾기 위해서 무엇부터 되돌려야 하는지 한번 점검해 보세요. 원하던 방향성이 아니어서, 원하던 방식이 아니어서, 원하던 결과가 나오지 않아서 등 어떤 원인이 있는 건 아닐까요? 어떤 것을 조정하고 바꾸면 나의 뇌가 꼭 필요하다고 느끼고 에너지를 쏟는 일이 될까요? 이런 자기 점검의 시간을 통해 집중력을 변화시킬 한 걸음을 내디딜 수 있습니다.

Point

뇌는 절대 에너지를 낭비하지 않습니다. 나에게 진정 필요한 건지 아닌지 뇌는 전부 알고 있습니다. 진정한 집중력을 얻으려면 내적동기를 방해하는 것부터 해결해야 합니다.

✶

바쁜 일상을 보내다 보면

내가 순수하게 몰두했던 첫 마음을 잃기 쉽습니다.

그럴수록 일상에서 자주 자신의 내적동기를

점검해 보는 게 중요합니다.

원래 갖고 있던 의욕의 방향이

다른 곳을 향해 있진 않나요?

현실을 회피하기 위해 다른 자극에

시간을 빼앗기고 있는 건 아닌가요?

세상을 제대로
보고 있는지에 대하여

뇌에 대한 열린 시선

일반적으로 사람들은 우리 뇌가 작동하는 방식을 기계가 작동하는 방식에 자주 비유합니다. 특히 뇌가 외부 세계에서 받아들인 정보로 자신이 무엇을 보고 듣고 있는지 이해하는 기능을 일컫는 지각perception이 어떻게 작동하는지 설명할 때 이런 비유를 흔히 들죠. 예를 들어, 우리 눈으로 바깥세상의 사물과 경치 등을 알아보는 시지각visual perception이 뇌에서 어떻게 이루어지는지 설명할 때 카메라에 많이 비유합니다. 그리고 귀로 듣는 소리를 이해하기 위한 청지각auditory perception이 뇌에서 어떻게 이루어지는지 설명할 때 마이크가 공기의 진동을 감지하여 전달하는 원리에 비유하여 설명하곤 합니다. 하지만 사람의 뇌를 기계에 비유하다 보면 뇌의 뛰어난 창조적 능력인, 그래서 기계와는 뚜렷하게 차별되는 놀라운 부분을 완전히 놓치게 됩니다.

카메라와 뇌의 시지각 시스템의 차이점

그 놀라운 부분은 바로 우리 뇌가 눈이나 귀와 같은 감각기관으로 들어온 정보에는 포함되어 있지 않은 부분까지 유추하거나 상상해서 감각기관으로 들어오는 매우 제한된 정보를 적극적으로 '보정'한다는 것입니다. 이것이 우리 뇌의 추론 능력입니다. 뇌의 시지각 시스템을 카메라에 비유하는 것은 어느 선까지는 잘 통합니다. 눈에 있는 수정체를 카메라의 렌즈에 비유할 수 있고 홍채의 크기가 빛의 세기에 따라 작아졌다 커졌다 하는 기능은 카메라의 조리개가 빛의 양을 조절하기 위해 열렸다 닫혔다 하는 것과 유사하죠. 카메라가 사물로부터 반사된 빛을 포착하는 것은 마치 눈의 수정체를 통과한 빛이 안구 뒤쪽 망막에 존재하는 시세포(빛을 감지할 수 있는 세포)를 자극해서 수많은 시세포의 특정한 활성 패턴을 만드는 것과 흡사합니다. 그리고 이 패턴이 뇌의 시상thalamus을 거쳐 결국은 뇌의 1차 시각피질primary visual cortex 영역으로 전달되는 점과 비슷하죠.

그럼 여기서 카메라와 우리 뇌의 시지각 시스템의 결정적인 차이는 무엇일까요? 카메라는 렌즈를 통해 이미지 센서에 맺힌 빛의 패턴을 기록하기만 할 뿐, 그 패턴의 의미를 알 필요는 없습니다. 그 의미는 사진을 보는 사람이 알아내면 되기 때문이죠. 그러나 뇌의 시지각 시스템과 이 정보를 활용하는 학습 시스템은 시각피질에 접수된 빛의 패턴이 무엇을 의미하는지 즉각적으로 알아야 합니다. 예를 들어, 사과가 내 앞에 놓여 있고 사과로부터 반사된 빛의 패턴이 눈의 수정체를 통해 뇌의 여러 경로를 거쳐 시각피질에 접수되었다고 합시다. 이 상황에서 뇌가 내 눈앞의 둥그렇고 빨간 물체를 사과라고 알아채려면 지금의 기계학습 기반 AI처럼 단순히 그 빛의 패턴에 맞는 '사과'라는 라벨을 꺼내서 말할 수 있는 것 이상의 어떤 창조적인 인지적 정보처리 과정이 선행되어야만 합니다.

문의 모양이 바뀌어도 문으로 보는 이유

이 창조적인 정보처리 과정의 핵심을 뇌인지과학에서는 지각적 항상성perceptual constancy이라고 부릅니다. 지각적 항상성이란 쉽게 말하면 같은 물체가 아무리 다양하게 변화된 빛의 패턴을 띠고 있더라도 뇌가 이를 같은 물체로 볼 수 있는 놀라운 기능입니다. 같은 물체가 다양하게 변화하는 예를 들어 볼까요? 방문이 닫혀 있을 때 문을 보면 직사각형의 문이 보입니다. 방문이 조금 빼꼼히 열려 있으면 물리적으로는 그 모양이 평행사변형처럼 바뀌어서 정확한 직사각형이 아닙니다. 이러면 문이 반사하는 빛의 패턴도 조금 달라져서 눈으로 들어오는 자극에 변화가 생기지만 우리 뇌는 이것을 전혀 개의치 않고 여전히 같은 문으로 알아봅니다. 즉, 지각적 항상성을 유지할 수 있습니다. 이처럼 우리 뇌는 물리적 세계에서는 같은 물체의 모양이 아무리 변해도 그 물체의 속성은 항상 유지된다는 가정을 바탕으로 변화된 물체의 정체를 추측해 냅니다. 물체의 모양뿐 아니라 색깔 역시 계속 조명에 따라 바뀌지만 우리는 같은 색깔로 인식합니다.

이렇게 지각적 항상성이 나타날 수 있는 이유는 뇌가 그 물체가 놓인 맥락 정보contextual information를 고려해서 물체의 모양이나 색깔을 보정하기 때문입니다. 이때 뇌가 사용하는 맥락 정보는 매우 다양합니다. 예시로 든 문의 지각적 항상성의 경우, 조금 열려 있는 문이 직사각형이 아니더라도 여닫을 수 있다는 문의 기능과 관련한 정보를 맥락으로 사용합니다. 뇌는 이 맥락 정보를 신뢰하므로 직사각형이 아닌 문을 직사각형 문으로 인식할 것을 시지각 시스템에 강요하고 우리는 그것을 받아들여지각하는 것이죠. 그리고 만약 셔츠가 노을빛에 물들어 물리적으로는 붉은색이더라도 '저녁노을이 질 때의 조명에는 붉은빛이 유난히 강조되어 있다'라는 경험적 지식을 맥락으로 고려합니다. 그래서 흰 셔츠에서 반사되는 빛의 파장이 흰색이 아님에도 이를 보정해서 자신이 아는 셔츠의 색인 흰색으로 볼 수 있습니다.

뇌가 하는 이 '맥락적 보정' 작업은 사실 창작 활동에 가깝습니다. 맥락을 정확히 이해하고 그 맥락에 맞는 정확한 보정을 해주어야 하고, 그 보정의 범위가 현재 존재하는 물체의 속성에서 많이 벗어나 있더라도 그에 맞는 순발력과 창조적인 상상력을 발휘하여 지각적 항상성을 유지해야만 합니다. 여기서 핵심은 물체에 존재하지 않는 특성을 뇌가 과거의 경험을 토대로 허구로 만들어 낸다는 것, 즉 '창작'한다는 데 있습니다.

없는 소리를 만들어 내는 뇌

뇌가 지각적 현상의 일부를 창조적으로 만들어 내고 우리가 지각하는 것이 실제로 물리적으로 존재하지 않는 것일 수도 있다는 이야기가 믿어지시나요? 아마 좀 충격적인 이야기로 들릴 수도 있겠지만 사실입니다. 심리학에서는 뇌의 이런 측면을 깨닫게 해주는 많은 실험을 해왔는데 그중 '맥거크 효과McGurk effect'를 보고한 실험이 대표적입니다. 영국의 심리학자 해리 맥거크Harry McGurk가 수행한 연구에서 비롯되었습니다. 요즘은 스마트폰으로 동영상을 제작하는 게 매우 쉽죠. 여러분도 다음의 실험을 한번 해보길 바랍니다.

일단 '가'라고 말하듯이 입 모양을 하되, 소리는 내지 말고 입 모양만 따라 해보세요. 2초에 한 번씩 반복적으로 '가'라고 말하는 입 모양을 하고 그렇게 말하는 동안 얼굴을 동영상으로 촬영합니다. 한 5번 정도로 10초만 촬영해도 충분합니다. 그런 뒤 동영상을 보면 '가…가…가…가…가' 이런 식으로 계속 입술을 벌렸다 오므렸다 하면서 소리를 내는 듯 보이는(그렇지만 아무 소리가 없는) 동영상이 만들어지겠죠? 다음으로 다른 핸드폰에는 음성만을 녹음합니다. 이때 미리 녹화해 둔 동영상을 틀고 그 동영상에서 '가'라고 입을 열 때마다 핸드폰에 '바'라고 실제 소리를 내서 녹음하세요. 그리고 나서 다른 사람에게 영상을 보면서 동시에 녹음된 소리를 들려주세요. (만약 영상 편집 기술이 있으면 '가'라고 입만 뻥긋하는 영상과 '바'라고 소리만 낸 오디오 파일을 합성해 하나의 영상으로 만드는 것도 가능할 겁니다.) 이때 어떤 소리를 듣게 될까요? '가'를 들을까요? '바'를 들을까요? 놀랍게도 '가'도 '바'도 아닌 '다'를 듣습니다. 아마도 대부분의 사람이 이 실험을 해보면 거의 '다'로 들린다고 할 겁니다.

이 맥거크 효과 실험을 해보면 뇌는 눈으로 보이는 시각 정보('가')와 귀로 들리는 청각 정보('바')가 일치하지 않는 상황이 뭔가 애매하다는 것을 직감하고 이 애매함을 즉각적으로 해소하기 위해 노력합니다. 즉, 감각기관(시각과 청각) 사이에서 서로 우세를 점하려고 다투다가 그 중간값인 '다'로 절충안을 내놓습니다. 우리의 뇌는 기본적으로 애매한 걸 싫어하기 때문에 빨리 명확한 정보로 추론을 통해 확실하게 결정하고 싶어 하는 속성이 있습니다. 이렇게 감각 정보들이 상충할 때는 조금 더 우세한 감각 정보가 영향력을 발휘하는데, 사람과 같은 영장류는 시각이 절대적으로 우세하기 때문에 시각 정보를 바탕으로 청각 정보의 애매함을 덮어버려서 그나마 귀로 들리는 '바'보다는 눈으로 보이는 '가'에 가까운 '다'로 지각하는 것입니다. 이것이야말로 뇌가 스스로 창작을 통해 없는 소리를 만들어 낸 것이라고 볼 수 있습니다.

마음은 세상을 비추는 거울?

뇌가 이렇게 억지스러울 정도로 지각적 항상성을 유지하려는 이유는 무엇일까요? 가장 큰 이유는, 세상은 그렇게 쉽게 변하지 않으며 내가 학습한 것들이 여전히 유효하다는 믿음을 유지하기 위해서입니다. 지각적 항상성을 유지할 수 없다면 우리 뇌는 물체가 조금만 움직여도 다른 물체라고 생각하고 그 물체를 배우기 위해 새로운 학습을 시작할 것입니다. 여러분의 친구나 가족의 헤어스타일이 조금만 바뀌어도 그때마다 다른 사람이라고 착각하고 자신을 소개하게 되겠죠. 하지만 뇌의 지각적 항상성 기능 덕에 이런 사태를 피할 수 있습니다. 즉, '내가 아는 세상은 그렇게 쉽게 바뀌지 않는다'라는 믿음을 뇌가 갖는 것입니다. 이러한 믿음이 있어야 뇌는 '학습'을 지속할 이유가 있죠. 내가 무언가를 새로 배워서 할 줄 모르던 것을 할 줄 알게 되었는데 세상이 10초에 한 번씩 바뀌도록 설계되어 있어서 내가 학습한 것이 10초가 지나면 쓸모 없어진다면 어떨까요? 뇌는 아마도 학습을 포기하거나 10초짜리 학습만을 하는 매우 단순한 기관으로 전락할 겁니다. 실제로 알츠하이머성 치매에 걸리면 안타깝게도 우리 뇌는 점점 이런 뇌로 변해갑니다.

흔히 뇌는 배운 것을 어딘가에 저장해 두었다가 필요할 때 꺼내 쓰고 다시 그대로 저장한다고들 생각합니다. 하지만 지각적 항상성을 유지하기 위해서 벌이는 창작에 가까운 뇌의 보정 작업과 세상에 대한 믿음에 의존하는 뇌의 학습 원리를 깨달으면

'뇌는 지식의 창고다' 혹은 '마음은 세상을 비추는 거울이다'라는 말은 하기 어려울 것입니다. 왜냐하면 이런 표현들은 뇌가 무언가를 있는 그대로 담아두는 항아리 혹은 컴퓨터의 하드디스크 같은 저장소라는 암시를 은연중에 하고 있기 때문이죠. 하지만 바깥세상의 무언가를 알아봐야 할 때나 어떤 상황을 보고 그것이 자신이 알고 있는 상황인지 아닌지를 판단해야 할 때, 뇌는 경험적 학습에 의해 만들어 놓은 맥락적 모델로써 어떤 보정을 해야 자신이 이미 알고 있는 것처럼 인식할 수 있을지 '상상력'을 발휘해야 바깥세상을 제대로 인식할 수 있습니다.

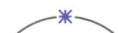

당연한 것이 당연하지 않음을 아는 것부터

이제 주변 사물과 사람들을 인식할 때 뇌가 상상력을 발휘하는 창작 활동을 한다는 것을 알았으니 앞으로 나의 뇌가 이러한 창작 활동을 더욱 왕성하게 할 수 있도록 도와주어도 좋겠습니다. 뇌의 창의적 지각 기능을 도와주는 방법은 여러 가지가 있지만, 그중에서도 미술관이나 박물관에 가서 그림이나 조각상을 보며 무엇을 표현한 것일지 곰곰히 생각해 보는 것을 추천합니다. 언어가 들어가지 않은 연주곡이나 클래식 음악을 들으며 어떤 감정을 표현했는지 추측해 보는 것도 좋습니다. 자극이 애매할

수록 뇌는 더 맥락적 추론을 하기 위해 애를 쓰게 되고 그만큼 훈련 효과도 클 테니까요.

무엇보다 '내가 당연하게 보고 듣고 있던 것들이 뇌의 끊임없는 창작의 결과'라는 생각을 늘 갖고 열린 시선으로 세상을 바라보는 게 중요합니다. 1부에서 뇌과학에 대한 고정된 시선을 바꿔봤다면 이어질 2부에서는 뇌의 창작 활동을 돕기 위해 해볼 수 있는 뇌 친화적 인지 훈련법을 소개하겠습니다. 여러분의 뇌는 정직하며 쓰는 만큼 바뀝니다. 이러한 생각의 전환이 세상을 달리 바라보며 더 나은 삶을 살아가는 데 도움이 되는 첫걸음이 될 것임을 확신합니다.

Point

뇌는 세상을 있는 그대로 보여주지 않습니다. 창작에 가까운 보정 작업을 하죠. 우리가 당연하게 보고 듣는 것들을 당연하게 여기지 않는 것, 그것부터가 시작입니다.

뇌는 내가 하는 만큼 바뀐다

뇌의 가능성을 열어주는 습관

기억은 과거가 아니라 미래를 위함이다

상상을 위해 회상하기

뇌의 기억에 대해 뛰어난 통찰력을 보여주는 영화가 있죠. 바로 〈메멘토Memento〉입니다. 주인공 레너드 셸비에게는 무언가를 경험하면 이 경험이 단지 몇 분 동안 지속되다가 뇌에서 사라져버리는 기억장애가 있습니다. 그는 이런 상태를 잘 알고 있어서 자신이 '단기기억상실증'이라며 사람들에게 미리 경고를 하죠. 이 영화에서 묘사한 것처럼 대부분의 사람은 기억이라는 것이 어딘가에 잠시 임시로 저장되어 있다가 오랫동안 잊히지 않기 위해서는 장기간 보관이 가능한 곳으로 옮겨져야 한다고 생각합니다. 그래서 대개 기억이 '저장'된다고 표현하죠. 마치 사진을 찍으면 인화해 사진첩에 꽂아두거나 파일 그대로 핸드폰이나 클라우드 시스템에 저장해 뒀다가 필요할 때 꺼내보는 것처럼 우리 뇌의 기억도 경험한 그대로 어딘가 뇌의 지정된 위치에 보관되었다가 필요할 때 꺼내는 것이라고 이해하는 분들이 아주 많습니다. 하지만 실제로 기억이 이렇게 이뤄지느냐에 관해 현재의 뇌인지과학자들은 회의적입니다. 왜냐하면 기억은 퍼즐 조각처럼 뇌의 여기저기에 흩어져 있다가 필요할 때 다시 퍼즐을 맞추듯 재구성해 꺼내는 방식일 수도 있기 때문입니다.

기억을 꺼내는 방식, 재인과 회상

더 자세히 알아볼까요? 우선 기억을 꺼낼 때 재인^{recognition}이라는 방식을 주로 씁니다. 재인은 '다시^{re} 알아본다^{cognition}'라는 뜻입니다. 재인을 통해 기억을 활용하는 상황은 일상에서 무수히 발견할 수 있습니다. 길을 가다가 아는 사람을 만나 반갑게 인사를 하고 대화를 나누는 상황을 생각해 봅시다. 이때 상대의 얼굴을 보고 자신이 아는 사람임을 인지하고 누군가를 떠올릴 수 있다면 성공적으로 뇌에서 얼굴 재인이 이루어졌다고 할 수 있습니다. 그 밖에도 영화나 드라마를 볼 때 전반부에 잠깐 등장했던 물체나 사람이 후반부에 다시 나오면 이미 봤던 것임을 알아보는 것 역시 재인을 통해 기억을 인출하는 경우입니다. 이러한 재인 기억의 특징은 자신의 기억 속에 있던 정보가 '나를 알아보겠어?' 하고 말을 걸듯이 다시 제시된다는 특징이 있습니다.

재인 말고 일상에서 자주 사용하는 기억 방식은 바로 회상recall입니다. 사람이 서로 만나서 이야기를 할 때 이 회상의 향연이 펼쳐진다고 보면 됩니다. 동창회에서 옛날에 있었던 재미난 일들을 서로 꺼내서 이야기하며 즐거운 시간을 보내는 예도 회상에 의한 기억 인출입니다. 점심시간에 회사 동료들과 오전 미팅 때 벌어졌던 일을 서로 이야기하려면 역시 회상이 필요합니다. 아마 눈치채셨겠지만 회상과 재인의 큰 차이점은, 대개 회상을 할 때는 기억을 꺼내는 것을 도와줄 자극이 내 앞에 없다는 점입니다. 반면에 재인은 기억을 인출할 단서가 제시될 때만 가능합니다. 여행지에서 사 온 기념품처럼 회상의 재료(기념품)가 회상을 도와줄 수는 있지만 실제로 회상되고 있는 기억의 내용(하와이 해변에서 서핑을 하던 기억)은 순전히 자신이 기억 속의 그때 그 장소로 스스로 찾아가야만 인출이 제대로 이루어질 수 있습니다.

제가 늘 강조하는 말 중에 '기억은 과거를 붙잡기 위한 것이 아니라 미래를 대비하기 위한 것'이 있습니다. 이 기준으로 지금까지 설명한 재인과 회상을 나누면 어떤 기억이 더 미래를 대비하기 위한 기억일까요? 그리고 어떤 기억이 조금 더 과거를 부여잡기 위한 성격이 강할까요? 짐작하시겠지만 자신의 뇌가 과거의 경험을 붙잡고 있는지 아닌지는 재인 기억이 온전히 발휘되는지 보면 알 수 있죠. 하지만 재인은 미래에 무엇이 나타날지에 대해서는 속수무책입니다. 자극이 나타나거나 눈앞에서 상황이 벌어지면 그때서야 발동하기 때문입니다. 어찌 보면 수동적인 기억 인출 방식입니다.

하지만 회상은 이와 반대로 재인보다 훨씬 능동적인 기억 인출 형태입니다. 왜냐하면 회상을 제대로 하기 위해서는 나의 뇌 속의 기억으로 가득 찬 공간을 적극적으로 돌아다니며 기억을 꺼내기 위한 실마리를 찾아야 하니까요. 특히 경험했던 특정 장소와 특정 시간대를 찾아야 합니다. 작년 추석에 고향에 내려가서 부모님과 친척들과 즐거운 시간을 보냈던 기억을 떠올려 보면서 누군가에게 이에 대해 말한다고 해봅시다. 추석 연휴 동안 내가 경험한 일들을 순차적으로 인출하기 위해서는 추석 연휴의 첫 시작 지점인 고향으로 가는 기차역에 도착한 시점과 장소로 타임머신을 타고 일단 이동해야 할 것입니다. 우리 뇌는 이렇게 자유자재로 과거의 경험 속 시공간을 넘나들 수 있습니다.

그리고 그렇게 하기 위해서는 의식적으로 자신이 기억 속을 돌아다니는 능동적 주체가 되어야 하죠.

복합적 기억과 해마

우리 뇌에서 특정 시간에 특정 장소에서 순차적으로 벌어진 일을 기억하는 데 기여하는 영역 중 가장 중요한 것은 단연 '해마'입니다. 회상은 해마 없이는 불가능하다고 알려져 있습니다. 재인의 경우는 해마를 둘러싸고 있는 신피질neocortex 영역만으로도 어느 정도 가능하지만 회상은 해마 없이 할 수 없습니다. 왜 그럴까요? 우선 해마는 내 앞에서 벌어지는 사건이 어떤 공간(위치)에서 벌어지는지에 대한 정보를 기억하는 데 중요합니다. 쥐의 해마에서 장소 세포place cell라는 유형의 세포가 발견된 것도 이처럼 해마가 공간과 그 공간에서의 특정 위치를 기억하는 데 중요한 역할을 한다는 증거로 여겨집니다. 해마는 그럼 공간만을 다룰까요? 그렇지 않습니다. 우리가 길을 걸어가거나 특정 공간에서 계속 움직이는 경우 나의 위치가 계속 바뀌죠? 해마의 세포들은 이때 각각의 위치들을 경험한 '순서sequence'를 기억합니다. 이처럼 해마의 세포들이 순서 정보를 기억하는 덕분에 우리는 어디를 돌아다닌 후에 A라는 장소를 먼저 갔었는지 B

라는 장소를 먼저 갔었는지 그 순서를 기억할 수 있습니다.

해마의 기능은 여기서 끝이 아닙니다. 해마의 기억 특징 중 하나는 특정 시간에 특정 공간에서 특정 물체나 사람을 경험한 그 독특한 조합을 기억하는 것입니다. 해마의 기억에서 중요한 세 가지 요소는 공간Where, 시간When, 물체What입니다. 해마의 이런 기억을 일화기억episodic memory이라고 하는데 1970년대 초에 엔델 툴빙Endel Tuvling이라는 심리학자가 처음 이름을 붙였습니다. 그러나 툴빙의 일화기억은 '의식'이라는 복잡한 개념을 토대로 정의되기 때문에 뇌인지과학에서 이를 과학적 정의로 받아들일 수 있는지에 대해서는 논란이 있습니다. 그러던 중에 1998년에 영국 케임브리지대학교의 비교 심리학자인 니콜라 클레이튼Nicola Clayton이 동물실험을 통해 일화기억을 연구할 수 있도록 이른바 조작적정의operational definition를 내렸는데, 클레이튼은 처음으로 공간-시간-물체의 3요소를 일화기억의 정의에 사용했습니다. 일화기억은 대개는 그 경험이 좋았다거나 싫었다거나 그저 그랬다거나 하는 가치 정보가 함께 기억되기 때문에 제 연구실에서는 여기에 가치Value도 하나 더해서 4대 요소를 일화기억의 핵심 요소로 연구합니다.

기억을 정확하게 꺼내기 어려운 이유

해마의 일화기억은 이처럼 몇 가지 핵심 요소들의 조합으로 이루어진다는 특성이 있습니다. 따라서 우리가 어떤 사건을 경험하면서 그것이 일화기억으로 저장되는 과정에서 가장 중요한 것은 '언제', '어디서', '무엇을(혹은 누구와)', '좋고 싫음'의 핵심 정보가 각각 정확히 뇌에 들어오는 것입니다. 하지만 이것 못지않게 중요한 것은 이들 핵심 요소 간의 조합이 매 순간 정확하게 기억으로 저장되어야 하는 것입니다. 이 기억을 다시 꺼내 볼 때도 처음에 사건을 경험할 때와 똑같은 조합으로 핵심 요소들이 다시 나와야 정확한 일화기억이 됩니다.

하지만 우리는 살면서 이 조합이 제대로 인출되지 않는 경험을 하기도 하죠. 예를 들어, 여름에 가족과 함께 강릉 여행을 갔을 때 바닷가 횟집에서 회를 먹으며 행복했던 경험을 일화기억으로 저장했다고 해봅시다. 몇 년이 지나서 가족이 모여 옛날 일을 추억할 때 이 중 한 가지 정보라도 잘못 조합되어 인출될 경우 일화기억의 정확성이 떨어지게 됩니다. 예를 들어, 장소 정보인 '강릉'이 '제주도'로 잘못 조합된다거나 시간 정보인 '여름'이 '가을'로 조합된다거나 하는 식으로요. 같이 경험한 사람들이 서로 간직한 일화기억의 조합이 달라서 서로 자신의 기억이 정확하다고 옥신각신하는 경우가 심심찮게 일어나죠.

그냥 사진을 찍듯이 '장소+시간+물체+가치'가 하나로 저장되면 마치 앨범에서 사진을 꺼내 보듯 그 내용이 잘못 조합되어 인출될 일이 없을 것 같은데 우리 뇌의 일화기억 시스템은 왜 이렇게 오류가 발생하기 쉬운 방식으로 작동할까요? 아마도 우리 뇌가 새로운 무언가를 상상하고 창조할 때 이미 경험해서 알고 있는 것들의 조합을 만드는 방식으로 작동하기 때문일 겁니다. 그래서인지 기억의 조합을 만들어 내는 해마는 우리가 상상할 때도 똑같이 동원됩니다. 실제로 해마가 손상된 환자의 경우 상상력이 일반인에 비해 매우 제한적이라는 것이 잘 알려져 있습니다. 구글 딥마인드의 창립자이자 노벨 화학상을 받은 인공지능 학자 데미스 허사비스$^{\text{Demis Hassabis}}$가 뇌인지과학자로서 박사학위를 받을 때 작성한 학위논문이 바로 이러한 내용을 담고 있습니다. 해마가 손상된 환자들의 경우 특히 복잡한 시나리오로 구성된 장면들을 상상하는 능력이 정상인에 비해 현저히 떨어진다는 것이 밝혀졌죠. 그뿐만 아니라 다른 연구들에서도 해마가 기존 기억의 내용들을 활용해서 무언가 상상할 때 더 많이 활성화된다고 입증되었습니다.

✴

우리 뇌는 새로운 무언가를 상상하고 창조할 때
이미 경험해서 알고 있는 것들의 조합을
만드는 방식으로 합니다.
회상을 아주 정확하고 풍부하게 할 수 있는 사람은
미래에 벌어질 일을 상상하고 시뮬레이션할 때
비슷한 수준의 정밀도와 풍부함을 갖춘
상상을 할 수 있습니다.

정신적 시간 여행의 시간

인공지능 시대가 다가오면서 기계와 다른 인간만의 상상력이 요구된다고들 합니다. 혹자는 이를 창의력이라고 표현하기도 하죠. 기본적으로 뇌에서 상상력과 창의력은 확연히 구분하기 어려운 개념입니다. 그러면 상상력이나 창의력을 높이려면 어떻게 해야 할까요? 이를 담당하는 뇌 영역들, 그중에서도 해마의 기능을 더 강화하기 위한 훈련을 해야 합니다. 툴빙은 일화기억에 대해 정신적 시간 여행 mental time travel이 필요하다고 했습니다. 여러분도 하루에 잠깐이라도 눈을 감고 타임머신을 타고 오늘이나 어제 하루 중 특정 시간과 장소로 돌아가서 그때 거기서 경험한 것들을 시간 순서대로 자세히 회상하려고 노력해 보세요. 점심시간에 갔던 식당의 독특한 인테리어를 아주 자세히 기억해 보려고 기억 속 공간을 두리번거려도 좋고, 그다음으로 간 카페에서 맡았던 커피 냄새를 자세히 기억하려고 해도 좋습니다. 그 기억들을 순서대로 하나씩 연결해 보세요. 머릿속으로만 하는 게 어렵게 느껴진다면 기억 속에 보이는 것들을 종이에 적으면서 회상해도 좋습니다.

이처럼 회상을 아주 정확하고 풍부하게 할 수 있는 사람은 미래에 벌어질 일을 상상하고 시뮬레이션할 때 비슷한 수준의 정밀도와 풍부함을 갖춘 상상을 할 수 있을 것입니다. 해마의 세포들은 우리가 의식적으로 하지 않더라도 우리가 멍하게 있는 순간이나 잠을 자는 동안 다양한 시뮬레이션을 통해 이미 상상 회로를 돌리는 것을 활발히 하기 때문에, 과거 기억의 회상 훈련을 열심히 함으로써 상상의 재료를 계속 공급해 주면 뇌 훈련에 큰 도움이 됩니다. 결국 상상의 범위와 품질은 경험의 범위와 품질에 의해 결정되기 때문입니다.

Point

뇌는 새로운 무언가를 창조할 때 이미 경험해서 알고 있는 것들의 조합을 만드는 방식으로 작동합니다. 회상이 상상을 만듭니다. 상상력의 방법은 거창하지 않습니다.

몸을 움직이면
많은 것이 달라진다

움직임 리스트 만들기

패키지여행을 다녀온 경험이 있는 분은 가이드를 따라 관광을 해보았을 겁니다. 만약 여행지가 해외라면 공항에서 출발할 때부터 입국해 숙소로 이동한 뒤 여러 유명 관광지들을 둘러보기까지 그 모든 과정을 가이드가 안내합니다. 혼자 낯선 곳으로 여행 가는 것보다 가이드를 잘 따라다니기만 하면 지리나 정보를 잘 몰라도 편하게 다닐 수 있는 방식이긴 합니다. 그런데 보통 일정 중 하루는 자유여행을 할 수 있게 하는데 그때 갑자기 직접 길을 찾아 돌아다니려고 하면 어떻게 해야 할지 몰라 헤매기도 합니다. 분명 지난 2박 3일 동안 가이드를 따라다녀 여행지에 조금은 익숙해졌다고 생각했는데 막상 호텔방을 나서면 여행지가 새롭게 보이기 시작하고 어딜 어떻게 가야 할지 순간 주저하게 되죠.

만약 패키지여행 경험이 없다면 새로운 곳에 누가 운전해 주는 차를 타고 갔을 때도 비슷한 경험을 해보았을 겁니다. 내가 운전을 해 찾아가면 그곳의 지리를 더 빨리 파악해서 나중에 다시 그곳에 차를 몰고 가더라도 어느 정도 길을 찾을 수 있습니다. 하지만 조수석에 타고 가면 이상하게 운전자와 비슷한 것을 보고 비슷하게 길을 찾으려고 애를 썼음에도 나중에 직접 운전을 해서 가려고 하면 잘 기억나지 않죠. 혹은 온라인 게임 중 특정 지역 안에서 전투를 하거나 보물을 찾아다니며 모험을 하는 경우도 이와 비슷합니다. 다른 사람이 게임을 하는 영상을 보면 아무리 봐도 그 가상공간의 지도가 머리에 들어오지 않지만, 자신이 직접 게임 속에 들어가 조이스틱이나 키보드를 움직이며 공간을 돌아다니면 조금만 해도 그곳의 지도가 머리에 들어오며 길을 잘 찾을 수 있죠.

뇌의 아웃풋은 의미 있는 움직임

왜 이런 현상이 나타나는지 혹시 궁금한 적이 있나요? 뇌인지과학자가 이런 현상을 접하면 가장 먼저 떠오르는 것은 뇌의 기본적 작동 원리입니다. 다른 고등 동물의 뇌도 마찬가지지만 인간 뇌의 신피질 영역은 이마부터 뒤통수까지 앞뒤로 긴 축을 중심으로 귀가 위치한 중간 정도 지점에 중심고랑central sulcus이라고 불리는 아주 깊은 골짜기가 존재하고 이 골짜기를 중심으로 뇌가 크게 앞뒤로 양분됩니다. 중심고랑의 바로 앞에는 우리 몸의 모든 근육의 움직임을 통제하는 1차 운동피질primary motor cortex이 있고 거기서 더 앞으로 가면 전두엽frontal lobe이라고 부르는 거대한 뇌 영역이 존재합니다. 전두엽의 제일 앞쪽에는 요즘은 일반인들도 많이 들어봤을 법한 전전두 피질prefrontal cortex이 있습니다. 중심고랑 앞쪽에 위치한 이 모든 영역은 기본적으로 '움직임'과 관련이 있습니다. 움직임이란 자신의 신체 일부를 움직이는 것, 공간에서 이동하는 것, 물체의 위치를 바꾸는 것, 그리고 움직임을 상상하고 계획하는 것까지 포함합니다. 그리고 중심고랑의 바로 뒤에는 우리 몸의 모든 감각기관으로부터 정보를 받는 1차 신체 감각피질primary somatosensory cortex이 존재합니다. 그리고 그 뒤로 뒤통수까지 이어지는 뇌 영역들도 모두 이렇게 받아들인 정보를 이해하거나 기억하고 운동영역으로 전달해 주기 위해 적합한 형태로 변형하는 일을 주로 수행하죠.

중심고랑의 뒤쪽은 나를 둘러싼 환경에서 무슨 일이 벌어지고 있는지를 이해하고 그것에 대응하기 위해 작동하고, 중심고랑의 앞쪽은 내 몸을 움직이거나 물체를 움직여서 행동을 취하기 위해 작동한다는 식의 해석은 너무 단순할 수도 있습니다. 하지만 실제로 뇌과학 연구자 중에는 우리 뇌의 모든 정보처리는 뇌의 운동영역을 통해 다음 움직임을 만들어 내기 위한 과정이라고 믿는 분들도 많습니다. 제가 미국에서 유학할 때 박사과정 대학원 1학년 첫 수업에서 교수님께서 '아무리 고상해 보이는 뇌의 인지기능이라도 결국은 뇌의 운동영역을 통해 행동을 만들어 내지 못하면 의미가 없고, 아무리 단순한 인지기능이라도 환경의 변화에 즉각적으로 대응하는 움직임을 만들어 내서 생존 확률을 높여줬다면 매우 의미 있는 기능이다'라고 말씀하셨습니다. 그때는 그 말씀을 정확히 알지 못했습니다만 지금 생각해 보니 뇌의 거대한 원리에 대한 매우 통찰력 있는 말씀이었습니다. 쉽게 말해 결국 뇌의 마지막 아웃풋은 적응적이고 의미 있는 움직임 혹은 행동이라는 이야기입니다.

뇌가 정신을 바짝 차리게 만드는 것

이처럼 뇌는 생존하기 위해 환경에 적응적인 움직임을 만들어 내야 한다는 태생적인 숙제를 안고 살아갑니다. 위험한 게 나타날 것 같으면 그 방향과 반대 방향으로 몸을 움직여 회피해야 하고, 좋은 게 나타날 것 같으면 그 방향으로 몸을 움직여서 접근해야 합니다. 이렇게 운동의 시작과 끝맺음 그리고 방향 조절이 제대로 안 될 경우에는 생존이 위험해지기 때문에 움직임을 계획하고 만들어 낼 때 뇌는 가장 많은 자원을 쓰면서 최상의 결과를 만들고자 합니다. 따라서 뇌과학에서는 자연히 자신의 몸을 움직이기 위해 능동적인 정보처리를 할 때 뇌의 주의력과 학습 능력이 향상된 상태로 유지된다고 봅니다.

이러한 뇌의 속성을 이해한다면 이제 왜 자동차의 조수석에 타서 이동하거나 관광지에서 여행 가이드만을 따라다니면 길을 잘 학습할 수 없는지 이해할 수 있을 겁니다. 쉽게 말하자면 무언가를 공부하거나 경험할 때 내가 방금 학습한 것을 곧 다시 활용해서 움직임을 만들고 스스로 의사결정을 해야 할 때, 뇌가 훨씬 더 정신을 바짝 차리고 학습하기 때문입니다. 입술과 성대만 움직여서 말을 하는 것도 움직임에 해당하고 손가락으로 타이핑 혹은 터치만 하는 것도 움직임이지만 이런 자잘한 움직임보다는 몸이 공간 속을 이동하는 큰 움직임을 통해 경험한 것이 가장 학습이 잘될 가능성이 높습니다. 그 이유는 뇌의 에너지 운영에 관한 원칙과 관련이 있습니다. 즉 몸의 움직임이 클수록, 더 정교하고 조직적으로 움직일수록 더 많은 에너지가 필요한데, 뇌는 에너지를 불필요한 곳에 쓰는 것을 극도로 꺼리기 때문입니다. 하지만 뇌가 자신의 신체를 움직여 이동하기 위해 많은 에너지를 쓰기로 판단을 내린 상황이라면 이왕 쓰기로 한 것이므로 에너지가 낭비되는 일이 없도록 최대한 주의를 집중하겠죠. 또한 학습의 효율을 좌우하는 시냅스 가소성synaptic plasticity을 비롯한 온갖 뇌 관련 기능을 이에 맞춰 최적화할 것입니다. 흔히 '몸소 직접 겪었다'라는 말이 있듯이 자기 신체를 움직여 학습한 것은 좀처럼 잊히지 않고 내 것이 되는 것도 비슷한 원리일 것입니다.

몸을 움직일 일 없는 사람들

그렇다면 지금 우리 인류가 뇌의 이런 작동 원리에서 얼마나 멀어지고 있는지를 생각해 보는 것도 도움이 될 것입니다. 제가 초등학교에 다니던 1970년대 후반과 1980년대 초만 해도 흑백 TV를 봤던 기억이 납니다. 그리고 그땐 지금처럼 리모컨이 없어서 다른 채널을 보고 싶으면 자리에서 일어나서 TV까지 걸어간 뒤 TV에 달린 다이얼을 기계적으로 돌려서 바꾸고 다시 제자리로 돌아와 봐야 했습니다. 그러다 리모컨으로 채널을 바꿀 수 있는 TV가 보급되기 시작했습니다. 그야말로 신세계였죠. 몸을 전혀 움직이지 않고 손가락으로만 멀리 떨어진 TV를 조작할 수 있다는 것이 정말 신기하고 편리했습니다. 하지만 몸은 점점 움직일 일이 없어졌죠.

이렇게 손가락으로 몸의 움직임과 운동을 대체하는 트렌드 변화의 정점에는 2007년에 처음 세상에 소개된 아이폰이 있습니다. 바지 주머니에 들어갈 만한 조그만 전화기지만 전화나 문자뿐 아니라 터치를 통해 웬만한 컴퓨터에 버금가는 작업을 할 수 있고, 인터넷에 접근할 수 있으며, 무엇보다 카메라를 탑재하고 있어 사진을 찍어야 할 때 굳이 카메라를 따로 들고 다닐 필요가 없어졌죠. 게다가 직접 만나지 않아도 세상 사람들과 이야기를 주고받고 친구와 지인의 동향을 살필 수 있게 되었으니 실로 역사적인 발명품입니다. 이제 인간의 몸 중 하루에 가장 바쁜 움직임을 보이는 부위가 손가락이 되었습니다. 이런 트렌드는 코로나 팬데믹 3년을 겪으며 더 확산하고 정착되었죠.

몸을 움직이지 않고 물리적 현실 세계가 아닌 전자기기 속 가상 세계에서 여러 가지 일을 동시에 처리할 수 있는 세상은 우리 뇌의 주의력과 인지적 통제력에 심각한 과제를 안겨주었습니다. 인간을 비롯한 동물의 주의력은 뇌가 설정한 한 가지 목표를 향해 집중되도록 설계되었는데요. 그 목표를 향해 자신의 몸을 움직여 앞으로 나아가며 마주하는 장애물을 처리하고 목표까지 가는 과정을 모니터링하도록 진화했습니다. TV 리모컨의 예를 다시 볼까요? 예전에는 몸을 움직여 TV로 다가가서 채널을 돌리겠다는 목표 행동 이외의 다른 무언가를 하기는 어려웠죠. 또 선택한 프로그램에서 좀 재미없는 부분이 나오더라도 다시 몸을 움직여 에너지를 쓰는 수고를 하고 싶지 않아서 그냥 묵묵히 참고 보는 경우가 많았습니다. 하지만 리모컨이 등장하면서 거의 몇 분에 한 번씩 채널을 돌려가며 재미있는 장면을 찾으려고 하는 자신을 발견하게 됩니다. 게다가 스마트기기는 계속해서 알람을 울려대며 뇌의 주의를 끌려고 노력하고요. 지금의 스마트기기 기반 환경에서 몇 시간을 방해받지 않고 무언가에 집중한다는 것은 거의 불가능에 가깝습니다. 특히 뇌의 주의력과 통제력을 책임지는 전전두 피질의 발달이 미숙한 어린이와 청소년의 경우 뇌가 주의를 집중하며 자신의 정보처리 흐름을 통제하는 훈련을 할 수 있는 기회를 박탈당함으로써 성인이 되어 심각한 인지장애를 겪을 가능성도 배제할 수 없습니다.

이제라도 뇌의 잃어버린 집중력과 통제력을 회복하자는 흐름이 세계 곳곳에서 나타나는 것은 반가운 일입니다. 우리나라를 포함해서 프랑스, 핀란드, 네덜란드, 스페인 등 많은 나라가 초등학교나 중학교에서 스마트폰 사용을 금지하고 있고 고등학교에서도 재량에 따라 금지하는 나라들이 늘어가고 있습니다. 하지만 뇌과학자로서 볼 때 이러한 조치는 아무 조치도 없는 것보다는 낫지만 만족할 만한 수준은 아니라고 생각합니다. 스마트기기를 못 쓰게 하는 것보다 스마트기기가 없을 때 무엇을 하게 할지가 더 중요합니다. 그리고 스마트기기 없이 뇌가 경험한 것이 뇌에 구조적이고 기능적인 변화를 불러와서 스마트기기를 돌려주더라도 스마트기기 속 가상의 세계가 그다지 재밌지 않다고 느껴져야 자발적으로 스마트기기를 사용하는 시간이 줄어들 것입니다.

뇌와 관련한 정책을 만들 때 한 가지 명심할 것이 있는데요. 그것은 무엇이든 규제를 하고 금지를 하는 방법은 미봉책일 뿐이며 오히려 뇌가 그것을 더 갈망하게 만드는 부작용을 가져올 수도 있다는 것입니다. 그보다는 바람직한 대안으로 대체될 수 있어야 합니다. 움직임을 통해 사물과 세상, 그리고 자신의 목표에 집중하는 연습을 하게 해야 하죠. 예를 들어 흔히 취미와 감수성을 길러주기 위한 것으로만 알고 있는 예체능 교육 등을 통해서 말입니다.

나는 평소 얼마나 움직이고 있는가

일상에서 몸을 움직여 목표한 바를 달성해야 하는 활동이 얼마나 되는지 체크리스트를 만들어 점검해 보길 권합니다. 꼭 등산이나 여행처럼 거창한 것이 아니어도 좋습니다. 매일 양치질을 하기 위해 화장실에 가는 것처럼 아주 사소한 움직임부터 저처럼 가끔 고장 난 악기를 수리하기 위해 악기를 메고 낙원상가에 가서 수리를 맡기고 온다든지 하는 복잡한 공간 이동이 필요한 다소 스케일이 큰 활동까지 모두 적어보세요. 아마도 리스트를 만들다 보면 세수나 출근처럼 매일 하는 소소한 움직임이 있고, 운동이나 악기 연주와 같은 취미 활동부터 여행이나 등산과 같은 비교적 큰 스케일의 활동도 있을 겁니다. 자신의 일상에서 규칙적으로 몸을 움직여 무언가를 하는 시간이 많이 발견된다면 뇌가 집중력 훈련과 인지적 정보처리 통제 훈련을 지속적으로 할 수 있는 좋은 생활 방식을 갖고 있다고 자평해도 좋을 듯합니다.

다만 한 가지 유의할 것은 움직임을 동반한 활동을 할 때 그것에만 완전히 집중해야 한다는 전제입니다. 예를 들어 테니스를 칠 때, 고작 20분이더라도 볼을 제대로 타이밍에 맞춰서 치는 것에 완전히 집중한다면 뇌의 기능 증진에 훨씬 효과적이죠. 반대로 1시간 이상을 하지만 유투브를 들으면서 딴생각을 하거나 옆 사람과 수다를 떨면서 대충대충 한다면 뇌의 학습 능력 향상에 별로 도움이 되지 않습니다.

> **Point**
>
> 뇌는 몸을 움직여야 할 때 주의력과 집중력이 향상됩니다. 스마트기기의 편리에 기대면 기댈수록 뇌의 통제력이 떨어질 수밖에 없습니다. 여러분은 평소 얼마나 움직이고 있나요?

무질서 속 질서,
스토리를 만든다는 것

스토리텔링하기

영화 〈대부Godfather〉의 감독으로 유명한 프랜시스 포드 코폴라 Francis Ford Coppola가 영화가 한창 흥행하던 1970년대 초에 한 인터뷰에서 다음과 같이 말했습니다. "좋은 영화를 만드는 데 핵심적인 요소는 좋은 스토리story가 먼저고 거기서 모든 것이 출발해야 한다. 결국 사람들을 붙잡는 것은 스토리이며, 이 세상에 존재하는 모든 신기술을 동원해서 영화를 만들 수도 있지만 좋은 스토리가 없다면 그것은 사실 아무것도 아니다." 영화와 같은 예술과 창작 분야도 그렇지만 저처럼 학계에서 연구를 하는 사람들도 자신이 연구한 것을 남들에게 알리기 위해서는 연구

논문을 써서 출판하거나 학술 대회나 세미나에서 연구 결과를 발표해야 합니다. 대개 연구 결과를 발표할 때 맨 처음 도입 부분에서 연구자가 왜 이 주제에 대해 관심이 생겼고 왜 이 연구 주제가 청중에게 중요한지 설명하는 것으로 시작합니다. 스토리의 시작인 것이죠. 그리고 스토리를 전개해 나가면서 해당 연구 주제를 어떤 실험을 통해 어떤 방식으로 테스트했고 왜 그렇게 진행해야 한다고 생각했는지 설명합니다. 마지막으로 그래서 어떤 결과가 나왔고 그 결과는 무엇을 의미하는지, 그리고 연구자가 처음 이 연구를 시작할 때 품었던 궁금증은 어느 정도 해소되었는지 등을 이어서 설명하죠.

같은 분야의 전문가라면 당연히 이렇게 스토리가 전개되는 것을 읽거나 듣고 그 스토리를 쉽게 따라갈 수 있습니다. 하지만 중요한 것은 그 분야의 전문가가 아니라도 흥미를 느낄 만큼 스토리의 전개가 흥미진진하고 탄탄해야 한다는 것입니다. 어떤 영화를 1시간째 보고 있는데 도대체 이 영화의 중심 스토리가 무엇인지 혼란스럽다면 그 영화는 잘못 만든 것으로 볼 수 있듯이, 연구 결과 발표 역시 왜 이런 연구를 했고 그래서 뭘 알아냈는지에 대한 스토리에 빠져들지 못하게 한다면, 그 발표는 실패한 것으로 간주할 수 있습니다. 대학에서 학생들에게 연구 결과 발표에 대해 가르칠 때나 학위 심사를 지도할 때 제가 항상 빼놓지 않고 하는 질문도 '그래서 이 연구에서 말하고 싶은 스토리가 무엇이죠?'입니다. 이 질문이 자주 나온다면 그리 우수한 발표는 아니라는 뜻입니다.

우리가 스토리에 끌리는 이유

이처럼 인간의 뇌는 태생적으로 스토리에 집중합니다. 그래서 스토리를 잘 만들고 전달하는 능력을 지닌 사람은 엄청난 강점을 갖고 다른 사람들의 공감과 협조를 얻어내며 일을 할 수 있습니다. 스토리는 어떻게 보면 시공간적으로 무질서하고 산만하게 흩어진 정보를 뇌가 정리해서 기억할 수 있는 효과적인 방법입니다. 쉽게 말하면 나의 뇌 밖에 있는 환경은 그야말로 혼돈 그 자체입니다. 예를 들면, 기상청이 아무리 정확히 날씨를 예측하려고 해도 틀릴 때가 있죠. 기상청이 예보가 아니라 중계를 한다고 억울한 비난도 받지만 사실 날씨를 모든 사람들이 정확하다고 느낄 만큼 예측한다는 것 자체가 현재의 과학기술로는 거의 불가능한 일입니다. 아주 작은 변화도 기상이변을 만들 만큼 그 물리적 현상 자체가 매우 불안정하기 때문입니다. 나비효과butterfly effect라는 용어를 들어본 적 있을 겁니다. 나비의 날갯짓이 그 자체로는 미약해 보이지만 나비가 속해 있는 거대한 혼돈 시스템에서는 다른 물리적 요소들과의 복잡한 상호작용을 이끌어 내 결과적으로 무시할 수 없는 거대한 현상으로 모습을 드러낸다는 것입니다.

그러나 이렇게 무질서한 물리적 세계임에도 불구하고 우리 뇌는 이를 매우 안정적인 세상으로 인식합니다. 여러분은 나를 둘러싼 공간이며 주변 사람들이라는 것을 안정적으로 느낄 수 있죠. 이는 무질서한 물리 세계와 여러분의 의식의 중간에서 여러분의 뇌가 엄청난 스토리텔링storytelling을 하고 있기 때문입니다. 그리고 뇌는 자신이 한 스토리텔링을 기억하고 이를 통해 다시 무질서한 세상에 질서를 부여하고 예측하는 데 활용합니다. 여러분이 추리소설을 많이 읽으면 새로운 추리소설을 읽을 때 '여기서부터는 대충 이런 식으로 내용이 흘러가겠구나'라고 예측하는 것과 같은 원리입니다.

갓 태어난 아기의 뇌는 아마도 매우 혼란스러운 물리 세계에 어떤 스토리를 부여해서 안정적으로 세상을 인식할지 고민이 많을 겁니다. 하지만 발달단계에서 세상과 끊임없이 부딪히며 많은 시행착오를 통해 세상을 안정적으로 해석할 수 있는 맥락 혹은 인지모델을 만들어 냅니다. 그 맥락이 바로 뇌가 세상을 해석하는 스토리이며, 아기의 뇌가 세상에 일어나는 모든 일에

✳

인간의 뇌는 태생적으로
스토리에 집중합니다.
스토리는 시공간적으로 무질서하고
산만하게 흩어진 정보를 뇌가 정리해서
기억할 수 있는 효과적인 방법입니다.
그리고 뇌는 자신이 한 스토리텔링을 기억하고
이를 다시 무질서한 세상에 질서를 부여하고
예측하는 데 활용합니다.

는 순서와 인과관계가 존재한다는 것을 학습할 때 사용하는 틀이 됩니다. 엄마가 눈앞에서 장난감을 흔들었더니 재밌는 소리가 났다면 내가 들은 소리는 바로 직전에 본 시각적인 장난감의 흔들림이 만들어 낸 것이겠구나 하고 추론하는 법을 학습하는 것이죠. 눈, 코, 입, 귀 등 우리 몸의 모든 감각기관으로부터 동시다발적으로 들어오는 외부 세계의 무질서한 정보를 뇌는 자신만의 학습된 스토리로 정갈하게 정리해서 이해할 수 있습니다. 마치 여기저기 널려 있는 뜨개실 뭉치들을 다 주워 와서 뜨개바늘로 우리가 알아볼 수 있는 예쁜 패턴의 스웨터를 만들어 내는 마법과도 같은 작업이죠.

스토리로 기억하는 일화기억

하지만 이보다 더 놀라운 것은 연속적으로 공간을 이동해 가면서 경험하는 사건들을 하나의 스토리로 엮어 기억하는 뇌의 일화기억입니다. 지금 이 순간 제가 여러분의 그리 멀지 않은 과거 어느 시점을 지정하고 그 시점으로 돌아가 거기서부터 경험한 모든 일을 차례대로 이야기해 보라고 하면 여러분은 어렵지 않게 이 놀라운 작업을 수행할 수 있을 겁니다. 예를 들어, 어제 점심시간 이후에 있었던 일들에 대해 이야기해 달라고 하면, 여러분의 뇌는 어제 점심시간으로 타임머신을 타고 돌아가서 그 시점부터 장소, 사람, 활동 등을 순차적으로 기억에서 꺼내서 말할 수 있습니다.

제가 놀라운 작업이라고 말씀드린 이유는 아직도 뇌과학에서 이 작업이 뇌에서 정확히 어떤 뇌 영역들의 협업 알고리즘을 거쳐 이루어지는지 완벽하게 알지 못하고, 놀랄 만큼 눈부신 발전을 한 현재의 AI 기술도 이와 같이 일화기억을 형성하거나 자유자재로 인출하는 능력은 없기 때문입니다. 이렇게 자유롭게 과거의 특정 시점으로 돌아가서 인출이 가능하다는 점도 놀랍지만, 내 앞에서 벌어지는 일을 기록하려는 의도로 스마트폰의 동영상 촬영 버튼을 터치하는 것과 같은 의식적 노력 없이도 자동으로 내가 겪는 이 모든 일들을 뇌에서 기록하고 있다는 것도 놀랍습니다.

일화기억의 기록은 해마가 담당하는데, 해마의 세포들이 순식간에 스쳐 지나가는 많은 사건들을 동영상으로 찍듯이 모두 기록했다가 동시에 앞뒤의 맥락이 말이 되게 하나의 정갈한 스토리로 인출해 내는 과정은 실로 놀랍습니다. 그리고 이런 해마의 스토리 구성 능력 덕분에 우리는 일상생활에서 일화기억의 인출이 꼭 필요한 다양한 활동에 전혀 어려움을 느끼지 않죠. 특히 친구나 동료와 점심시간에 떠는 수다에서 일화기억은 빛을 발합니다. 모두 자신이 경험한 사건들을 공유하는 것이 대화의 중요한 재료니까요. 직장에서의 회의나 미팅에서도 이전에 경험했던 여러 구성원들의 업무 경험이나 사건을 하나의 일관된 스토리로 정리하려는 노력이 이루어지는 것을 많이 볼 수 있습니다. 인류학자이자 베스트셀러 작가인 유발 하라리 Yuval Harari 는 인류가 짐승처럼 서로 약육강식의 논리로 자기 파괴적 멸종을 면할 수 있었던 가장 큰 이유가 종교, 돈, 국가 등과 같은 추상적인 틀을 통해 사회를 만들고 질서를 부여하고 모두가 이를 존중하고 따랐기 때문이라고 주장합니다. 그리고 이것이 스토리의 힘이라고 이야기합니다. 인간이 모두 믿고 따를 법한 스토리를 만들어 무질서와 혼돈을 극복했다는 것이죠.

나만의 맥락을 만들어가는 것

혹시 여러분의 생활이 무질서하거나 혼란스럽다고 느껴진다면 자기만의 확고한 '스토리 메이킹 story making'을 시작해 보세요. '나만의 맥락 형성'이라고 불러도 좋고요. 이것은 개인뿐 아니라 조직에도 똑같이 적용되는 원리입니다. 조직의 다양한 구성원들이 일심동체가 돼서 무엇을 하기 위해서는 모두가 인정하고 몰입할 수 있는 공통의 스토리가 있어야 합니다. 그럼 구체적으로 스토리 메이킹은 어떻게 하면 잘할 수 있을까요? 그냥 있었던 일을 시간 순서대로 쭉 나열해서 읊는 것은 기록이지 스토리 메이킹이 아닙니다. 영화로 치면 다큐멘터리 영화에 속한다고 볼 수 있겠죠. 제가 말하는 스토리는 영화로 치면 다큐멘터리보다는 극영화에 가깝습니다. 왜냐하면 극영화에는 내러티브narrative, 즉 감독이 주관적으로 강조하고 싶은 스토리가 더 강하게 들어 있기 때문입니다. 극영화에서는 특정 인물의 감정 변화가 영화에서 중요하다고 생각되면 자질구레한 사실적 요소들을 영화에 담지 못하는 한이 있더라도 그 감정선을 중심으로 전체 영화를 구성할 수도 있습니다. 이 스토리라인storyline이 수많은 사람들의 뇌를 사로잡아야 영화가 흥행하는 것이죠.

이처럼 스토리텔링에 뛰어난 뇌를 갖기 위해서는 평소 부단한 연습이 필요합니다. 아주 작은 것부터 실천해도 좋습니다. 마치 실에 형형색색의 구슬을 순서대로 꿰어 자신만의 독특한 패턴의 목걸이를 만들듯이 자신이 그날 겪은 특정 사건들을 자신만의 언어로 정리해서 꺼내보는 연습이 제일 중요합니다. 그냥 무덤덤하게 '아침에 눈을 떠서 평소와 같이 세수하고 양치질하고 아침 식사를 한 다음에 집을 나섰다'와 같이 일화기억을 인출하는 것은 흥미있는 스토리를 만드는 연습에 도움이 되지 않습니다. 매일 반복되는 루틴이지만 거기에서 뭔가 특별하게 느꼈던 부분이나 강조하고 싶은 부분을 찾아 나름 신선한 시각으로 스토리를 만들어 보면 좋습니다.

예를 들어 '오늘 아침에는 유난히 새벽부터 눈이 떠졌다. 이렇게 일찍 일어나는 사람들도 있다고 하는데 나는 왜 이렇게 일어나는 게 힘들까라는 생각에 좀 잠겼다. 그러다 시계를 보니 어느덧 시간이 출근 시간에 가까워져서 헐레벌떡 욕실로 달려가서 준비를 했다. 욕실에 너무 급하게 가다가 문 모서리에 발등을 찍었다. 정말 아팠지만 자는 식구들을 깨우기 싫어서 소리를 지를 수 없었다…'와 같이 자신이 겪은 사건에서 느낀 주관적인 감정을 섞어보세요. 누가 내 스토리를 들여다본다면 '그다음에 무슨 일이 있었을까? 또 무엇을 느꼈을까?'와 같은 궁금증이 생기도록 만들어 보는 것입니다. 결국 주의를 집중시키는 스토리란 사건 자체가 아니라 사건을 겪은 당사자가 경험한 감정이나 내면의 변화입니다. 그리고 그 사건의 경험이 어떤 기억을 떠올리게 하고 그로 인해 자신이 어떻게 달라져 가는지 등에 대한 자기 성찰이 결합되면 그 스토리는 더욱 흥미를 끌게 됩니다. 인간의 내면이 변화하는 역동성이 관건이죠.

기억에 스토리를 부여하는 글쓰기

사실 이런 훈련을 하기 가장 좋은 방법은 글쓰기입니다. 요즘은 글을 쓸 수 있는 곳이 많죠? 인스타그램 등의 SNS, 혹은 블로그 등을 활용하거나 아니면 공개하지 않는 메모나 어플 등 어디라도 좋습니다. 글을 쓴다는 것은 나의 기억에 스토리를 부여하는 좋은 훈련법입니다. 어떤 새로운 것을 학습할 때 늘 그렇듯이 경험한 일을 글로 옮기는 것이 익숙하지 않은 사람은 처음엔 멍하니 빈 컴퓨터 화면이나 백지 종이를 쳐다보기만 할 것입니다. 그도 그럴 것이 뇌에서 기억이 글씨로 쓰이기까지는 상당히 복잡한 정보처리 과정이 일어나야 하고 이는 충분한 연습을 통해 학습해야 하는 인지능력이기 때문입니다.

글을 쓸 때는 뇌에서 기억이 인출되는 동시에 이것이 언어를 처리하는 영역들에 의해 언어화되고 이 언어화된 정보가 다시 컴퓨터 자판을 두드리거나 펜으로 글씨를 쓰는 운동영역에 명령으로 전달되는 복잡한 과정을 거쳐야 합니다. 당연히 처음엔 삐걱거리고 마음처럼 잘되지 않는 게 정상입니다. 하지만 연습하다 보면 마치 서로 다른 기어들이 맞물려 돌아가며 기계가 부드럽게 움직이듯이 기억이 글로 자연스레 옮겨지는 경험을 할 수 있습니다. 분량이 짧은 글이라도 내가 다시 읽었을 때 혹은 다른 사람들이 보았을 때 주의 깊게 보게 되는 스토리 메이킹을 해보기 바랍니다. 이렇게 나만의 스토리텔링이 가능한 뇌는 세상을 보는 주관을 갖고 자기만의 독특함을 갖게 됩니다. 특히 이것은 다가올 AI 시대에 인간다움을 정의하는 중요한 자질 중 하나이기 때문에 글쓰기 연습은 미래에 대한 투자라고 생각해도 좋을 것 같습니다.

Point

뇌는 무질서에 질서를 부여하는 스토리텔링을 좋아합니다. 스토리를 잘 만드는 사람은 남들보다 엄청난 강점이 있죠. 나만의 스토리를 한번 구체적으로 만들어 보세요.

번아웃이 오기 전에
필요한 균형들

학습 시스템의 균형 잡기

독서를 좋아하는 사람이라면 누구나 한 번쯤은 들어봤을 법한 유명한 작가 중에는 정원 가꾸기에 심취했던 분들이 꽤 있습니다. 제가 아는 작가만 해도 독일의 헤르만 헤세^{Hermann Hesse}, 영국의 버지니아 울프^{Virginia Woolf}, 그리고 우리나라의 박완서 작가 등이 있습니다. 특히 저는 돌아가신 박완서 작가님 댁의 정원 마당에서 저녁을 먹으며 즐거운 시간을 보낸 추억이 있는데요. 여기저기 아기자기하게 가꿔놓은 각종 꽃나무와 마당에 시원하게 펼쳐진 잔디는 자연이 나를 보듬은 듯 평안함을 주는 공간 그 자체였습니다. 박완서 작가의 책《못 가본 길이 더 아름답다》중에 "해 뜨기 전에 흙과 풀이 가장 부드럽고 냄새도 좋다" 와 같은 구절에 잘 나타나 있듯이 마당의 정원을 만들고 가꾸느라 시간 가는 줄 몰랐던 이야기와 거기서 받은 교훈과 영감을 생생히 느낄 수 있었습니다. 노벨상 작가로 잘 알려진 헤세 역시 스위스의 작은 마을에 살며 집 앞에 갖가지 꽃과 포도나무 등을 심고 가꾼 것으로 유명합니다.

저도 미국에서 교수 생활을 할 때 정원이 있는 집에서 살았던 적이 있습니다. 처음 우리 가족이 살 집을 보러 다닐 때 유난히도 집 앞에 화려한 열대지방의 꽃들이 눈길을 끄는 집이 있었습니다. 뒷마당에도 꽃과 잔디밭이 아주 잘 가꿔진 정원이 있는 집이었죠. 서울에서 평생 아파트에만 살아서 그런지 당시에는 그런 집이 무척 마음에 들었습니다. 그래서 덥석 계약했죠. 하지만 남들이 아름답다고 느낄 만한 정원을 가꾼다는 게 얼마나 힘든 일인지 약 3년여 가까이 그 집에 살면서 아주 뼈저리게 느꼈습니다. 매일 잡초나 벌레와의 전쟁을 치러야 하고 때가 되면 어김없이 비료를 줘야 함은 물론이고 일주일에 적어도 한 번은 반드시 잔디를 깎아줘야 하는 등 내 시간의 최소 30퍼센트 이상은 꾸준히 할애해야 아름다운 정원이 유지됩니다. 물론 정원일을 배우며 차츰 익숙해지고 어느 정도 궤도에 들어서면 제때 해야 할 일을 규칙적이고 자동적으로 하게 되지만요. 그런데 이것이 몸에 배어 있지 않은 저 같은 초보자에게는 여간 힘든 일이 아닐 수가 없었죠.

정원 일의 절차적 학습

만약 지금의 로봇처럼 우리 뇌가 정해진 일만 하게 되어 있다면 정원 일을 규칙적으로 하는 데 아무런 문제가 없을 겁니다. 하지만 짜인 일만 계속하다 보면 우리는 어느 순간 지겹다고 느낍니다. 싫증이 난다고도 하고 귀찮다고도 하고, 표현 방식은 여러 가지일 수 있지만, 아무래도 우리 뇌는 같은 일을 반복하는 것을 잘 견디지 못하도록 설계된 듯합니다. 이것이 우리 뇌의 '절차적 학습procedural learning'이 특징입니다. 뇌의 선조체striatum를 비롯한 소뇌cerebellum와 운동피질 등이 복합적으로 달려들어서 반복되는 순서의 특정 '절차procedure'를 완벽히 학습하면, 거의 무의식적으로 해당 절차를 매끄럽게 수행할 수 있습니다. 예를 들어, 익숙해지면 잔디 깎는 기계를 창고에서 꺼내 잔디를 깎고 포대 자루에 담아서 처리한 뒤 다시 기계를 창고에 넣는, 복잡해 보이지만 나름대로 순서가 있는 일련의 절차를 무의식적으로 하게 됩니다. '곧 있을 딸아이의 생일 파티 때 무엇을 해줄까'와 같은 잔디 깎기와 전혀 상관없는 생각을 하면서도 뒷마당과

앞마당의 잔디 깎기 작업을 능숙하게 마칠 수 있죠. 이처럼 절차적 학습은 자동 수행력이 높습니다.

거장들은 정원 일을 하면서 무슨 생각을 했을까요? 아마도 매우 사소한 일부터 시작해서 작품에 대한 구상과 자연에 대한 생각, 삶에 대한 고민 등 작업실에서는 하기 어려운 여러 가지 랜덤한 생각과 상상의 나래를 펼쳤을 것으로 짐작합니다. 이들 작가에게 정원은 단순히 집의 마당을 예쁘게 가꾸는 공간이라기보다는 창작을 하느라 고갈된 정신적 에너지를 다시 흙과 식물로부터 재충전하는 충전소와 같은 곳이었을 겁니다. 이런 재충전 수단 없이 일에 매몰되다 보면 쉽게 에너지가 고갈된 느낌이 듭니다. 이렇게 에너지가 고갈된 상태를 흔히들 '번아웃^{burnout}'이라고 하죠.

배터리가 방전되는 원인

번아웃이 오면 심신이 지쳤다고 느끼고 의욕이 없는 상태가 됩니다. 무기력해지고 집중력도 떨어지고 감정적으로도 무뎌지면서 늘 하던 일에 대해서도 '이걸 해서 뭐 하나'와 같은 냉소적인 시각을 갖고 심지어 자기 비하에 빠집니다. 번아웃의 원인과 극복 방법은 아직도 학계에서 다양한 변인들을 추적하며 연구하고 있습니다만, 마치 유명 배터리 광고에 나오는 토끼 인형처럼 방전된 배터리를 어떻게 다시 충전할 것인가가 주요 쟁점입니다. 그리고 번아웃 방지의 핵심은 이렇게 배터리가 방전될 때까지 놔두지 않는 관리, 즉 우리 뇌의 에너지 관리가 핵심이겠죠.

뇌에서 에너지가 방전되는 기전을 보면 한 가지 시스템만을 혹사시키는 경우가 가장 흔합니다. 특히 에너지가 많이 사용되는 인지 작용을 담당하는 영역이 혹사되면 쉽게 번아웃으로 이어집니다. 해마가 주축이 되어 의식적으로 기억의 형성과 인출이 이루어지는 학습을 '서술적 학습$^{\text{declarative learning}}$'이라고 하죠. 일단 학습이 완성되면 기억의 인출이 무의식적으로 이루어져 에너지를 별로 쓰지 않는 절차적 학습에 비해, 서술적 학습은 기억이 형성된 이후 인출될 때도 의식의 작용이 필요하기 때문에 에너지를 상대적으로 더 많이 사용하게 됩니다. 따라서 해마의 주요 기능인 일화기억의 형성과 인출, 내비게이션 작동을 하는 공간에서의 위치 파악과 길 찾기, 사회적 상호작용 등을 잘 수행하기 위해서는 쓸 수 있는 에너지가 충분해야 합니다.

해마의 기능은 여기서 멈추지 않죠. 앞으로 벌어질 일에 대한 시뮬레이션과 상상, '마음 이론$^{\text{theory of mind}}$'이라고 부르는 다른 사람의 마음 상태에 대한 추측, 인간관계의 시뮬레이션과 계획 등 과거의 경험을 미래로 이어주기 위한 거의 모든 인지적 작용에 해마를 비롯한 뇌의 서술적 학습 시스템을 동원합니다. 흔히들 '정신노동'이라고 부르는 범주에 속하는 일들이죠. 특히 급박한 데드라인에 맞추거나 질적 우수성보다 양적 우수성을 달성하는 방식으로 해마 시스템을 혹사시키는 경우 이에 동반되는 스트레스는 쉽게 번아웃으로 이어집니다. 해마에는 특히 스트레스를 받으면 나오는 호르몬인 글루코코르티코이드glucocorticoid의 수용체가 다른 뇌 영역보다 밀집되어 있어 스트레스에 상당히 취약합니다. 특히 오랜 시간 동안 이어지는 만성 스트레스chronic stress는 해마의 기능을 위축하는 정도가 아니라 세포 자체를 죽일 수도 있어서 위험합니다.

해마 시스템을 사용할 때 에너지가 빨리 고갈되는 것은 스마트폰에서 동영상을 시청하거나 카메라 촬영을 많이 하면 배터리가 금방 닳는 것과 비슷합니다. 반대로 전자책을 읽는 등의 활동은 스마트폰 배터리를 별로 많이 잡아먹지 않는데, 이는 우리 뇌에서 절차적 학습 시스템이 무의식적으로 에너지를 쓰지 않고 일을 하는 상황과 비슷합니다. 자신의 업무나 일에 서술적 학습 시스템을 집중적으로 동원해야 하는 사람들이 해당 업무나 일을 번아웃 없이 꾸준히 잘하기 위해서는 이른바 재충전을 통한 에너지 보강이 매우 중요합니다. 박완서나 헤르만 헤세는 이런 재충전의 수단으로 정원 가꾸기를 선택한 것이죠. 재충전을 위한 활동은 당연히 서술적 학습 시스템을 더 요구하는 활동이 아니어야 합니다. 오히려 서술적 학습 시스템과 어떤 면에서는 상극이라고 할 수 있는 절차적 학습 시스템을 최대로 활용하는 활동이 가장 좋을 것입니다.

서술적 학습 시스템이 제대로 쉬려면

문제는 절차적 학습도 절차를 배우는 첫 과정에는 상당히 의식적인 노력이 필요하다는 것입니다. 서술적 학습 시스템을 쉬게 해주려고 절차적 학습 시스템을 가동해야 한다고 합시다. 그러면 절차적 학습 시스템이 무의식적으로 에너지를 거의 쓰지 않고 푹 빠져들어 자동으로 기억을 술술 재생하는 활동이 이상적이겠죠. 그렇지 않고 반대로 절차를 배우느라 피곤할 정도로 에너지를 써야 한다면 그 효과를 제대로 볼 수 없습니다. 이것이 바로 업무에 지친 부하 직원에게 좋은 취미 생활이 있다며 같이 하면서 머리를 좀 식히자고 권유했다가 오히려 부하 직원에게 더 피곤함을 가중시켜 원망을 살 수도 있는 이유입니다. 상사인 본인에게는 절차적 학습이 끝나 서술적 학습 시스템이 쉴 수 있는 무의식적 해방의 시간이겠지만, 이를 처음 배워서 해야 하는 부하 직원에게는 절대 서술적 학습 시스템이 쉴 수 있는 시간이 아니기 때문이죠.

서술적 학습 시스템이 쉬어야 할 때, 바로 무의식적이고 자동적으로 절차적 학습 시스템이 가동되기 위해서는 익숙한 취미나 루틴이 자신의 뇌에 탑재되어 있어야 한다는 것을 알 수 있습니다. 악기 연주, 스포츠, 댄스, 꽃꽂이, 정원이나 텃밭 가꾸기, 목재 가구 만들기, 뜨개질, 낚시, 레고 조립 등등 종류는 무궁무진합니다. 무엇이 되었든 몇 시간이고 무아지경이 될 정도로 내 몸이 알아서 물 흐르듯 이어갈 취미 활동을 여러분은 하고 있나요? 물론 이런 활동을 직업으로 하는 분께는 이 활동 자체가 번아웃의 원인이 될 수도 있으므로 예외입니다. 그분들은 반대로 서술적 학습 시스템을 활용하는 독서와 같은 취미를 가지면 좋겠죠.

두 학습 시스템의 적절한 균형

무엇이 되었든 필요할 때 서술적 학습 시스템과 절차적 학습 시스템을 자유자재로 교대 근무를 시키기 위해서는 상당한 훈련과 준비가 필요합니다. 우리가 잘 아는 물리학자의 대표 격인 알베르트 아인슈타인Albert Einstein은 어렸을 때 음악을 사랑한 어머니의 권유로 바이올린을 배우기 시작했는데 처음엔 딱히 흥미를 못 느끼다가 10대 때 모차르트의 음악을 접하면서 본격적으로 열심히 배웠다고 합니다. 이론 물리학이라는, 서술적 학습 시스템을 혹사해야 하는 분야의 과학자가 해당 시스템을 헐렁하게 만들어 뇌가 쉴 수 있는 확실한 절차적 학습 시스템을 찾은 것이 바로 바이올린 연주였겠죠.

이처럼 특히 어렸을 때 악기 연주나 스포츠를 배워 두면 성인이 되어 서술적 학습 시스템과 절차적 학습 시스템의 교대를 통한 번아웃 방지 효과를 극대화할 수 있습니다. 이러면 당연히 개인의 생산성은 덤으로 올라가겠죠. 하지만 꼭 어렸을 때 취미 활동을 학습하지 않았더라도 성인이 되어서도 뇌의 가소성을 믿고 꾸준히 노력하면 얼마든지 두 학습 시스템 간의 교대 근무를 자신이 컨트롤할 수 있습니다.

중요한 건 지금이라도 시작하는 것입니다. 그동안 한두 번 시도하다가 흐지부지된 취미가 있다면 이번 기회에 다시 한번 도전해 보고, 이미 취미가 있긴 하지만 싫증을 느끼고 재미가 없어졌다면 또 다른 취미를 찾아 도전해 보세요. 아무리 바쁘게 일상에 쫓기며 살더라도 가끔은 멈춰 서서 내 삶에서 어떤 밸런

스가 필요한지 살피는 지혜를 가지길 바랍니다.

Point

뇌에서 에너지가 방전되는 주요 원인은 한 가지 시스템만 혹사시키는 데 있습니다. 정신노동이 드는 것과 아닌 것을 번갈아 하는 균형이 필요합니다.

멍하게 있는
시간의 효과

디폴트 모드 쓰기

'멍때리기 대회'가 매년 서울의 한강 공원에서 열리는 것을 알고 있나요? 2014년에 아티스트 웁쓰양으로 알려진 김진아 씨가 기획해서 처음 열린 이래, 2025년 올해로 8회째를 맞이했다고 합니다. 대회 규칙은 매우 간단합니다. 90분 동안 움직이거나 말을 하는 것이 금지되고 가만히 그야말로 '멍하게' 앉아 있어야 합니다. 바쁜 현대인들이 모여 사는 서울이라는 곳에서 멍하게 아무것도 하지 않고 앉아 있는 사람들을 보는 것은 묘한 대조를 느끼게 합니다. 이 행사의 기획의도는 아무것도 하지 않는 시간도 가치가 있다는 것을 알리기 위해서였다고 하죠. 멍때리기 대회뿐 아니라 움직이지 않는 상태에서 마음을 고요하게 만들고자 하는 인간의 행위는 교회에서 무릎을 꿇고 하는 기도나 불교에서 깨달음을 얻기 위해 하는 참선과 명상 등 인류 역사상 여러 종교와 일상에서 다양한 형태로 나타납니다.

이렇게 멍하게 있는 시간이 우리에게 꼭 필요할까요? 얼핏 생각해 보면, 하루는 24시간이고 그중 일할 수 있는 시간은 3분의 1인 8시간, 아주 일이 많다면 12시간 정도겠죠. 잠깐 사무실 밖으로 나와서 멍하게 앉아 쉬고 있는 부하 직원에게 상사가 와서 '1분 1초가 아까운데 이럴 시간이 있느냐'라고 하며 빨리 다시 자리로 돌아가서 일하라고 한다거나, 고3 수험생에게 부모님이나 선생님이 비슷한 말을 하는 경우를 경험했거나 본 적이 있을 겁니다. 실제로 요리나 노래 등 여러 재주를 겨루는 TV 경연 프로그램을 보면 주어진 시간 안에 시간을 낭비하지 않고 해야 할 것들을 하면서 목표한 바를 달성하느냐로 그 사람의 능력을 판단합니다. 스포츠 경기에서도 대부분 주어진 시간 안에 쉬지 않고 움직이는 것을 최고의 가치로 여깁니다. 이렇게 현대인은 자신에게 주어진 시간을 바쁘게 여러 활동으로 꽉꽉 채우면 유능한 사람으로 인정받는 세상에서 살아가고 있습니다.

뇌의 기본 모드란

아마도 사람들 대부분은 이런 바쁜 상태가 우리 뇌가 가장 효율적으로 작동하는 상태라고 생각하기 쉽습니다. 즉, 뇌가 외부로부터 들어오는 온갖 감각 정보를 받아들이면서 이를 실시간으로 처리해서 학습하고, 그에 부합하는 기존의 정보를 기억해내고, 이를 바탕으로 의사결정을 하고, 그 후 또 무언가를 느끼고 하는 식의 정보처리가 끊임없이 일어나는 상태가 뇌의 기본적인 작동 모드라고 생각하는 경향이 강합니다. 그러다가 아무 정보도 처리하지 않는 것처럼 보이는, 멍하게 앉아 있는 사람을 보면 어디가 아프거나 걱정이 있다고 생각하기 쉽죠.

하지만 뇌과학 연구에서 인간의 뇌는 적절한 휴식이 필요하다는 점을 강력히 시사합니다. 쉴 때도 특히 아무것도 하지 않고 멍하니 있는 상태, 마치 바람이 불어오면 바람을 타고 날아가는 나뭇잎처럼 마음이 자유롭게 떠돌아다닐 수 있도록 내버려두는 시간이 뇌의 인간다움을 유지하는 데 꼭 필요하다고 봅니다. 외부 세계의 자극을 받아들이며 순간순간 일어나는 일들을 놓치지 않고 바쁘게 정보처리를 하던 상태에서 이처럼 뇌로 들어오는 입력을 차단하고 뇌를 느슨하게 풀어주어 '뇌만의 시간'을 가질 때 오히려 더 활성화되는 일련의 뇌 영역들을 뇌인지과학에서는 '디폴트 모드 네트워크default mode network'라고 부릅니다. 뭔가 바쁘게 외부 입력이 들어오고 이에 대한 정보처리가 일어나는 상태가 디폴트 모드여야 할 것 같은데, 오히려 외부로부터의 정보 입력을 차단한 상태가 디폴트 모드라는 것이 생소하게 느껴지죠?

우리 뇌의 디폴트 모드 네트워크를 구성하는 영역에는 내측 전전두 피질, 후대상 피질posterior cingulate cortex, 하두정 피질inferior parietal cortex, 해마 등 여러 영역이 있습니다. 이 디폴트 모드 네트워크는 2000년대 초에 인간의 뇌가 아무런 외부 자극을 처리하지 않는 기저상태baseline를 궁금해하던 학자에 의해 처음 학계에 보고되었습니다. 디폴트 모드 네트워크는 사람이 휴식을 취할 때, 특히 주변에서 누가 불러도 모를 정도로 넋을 잃고 멍하게 있을 때 활발히 작동하는 것으로 알려져 있습니다. 이는 우리가 의식의 줄을 놓고 완전 무의식 상태가 되는 마취 때나 잠을 잘 때와는 또 다른 무의식 상태로, 깨어 있는 상태에서 일시적으로 무의식적 상태로 들어간 것을 의미합니다. 여기서 무의식이라는 표현을 쓴 것은 외부에서 감각기관을 통해 뇌로 입력되는 자극들이 뇌에서 전혀 접수되지 않기 때문입니다.

✳

마치 바람이 불어오면
바람을 타고 날아가는 나뭇잎처럼
마음이 자유롭게 떠돌아다닐 수 있도록
내버려두는 시간은 뇌의 인간다움을
유지하는 데 꼭 필요합니다.
바쁘게 외부 입력에 대한
정보처리가 일어나는 상태가 아니라
정보 입력을 차단한 상태가
'기본 모드'입니다.

뇌의 재정비를 위한 브레이크 타임

디폴트 모드 네트워크에 대해서는 아직 연구가 한창 진행 중입니다만, 이것이 활성화되면 이른바 인간다움을 구성하는 데 매우 중요한 다양한 인지적 작용이 향상된다는 연구 결과가 속속 보고되고 있습니다. 몇 가지 예를 들면, 디폴트 모드 네트워크를 통해 나에게 일어난 일회성 사건을 기억하는 일화기억을 더 잘할 수 있고, 상상력이 더 좋아진다는 보고가 있습니다. 또한 다른 사람과의 관계에서 중요한 사회적 인지social cognition가 향상되고, 뇌의 정보처리가 제대로 된 것인지 점검하는 자기 성찰self-reflection이 더 잘 이루어진다고 합니다. 이 밖에도 학습으로 형성된 기억들의 정리와 통합, 그리고 이 시점 이후로 어떻게 행동할 것인지에 대한 시뮬레이션과 계획 등이 더 잘된다는 보고도 있습니다.

뇌가 바쁘게 외부환경을 받아들이는 상태가 아니라 이를 차단하고 멍하게 있는 상태가 왜 디폴트 모드라고 정의되었을까요? 이는 지금의 AI와는 다른 우리 뇌의 독특한 작동 방식 때문입니다. 24시간 동안 우리 뇌의 작동 모드를 크게 두 가지로 나누어 보면 외부 세계를 적극적으로 받아들이며 바깥세상에서 무슨 일이 일어나는지 모니터링하고 처리하는 모드가 있고, 외부 세계로부터 들어오는 자극을 차단하고 그때까지 받아들인 정보의 의미를 되새겨 보고 정보의 조각들을 서로 연결하는 작업을 하는 모드가 있습니다. 마치 음식점이 점심시간에 밀려오는 손님들로부터 주문을 받아 바쁘게 음식을 만들어 내다가 오후 3시에서 5시 사이에는 문을 닫고 가게를 좀 정리하는 시간, 즉 브레이크 타임을 갖는 것과 흡사합니다. 이때 음식점에서는 점심시간에 바쁘게 일하느라 어지러워진 주방과 홀을 정리하고 그동안 음식을 만드느라 재료를 얼마나 썼는지를 점검하죠. 그래야만 다시 저녁 시간에 문을 열었을 때 밀려들 손님들의 주문을 잘 처리할 수 있기 때문입니다.

우리 뇌도 이렇게 외부의 자극들이 들어오지 못하게 문을 닫은 시간에는 내부를 정리합니다. 기존의 인지모델에 끼워 넣을 수 있는 정보는 새로운 정보로 분류하지 않고 최대한 기존 모델에 연결하고, 도저히 그것이 안 되는 새로운 정보는 새로운 모델을 만들거나 하는 방식으로 구분하며 모델을 업데이트하는 시간을 갖는 듯합니다. 이 시간은 뇌에 있어 매우 소중합니다. 왜냐하면 이때 뇌는 외부환경에서 들어올 때 서로 연결되지 않던 자극들을 서로 연결함으로써 미처 생각하지 못했던 '관계'를 만들어 내기 때문입니다. 집에서 샤워를 하다가 혹은 회사에서 문서를 스캔하는 단순노동을 하다가 갑자기 좋은 아이디어가 번뜻 떠오른 경험이 있을 겁니다. 마치 편지를 넣어 바다에 던진 유리병이 조류를 타고 파도에 밀려 아무도 예측하지 못했던 누군가에게 닿듯이, 평소에 쉽게 연결되기 어려운 정보의 조각들이 멍하게 있는 순간 디폴트 모드 네트워크에서 관계를 맺는 것이죠. 여러분도 미처 생각하지 못했던 것을 떠올리고 싶거나 새로운 아이디어가 필요하다면 외부 세계와 단절되는 시간을 가져보세요. 분명 도움이 될 겁니다.

뇌과학 연구에 따르면, 멍하게 있는 시간은 이렇게 창의적인 연결을 만들어 낼 뿐만 아니라 그때까지 학습한 내용을 분류해서 중요하게 기억해야 할 내용과 그렇지 않은 내용을 추리고, 중요한 내용은 망각하지 않을 형태의 기억으로 전환하기 위해 일련의 정보처리를 하는 시간입니다. 그래서 시험을 대비할 때 벼락치기로 많은 정보를 짧은 시간에 휴식도 없이 뇌 속에 집어넣으면 시험을 잘 보는 데 별로 효과가 없는 것입니다. 특히 단순 암기가 아니라 생각을 좀 해서 지식을 응용해야 하는 시험 과목이라면 벼락치기는 전혀 도움이 안 됩니다. 뇌가 학습한 지식을 분류하고 정리할 시간이 없었기 때문입니다. 그래서 뇌과학의 학습 연구 분야에서는 학습을 한 뒤에는 주기적으로 쉬어야 학습의 효율이 훨씬 높다고 강조해 왔습니다. 이 밖에도 멍하게 있는 시간은 뇌에 축적된 스트레스를 완화해 주고 실타래처럼 얽힌 감정선을 바로잡아 정리해서 좀 더 정서적으로 안정된 상태에서 일상생활을 이어가게 해줍니다. 또한 집중력 개선에도 효과가 있다는 보고가 꽤 있죠. 이렇게 잠시 멍하게 있는 행위는 명상과도 비슷하지만 수련이 필요한 명상과 달리 일상생활에서 가볍게 할 수 있어 '마음 챙김^{mindfulness}'으로 유행하기도 했습니다.

꼭 가만히 있어야 하는 건 아니다

여기서 흔히 하는 오해를 바로잡고자 합니다. 한강에서 벌어진 멍때리기 대회의 규칙에도 나와 있듯이 보통 멍하게 있는 상태라고 하면 정말 아무것도 안 하고 부동자세로 가만히 있는 것을 의미한다고 생각하는 것 같습니다. 물론 '멍때리기'라는 말 자체는 그런 자세를 의미하는 것이 맞을 수 있습니다. 그러나 뇌의 디폴트 모드 네트워크 작동이 꼭 몸을 절대 움직이지 않아야 함을 의미하는 것은 아닙니다. 오히려 아주 기계적으로 몸이 반복될 수 있게 훈련된 움직임을 물 흐르듯 하는 것이 디폴트 모드 네트워크를 더 쉽게 가동하는 방법일 수 있습니다. 우리 뇌는 절차적 학습 시스템을 가동하면 뇌가 무의식적으로 돌아가고 외부로부터 입력되는 정보에 대한 처리를 멈추기 때문입니다.

빨래를 개거나 설거지를 하거나 샤워를 하는 등의 일상생활의 루틴도 모두 절차적 기억을 써야 하므로 멍한 상태 유지법의 좋은 예입니다. 물론 악기 연주를 푹 빠져 하거나 낚시터에서 찌만 바라보고 무아지경 상태에 있는 등 취미 생활을 이용한 방법도 있겠죠. 형식과 절차에 구애받을 필요 없이 나의 뇌가 통제에서 벗어나 그저 마음 가는 대로 흘러 다닐 수 있는 나만의 방법을 찾으면 됩니다. 제 경우는 벽에 걸려 있는 기타들을 하나씩 꺼내서 줄을 새로 갈고 정비를 하고 나서 기타를 연주할 때, 헬스장에 가서 아무 생각 없이 정해진 운동을 할 때, 혹은 어항 속 물고기들이 움직이는 것을 멍하게 바라볼 때 그런 상태가 잘되는 것 같습니다. 아마 동굴 속에 살던 원시인들은 모닥불을 보면서 디폴트 모드 네트워크를 활성화했을지도 모르죠.

미래에 더 단순노동이 필요한 이유

한 가지 재밌는 것은 앞으로 AI와 휴머노이드로봇 기술이 더욱 발달하면 빨래를 개거나 청소를 하는 등의 단순노동을 로봇이 모두 대신하게 되어서 인간은 더 이상 이런 단순노동에 시간을 낭비(?)하지 않게 될 것이며, 그 시간에 좀 더 창의적인 일에 집중할 수 있을 것이라고 말하는 미래 예언가들이 있다는 사실입니다. 뇌과학자로서 저는 이런 예측은 빗나갈 것이라고 봅니다. 오히려 뇌는 창의적으로 작동하기 위해 이런 단순한 작업이 꼭 필요하기 때문에 오히려 AI 로봇이 해도 되는 아주 단순한 일을 찾아서 더 하려고 하는 트렌드가 생길지도 모릅니다. 역설적이지만 인간의 뇌는 그렇게 진화해 왔고 AI가 발전한다고 해서 쉽게 변하지 않습니다.

따라서 여러분은 가끔씩 뇌라는 자전거의 핸들을 잠시 놓았다가 다시 잡을 수 있는 나만의 방법을 열심히 훈련하기 바랍니다. 온몸에 힘을 준 채, 핸들을 꽉 잡고 있으면 자전거를 오래 탈 수 없으니까요. 다만, 지금의 AI가 환각hallucination을 경험하듯이 외부 세계와의 연결을 너무 오래 차단하고 있으면 지나친 상상으로 인해 인지모델이 너무 현실과 동떨어지게 됩니다. 자전거의 핸들을 너무 오래 놓고 페달을 천천히 밟으면 결국 옆길로 가다가 비틀거리며 넘어지게 되는 것처럼 말이죠. 따라서 열심히 핸들을 잡아야 할 때는 잘 잡고 필요할 때는 잠깐 핸들을 놓고 페달에서 발을 떼었다가 다시 적절한 타이밍에 핸들을 잡는 등 뇌의 주인 역할을 제대로 하는 게 중요함을 꼭 기억하면 좋겠습니다.

---- **Point** ----

뇌는 멍하게 있는 때가 기본 모드입니다. 그 시간에 비로소 여러 정보 조각들이 '관계'를 맺습니다. 창의성을 위해서는 오히려 단순한 작업이 필요합니다.

궁금증이 만드는
가능성에 대하여

호기심 유지하기

뇌의 아주 깊숙한 곳의 시상하부 hypothalamus와 시상 thalamus이라는 두 구조 사이에 불확정구역 zona incerta이라고 불리는 영역이 있습니다. 'zona incerta'라는 말 자체가 '확실하지 않은 영역'이라는 의미이니 재미있는 해부학적 명칭입니다. 이름에 나타나 있듯이 이 영역이 정확히 무슨 역할을 하는지 아직은 잘 모릅니다. 그러던 중에 2021년 네덜란드 신경과학 연구소에서 〈사이언스 Science〉라는 유명한 과학 잡지에 재미있는 연구 결과를 발표했습니다.

실험은 간단합니다. 생쥐에게 새로운 물체와 이미 익숙해진 물체 모두에 접근할 수 있게 하고, 그중 어떤 물체와 시간을 더 많이 보내는지 관찰했습니다. 이럴 경우 대개 사람을 비롯한 동물은 호기심이 발동해 새로운 물체를 탐색하는 데 더 많은 시간을 보냅니다. 그런데 연구팀이 뇌의 불확정구역을 인위적으로 자극했더니 자극하지 않은 정상 쥐에 비해 자극을 받은 쥐는 새로운 물체를 더욱 많이 탐색하는 행동을 보였고, 해당 영역을 억제시켰더니 새로운 물체를 그렇게까지 샅샅이 탐색하지 않는 것이 관찰되었습니다. 이 연구가 특별한 점은 불확정구역을 자극하면 나타나는 생쥐의 탐색 행동이 단순히 배가 고프거나 특정 욕구를 채우기 위해 하는 탐색과 달리 더욱더 깊고 철저하게 탐색하는 양상으로 나타난다는 것입니다. 그래서 저자들은 이것이 바로 동물이 '호기심'을 발동하여 탐색하는 행동이라고 정의했습니다.

호기심의 보상 효과

아마 여러분도 뇌가 호기심에 이끌려 무언가를 탐구하면 시험에 나올 것도 아닌데 학습한 모든 것이 아주 오랫동안 기억에 남아 있는 경험을 해본 적이 있을 겁니다. 실제로 사람을 대상으로 한 연구에서도 호기심이 높은 상태일 때 학습한 내용이 훨씬 잘 기억된다고 알려져 있습니다. 뇌과학자인 차란 란가나스$^{Charan\ Ranganath}$의 2014년 연구에 따르면, 호기심이 발동하여 무언가 예측하는 활동이 나타날 때 우리 뇌의 깊은 곳에 자리 잡은 측좌핵$^{nucleus\ accumbens}$이라는 영역이 매우 활발히 활동합니다. 측좌핵은 여러분이 잘 알고 있는 신경전달물질^{neurotransmitter}인 도파민^{dopamine}을 이용하여 보상이 주어질 것만 같은 좋은 일에 뇌의 자원을 더 투입하는 일을 합니다.

이와 같이 호기심은 우리 뇌의 '보상회로$^{reward\ circuit}$'를 작동시킴으로써 특정 대상을 깊이 있게 탐구하게 하고 그 대상에 대한 정보를 얻는 것 자체를 보상으로 느끼게 합니다. 보상회로가 작동하는 것이므로 마치 누가 내게 시킨 일을 한 뒤에 그 대가로 보상을 받는 것과 비슷합니다. 다만, 호기심이 가는 대상을 학습하여 무언가를 알게 되면 이것은 내적 보상$^{internal\ reward}$이 이루어졌다고 하고, 내적 보상은 돈이나 다른 사람의 칭찬과 같은 외적 보상$^{external\ reward}$보다 더 오래 효과를 발휘하며 더 직접적인 보상 효과가 있습니다.

이처럼 뇌는 내적 호기심으로 무언가를 알고 싶어서 그 대상에 매달릴 때 비로소 진정한 성능을 발휘합니다. 호기심이라는 순수하고 강력한 학습의 연료가 공급되는 상황에서 다른 어떤 보상과도 비교하기 어려운 퍼포먼스를 보이는 것이죠. 누군가 만약 외적 보상 때문에 학습을 한다면, 보상을 받고 나면 학습은 종료될 겁니다. 또, 외적 위협을 피하기 위해 학습을 한다면, 그 위협을 피한 뒤에는 더 이상 학습이 일어나지 않겠죠. 하지만 쉽게 해소되지 않는 호기심은 계속해서 무언가를 찾아다니게 만듭니다.

착취와 탐험 사이

호기심 기반 학습을 계속해야 하는 이유를 학습 알고리즘으로 설명할 수도 있습니다. 예를 들면, 인공지능의 학습 알고리즘 중 강화 학습reinforcement learning이라는 것이 있습니다. 이것은 쉽게 말하면 어떤 선택으로 보상이 생길 것이라고 예측했는데 실제로 보상이 주어지면 해당 선택을 이끌어 낸 정보처리를 강화하고, 만약 그 예측으로 손해를 보면 그와 관련된 정보처리를 약화하는 알고리즘입니다. 우리 인간을 비롯한 대부분의 생명체는 이런 강화 학습 알고리즘을 탑재하고 있다고 할 정도로, 이처럼 환경에 적응하며 살아가야 하는 생명체에게 강화 학습은 강력한 학습 알고리즘입니다.

그런데 강화 학습을 하는 학습자가 자신이 학습한 것만으로 계속해서 안정된 상태로 살아갈 수 있으면 이를 착취exploitation 상태라고 합니다. 착취라는 어감이 좋지 않게 느껴진다면 현상 유지라고도 표현할 수 있습니다. 쉬운 예를 들면, 어떤 음식점에 가서 맛있게 먹은 기억이 있는 사람이 이후로는 그 음식점만 계속 가는 상태가 현상 유지 상태라고 할 수 있습니다. 한 음식점만 계속 가면 괜히 새로운 곳을 시도했다가 맛없는 음식을 먹는 안 좋은 경험을 할 필요가 없어서 좋긴 하죠. 하지만 현상 유지만 하면 지금 가는 음식점보다 더 맛있는 곳을 발견할 가능성은 없겠죠.

새로운 음식점을 시도했는데 계속 가던 곳보다 훨씬 맛있는 데를 발견하면 큰 보상이 주어지는 것이기 때문에 그 유혹을 뿌리치기 어렵습니다. 그래서 자신이 늘 하던 루틴에서 벗어나서 새로운 음식점을 시도해 보는 것을 강화 학습에서는 탐험exploration 상태라고 합니다. 이러한 현상 유지 상태와 탐험 상태가 적절히 조화되어 학습 알고리즘이 작동하면 이상적인 학습 알고리즘이라고 할 수 있습니다. 인공지능 분야에서도 현상 유지 상태에서 벗어나서 새로운 것을 시도해 보게 하려고 인공지능 알고리즘에 일종의 기계적 '호기심'을 심어주었더니 인공지능 학습에 큰 개선을 가져온 것을 확인할 수 있었습니다.

너무 궁금해서 하는 일

그렇다면 내가 무언가를 학습할 필요가 있을 때 가장 먼저 해야 할 준비 작업은 무엇일까요? 당연히 내가 학습할 대상에 대해 호기심이 충만하도록 해야겠죠? 호기심이 높다면 제대로 학습할 준비가 된 것이고, 그렇지 않다면 노력만 많이 들고 남는 것은 별로 없는 활동으로 전락할 가능성이 높습니다. 저 같은 과학자에게는 호기심이 연구를 하기 위한 연료와 같은 것입니다. 과학자가 위대한 발견을 해서 인류가 당면한 문제를 해결하고 영웅이 되는 스토리는 영화나 책에서 수없이 볼 수 있지만, 현실 세계에서 과학자가 실험을 하고 연구를 하는 근본적인 동기는 '너무 궁금해서'입니다.

과학자의 호기심은 사실 어린아이가 새로운 물건을 보면 자신의 것도 아닌데 이것저것 만져보는 행위와 다를 바 없습니다. 그저 궁금해서 닥치는 대로 이것저것 관찰하는 행위가 특별히 훈련된 방식으로 이루어지면 그것을 과학적 탐구라고 표현할 수 있죠. 만약 뇌가 선천적으로 호기심을 강하게 느끼는 무언가만 하고 살 수 있다면 그 사람은 자연스럽게 모든 학습에 진심이 될 겁니다. 그리고 학습의 대상을 속속들이 이해하기 위해 열심히 노력할 수밖에 없겠죠. 자신이 평생 하면서 살아가야 하는 직업은 이처럼 호기심을 선천적으로 자극하는 무언가와 관련 있는 것이 가장 이상적일 것입니다. 이를 '천직'이라고도 하죠.

제가 지금 뇌인지과학을 연구하는 것도 이 학문이 저의 호기심을 가장 크게 자극한 순간 덕분이었습니다. 전공에 재미를 붙이지 못해서 1학년을 마치고 군대에 다녀와 복학했을 때 지금은 정년 퇴임하신 이춘길 교수님의 연구실에 있었습니다. 그때 고양이의 '상구 superior colliculus'에 있는 뇌 영역의 세포들이 고양이가 안구를 움직이는 운동을 함과 동시에 '부르르' 내는 소리를 들었는데 그것 때문에 호기심을 갖고 시간 가는 줄 모르고 계속 지켜봤던 기억이 생생합니다. 그 이후로 줄곧 뇌세포가 활동할 때 소리가 나는 이유와 여러 가지 재미있는 뇌인지의 과학적 지식과 기술을 배우면서 이 공부에 점점 빠져들어 여기까지 온 것 같습니다. 사실 지금 생각해 보면 대학원에서 뇌인지과학을 배워서 나중에 무엇을 해서 밥벌이를 할지 전혀 생각하지 않고 그냥 재미있어서 실험실에서 살다시피 했던 것 같습니다.

아직 자신이 하고자 하는 일을 찾아가고 있는 사람이라면 자기 뇌의 호기심이 강하게 발동하는 분야나 대상을 찾기 위해서 이것저것 경험해 보는 게 필요합니다. 세상의 여러 곳을 돌아다니며 다양한 일들을 겪고 많은 사람들을 만나보다가 우연히 자신의 뇌가 무언가에 끌리는 경험을 하면 이 사건을 계기로 깊이 있는 탐구의 대상을 발견할 수 있습니다. 호기심에 이끌려 학습한다는 것은 단순히 무언가를 보고 신기하다 혹은 새롭다고 일회성으로 느끼는 것과는 구별해야 합니다. 내 눈앞에서 펼쳐질 때는 신기하고 새로울지라도 돌아서면 금방 잊히는 무언가가 있는가 하면, 계속해서 머릿속을 떠나지 않으며 다음에 또 그 대상을 경험하고 싶게 만드는 무언가도 존재합니다. 후자가 바로 자신의 뇌가 자연스럽게 깊이 있는 학습을 할 수 있는 대상이겠죠. 이러한 자신의 '호기심 코드'를 발견하기 위해서는 다양한 경험에 열린 마음이 필요합니다.

호기심과 일치하는 일을 하고 있지 않더라도

누구나 자신의 선천적 호기심을 극도로 자극하는 경험을 해보고 이를 충족시켜 주는 일을 하며 살 수 있다면 얼마나 좋을까요? 이런 삶을 목표로 해야겠지만 우리는 좀 더 현실적인 상황에도 답을 가지고 있어야 합니다. 아마도 자신이 정말 호기심을 갖고 있는 분야가 있지만 생계를 위해서 돈을 더 많이 벌 수 있는 일을 하며 살고 있다든지, 아니면 호기심과 일치하는 일을 하고 있지만 아무리 노력해도 경쟁에서 항상 뒤처져서 점점 일

자체가 재미없어졌다든지 하는 상황들이 있을 것입니다. 특히 대학을 졸업하자마자 젊은 시절에 회사에 취직하거나 조직에 매인 몸이 되면, 그만큼 세상을 골고루 탐색하며 나의 호기심이 어디서 가장 극대화되는지 발견하는 건 어려우니까요.

하지만 현실의 제약을 탓하고만 있기엔 우리의 인생은 너무도 짧고 소중합니다. 따라서 나이를 불문하고 주어진 상황에서 자기 뇌의 호기심 센터를 가장 잘 자극해 주는 '나만의 호기심 코드'를 발견하고 그에 맞는 재능을 발굴하고 사용하려고 부단히 노력해야 합니다. 현재 직업이 무엇이든 간에 이는 나의 뇌가 일정 수준의 활력을 유지하는 데 매우 중요하거든요. 뇌는 호기심이라는 당근을 먹고 힘을 얻어 달리는 말과 같다고 할까요?

계속해서 호기심을 말에 비유하자면, 어린 시절과 청년기의 호기심은 야생마에, 그리고 중장년기의 호기심은 경주마라고 할 수 있겠습니다. 나이가 들면 들수록 말은 길들고 순해질 것입니다. 그리고 노년기에 접어들면 달리고 싶어 하지 않고 그저 마구간에서 풀을 뜯거나 제자리에서 돌아다니는 게 전부일지도 모릅니다. 만약 회사에 다니는 직장인이라면 늘 반복되는 업무에 지쳐 호기심이라는 단어 자체를 들어본 지도 오래일 수 있겠죠. 그야말로 늘 같은 코스를 도는 관광지의 지쳐 보이는 말과 같습니다. 그렇다면 어떻게 해야 우리 뇌 속의 호기심이라는 말을 다시 탐험의 세계로 달리게 할 수 있을까요?

심리적 안전지대 벗어나기

일단 자신이 지금까지 경험적 학습을 통해 뇌에 탑재해 놓은 갖가지 모델들이 잘 설명하지 못하고 예측하지 못하는 변화된 환경을 경험하는 것이 중요합니다. 새로운 것을 자주 보고, 새로운 일을 하는 사람들을 자주 만날 기회를 만들고, 새롭게 나온 물건을 자주 써봐야 합니다. 이렇게 하면 이른바 자신의 심리적 안전지대 comfort zone를 조금씩 벗어나 볼 수 있습니다. 그러다 보면 뇌는 자연스럽게 호기심 수준을 어느 정도 수준으로 유지할 수 있습니다. 주변에 자꾸만 새로운 무언가가 튀어나오니까요.

그런 환경 속으로 자신을 던지거나 그런 환경이 자신에게 찾아오면 뇌는 알아서 호기심의 수준을 그 환경에 맞게 조정합니다. 인간의 뇌는 변화가 심한 환경에도 적응할 수 있는 능력이 있으니까요. 물론, 뇌의 호기심 수준을 조절하게 만드는 환경이 어떤 것인지는 사람마다 다를 수 있겠죠. 하지만 그 환경은 뇌가 과거의 경험만으로도 편안하게 다룰 수 있는 일들과 과거의 경험만으로는 대응하기 어려운 새로운 일들이 적절히 조화롭게 일어나는 환경일 것입니다. 여러분도 일상에 약간의 새로움을 양념처럼 매일 조금씩 뿌려준다면 뇌는 호기심이 발동해서 여러분에게 뇌 속의 무한한 가능성을 보여줄 겁니다.

Point

일이나 일상에서 호기심과는 거리가 멀어졌을 수 있습니다. 그러나 새로운 곳, 심리적 안전지대를 벗어나는 곳에 나를 계속 던져보아야 합니다. 뇌의 무한한 가능성을 위해서요.

뇌를 파악하고
나아갈 때 얻는 힘

뇌의 대응력을 높여주는 전략

나는 위치 파악을
잘하는 사람인가

중심 이동 학습하기

서울의 종로 3가 근처에서 지인을 만나기로 한 적이 있었습니다. 제가 만나기로 한 지인은 외국에서 오래 살다 한국에 다시 온 지 얼마 안 된 분이라서 그곳을 아주 어렸을 때 가본 기억이 전부라고 했습니다. 그래서 저는 미리 약속 시간 전에 장소에 도착해서 지인을 만날 준비를 했습니다. 약속 시간이 거의 다 되어도 지인이 도착하지 않자 저는 전화를 걸어서 지금 어디에 있는지 물어보았습니다. 지인은 자신이 어디에 있는지 잘 모르겠다고 했고 저는 지인의 위치를 설명해 달라고 했죠. 그러면서 주변에 무엇이 보이는지 알려달라고 했습니다. 그러자 지인은

'내 앞에는 이순신 장군 동상이 보이고, 뒤에는 세종대왕 동상이 보이고, 오른쪽에는 세종문화회관이 있습니다'라고 이야기해 주었죠. 광화문에 여러 번 가 본 분들은 이 말만 듣고도 대충 이분이 어디에 서 있는지 알 수 있을 것입니다. 광화문광장에 있었죠. 위치를 남에게 알려줄 때 이렇게 '나'를 중심으로 보이는 것들을 말하는 방식으로 나의 위치를 파악하면 이는 '자기중심적' 위치 파악이라고 할 수 있습니다. 만약 지인이 '지금 세종문화회관에서 동쪽으로 50미터 정도, 그리고 주한미국대사관으로부터 남서쪽으로 약 120미터 떨어진 지점에 있다'라고 말했다면 이것은 '환경 중심적' 위치 파악이라고 할 수 있습니다. 나의 입장에서 본 것이 아니라 환경 속에 있는 누군가가 내 위치를 바라보는 것처럼 위치를 기술했기 때문입니다.

자기중심적 학습과 환경 중심적 학습

뇌가 환경 속에서 적응적인 행동을 위해 하는 학습의 방식을 여러 가지로 분류할 수 있습니다. 그중 하나는 위에서 예로 든 것처럼 '자기중심적 학습'과 '환경 중심적 학습'의 두 가지로 나눠 보는 것입니다. 자기중심적 학습은 전문 용어로는 'egocentric learning'이라고 하고 이렇게 형성된 기억을 자기중심적 기억egocentric memory이라고 합니다. 반대로 환경 중심적 학습은 전문 용어로 'allocentric learning'이라고 하고 이를 통해 형성된 기억은 환경 중심적 기억allocentric memory이라고 합니다. '나' 또는 '자아'를 나타내는 접두사 '에고ego'와 '밖' 혹은 '내가 아닌 다른'이라는 의미의 접두사 '알로allo'가 쓰인 점에 주목하면 쉽게 단어를 이해할 수 있을 겁니다.

자기중심적 위치 파악은 환경 중심적 위치 파악에 비해 쉬운 편입니다. 왜 그럴까요? 지도가 필요 없기 때문입니다. 즉 내 주변 환경에 대응하는 내 머릿속 인지모델이 없어도 위치를 파악할 수 있습니다. 주위를 둘러보고 빌딩과 같은 랜드마크나 특정 물체를 기준으로 위치를 파악하면 됩니다. 하지만 자기중심적 위치 파악만 해서는 공간을 효율적으로 놀아다닐 수 없습니다. 그 이유는 내가 공간 속에서 움직이는 순간, 내 위치를 파악하는 데 도움이 되었던 물체나 랜드마크들과 나와의 상대적인 거리 및 각도가 계속해서 변하기 때문입니다. 이처럼 시시각각 변하는 정보들을 그때그때 다 처리해서 다시 자신의 위치를 파악하려면 너무나 많은 정보처리가 필요합니다. 항상 나를 중심으로 위치를 파악하는 이런 방식으로는 안정된 길 찾기를 할 수 없습니다.

따라서 뇌는 공간에서 자신의 위치를 파악할 때 압도적으로 환경 중심적 위치 학습을 합니다. 이를 위해서는 뇌 속에 주변 환경을 본뜬 모델의 지도를 만들어야 하는데, 이를 인지지도cognitive map라고 부릅니다. 그러나 머릿속에 인지지도만 생긴다고 공간을 돌아다닐 수 있는 것은 아닙니다. 자신의 위치를 파악할 때는 내 머릿속 지도의 특정 랜드마크들로부터 어디쯤에 내가 위치해 있는지 환경 중심적으로 파악하지만, 막상 움직이려고 하면 다시 나를 중심으로 어디로 가야 할지 결정해야 합니다. 지도에서 내 위치가 파악되었으니 이제는 목적지까지 가기 위해서 나를 중심으로 앞으로 100미터를 가야 할지, 아니면 옆으로 20미터를 간 뒤 앞으로 80미터를 가야 할지 결정해야 하죠. 몸을 움직이는 것은 지극히 자기중심적인 행위이기 때문입니다. 즉, 공간을 돌아다니기 위해서는 환경 중심적 위치 파악과 자기중심적 정보처리 과정이 물 흐르듯 끊임없이 교대로 일어나야 합니다.

회의에서 인지지도 파악하기

우리 뇌는 공간 속에서 길 찾기를 할 때만 이런 경향을 보일까요? 그렇지 않습니다. 뇌는 자신을 둘러싼 환경을 중심으로 무슨 일이 벌어지는지 계속 모니터링하면서 동시에 뇌 속에 이를 다룰 수 있는 어떤 대응책이 준비되어 있는지도 동시에 모니터링합니다. 중요한 것은 여기서 '환경'은 물리적 환경만을 지칭하는 것이 아닙니다. 환경 속에서 마주하는 모든 것들을 환경 자극environmental stimuli이라고 하는데 이러한 자극에는 내 주변의 사람들도 포함됩니다. 내가 다른 사람들과 이야기를 하거나 같이 일할 때 나를 둘러싼 그 사람들은 모두 위에서 예로 든 광화문광장의 이순신 장군 동상이나 세종문화회관과 같은 환경 자극이 됩니다. 한 가지 매우 다른 점은 사람 자극은 무생물 자극과 달리 나의 행동에 따라, 때로는 나의 행동과는 별개로 계속해서 변화하며 움직인다는 것입니다. 하지만 이 상황에서도 환경 중심적 정보처리와 자기중심적 정보처리가 교대로 계속 일어난다는 점은 같습니다.

예를 들어 볼까요. 내가 회사 직원 5명과 함께 다음 달에 어떤 제품을 출시할지에 관한 회의를 주재한다고 합시다. 회의가 효율적으로 진행되기 위해서는 회의를 주재하는 나의 머릿속에 각 직원이 갖고 있는 후보 제품들의 정보를 모두 담을 수 있는 인지지도가 빨리 형성되어야 합니다. 인지지도를 가진 사람은 자신의 지도상에서 정확한 위치를 파악할 수 있고 어디로 가야 할지 목적지로의 내비게이션이 가능하지만, 그렇지 않은 사람이 길을 찾겠다고 움직이기 시작하면 같은 곳을 계속 뱅글뱅

글 돌며 길을 잃을 가능성이 있겠죠. 마찬가지로 현재 벌어지고 있는 회의에 참가자들이 각자 어떤 인지모델을 가지고 와서 참여하는지, 서로의 인지모델이 어떤 관계를 맺고 있는지를 지도의 형태로 뇌 속에 형성한 사람은 회의 성과라는 목적지까지 가기 위해 어떻게 길 찾기를 해야 하는지 잘 알 수 있을 것입니다.

나와 상호작용하는 사람들이 어떤 인지모델을 지니고 있는지 정확히 파악하기 위해서는 지도 속 요소들에 대한 어느 정도의 경험이 필요합니다. 남의 이야기를 들으며 그 사람의 머릿속에 있는 모델이 잘 이해가 안 된다면 이를 정확히 파악하기 위해 계속 그 사람과 대화를 하며 관찰해 봐야 합니다. 이런 과정을 통해 내가 소통하고자 하는 다른 사람들을 나의 뇌 지도 속의 특정 장소에 모두 위치시키는 훈련을 많이 한 사람은 회의 진행 능력이 매우 뛰어나며 회의에서 갈등처럼 보이는 의견의 불일치가 발생해도 이를 효율적으로 해결할 솔루션을 바로 제안할 수 있습니다. 그리고 만약 어떤 논의가 지도상에서 목적지까지 가는 가장 효율적인 내비게이션 루트로부터 많이 벗어날 때도, 다시 근본적인 논의로 돌아가도록 방향을 잡아줄 수 있습니다. 즉, 타인 중심의 정보처리와 자기중심의 정보처리가 교대로 이루어지며 매우 효율적인 길 찾기가 가능합니다.

익숙한 등산로만 다니지 않기 위하여

앞서 회의 장면을 예로 들었지만 자신의 뇌 속 인지지도 혹은 인지모델 속에서 타인 혹은 환경 중심적 학습과 자기중심적 학습의 긴밀한 상호작용을 가능케 하는 능력은 다양한 상황에서 요구됩니다. 예를 들면, 일상생활에서 친구들과 서로의 경험을 나누며 정보를 얻는 대화를 할 때나 누군가의 이야기에 공감함과 동시에 조언을 해줘야 할 때, 또는 어떤 주제에 대해 토론하며 최상의 솔루션을 도출해 내야 할 때도 이런 학습 능력은 필수적으로 요구됩니다.

서구의 토론 중심 교육 시스템과 달리 아쉽게도 우리나라의 교육 시스템에서는 다른 사람과의 토론을 통해 서로의 인지모델 속에서 처음에는 보이지 않던 공통된 길을 찾아 나가는 훈련이 잘 안 되어 있다고 할까요? 비유하자면 특정 산에 처음 등산을 가는 사람이 그 산에 익숙한 사람만 졸졸 따라다니면 항상 정답에 해당하는 등산로만을 다녀서 수월하긴 하겠지만 막상 자신이 혼자 그 산에 가서 길을 찾아야 한다면 길을 잃어버리기 쉬울 것입니다. 혹은 그동안 가보지 않은, 더 좋은 길을 가볼 기회는 찾아오지 않겠죠. 마찬가지로 우리나라의 교육 시스템에서 교육받은 사람들 대부분은 서로 다른 의견이 존재하고 때로는 충돌하는 복잡한 바위산과 같은 지형에서 혼자 스스로 길을 찾는 훈련이 덜 되어 있기 때문에 토론이라는 산행 자체를 기피하는 경향이 있습니다.

그럼에도 산에 익숙하지 않은 사람도 노력하면 얼마든지 학습을 통해 산행에 익숙해질 수 있습니다. 자신이 늦었다 생각되더라도 뇌의 가소성 덕분에 얼마든지 훈련을 통해 환경 중심적 학습과 자기중심적 학습의 긴밀한 상호작용을 잘할 수 있습니다. 늦깎이 산악인이 어려운 등반 코스를 정복해 세상을 놀라게 하는 일도 빈번하게 일어나잖아요. 미국의 등반가 리 셰프텔Lee Sheftel처럼요. 그는 30대 초반이라는 늦은 나이에 암벽 등반을 시작했다고 합니다. 보통 전문적인 산악인이 10대나 20대 때부터, 혹은 그보다 더 어린 시절부터 산과 인연을 맺는 것에 비하면 비교적 늦은 나이에 산악인으로서의 발을 내디뎠다고 볼 수 있습니다. 하지만 셰프텔은 엄청난 노력으로 꾸준히 훈련한 끝에 59세라는 믿기지 않는 나이에 난이도 5.14, 즉 최정상급 등반가들이나 가능한 암벽 등반 루트를 오르는 데 성공하여 세계를 깜짝 놀라게 했습니다. 바둑으로 비유하면 프로 9단에 해당하는 실력이라고 합니다. 따라서 우리도 그동안의 환경이나 습관만 탓할 것이 아니라 어떻게든 인지지도의 곳곳을 자유롭게 돌아다니며 중심 이동을 하는 훈련을 지금부터라도 해봅시다. 분명 길 찾기의 달인이 될 수 있을 것입니다.

상호 소통을 통한 내비게이션

이제 우리는 인공지능 알고리즘이 우리가 원하는 정보를 순식간에 찾아서 정리된 형태로 알려주는 시대에 살고 있습니다. 인공지능이 알려주는 정보는 등반의 비유를 통해 보자면 산의 지형을 미리 보여주는 것과 비슷합니다. 나의 주변 환경이 어떻게 생겼는지 알려주는 것이죠. 하지만 그 환경 속을 돌아다녀야 하는 것은 여전히 스스로 해내야 하는 일입니다. 단순히 내 주변의 사람들이 어떤 사람들이고 그들은 어떤 생각을 하는지 파악했다고 해서 효율적인 내비게이션이 작동하는 것은 아니죠. 나의 인지지도와 그들의 인지지도가 어떻게 서로 합쳐져서 다 같이 충돌 없이 내비게이션이 작동 가능한 공통의 루트를 찾느냐가 중요한데 이는 상호 소통 훈련을 통해서만 가능합니다. 서로의 인지지도가 불일치할수록 더 많은 소통과 대화가 필요할 것입니다. 인공지능이 세상의 모든 지식을 찾아주고 모든 사람의 생각들을 다 정리해서 보여준다고 하더라도 이는 내 주변에 어떤 환경 자극들이 있는지 '알려주는' 것까지입니다. 실제로 그 환경 속에서 길을 찾는 것은 내가 나를 움직여서 돌아다니고 경험하고 소통하고 변화하면서 할 수 있다는 사실을 명심하세요. 그게 훨씬 더 삶을 주체적으로 살아갈 수 있게 해줄 것입니다.

Point

길 찾기는 물리적 환경에서만 있는 게 아닙니다. 사람들과의 대화, 회의 등에서도 서로의 위치 파악과 공통의 길을 찾는 과정이 필요하죠. 우리는 나만의 내비게이션을 쉬지 않고 만들어 나가야 합니다.

단순히 내 주변의 사람들이
어떤 사람들이고 그들은 어떤 생각을 하는지
파악했다고 해서 효율적인 내비게이션이
가능한 것은 아닙니다.
나의 인지지도와 그들의 인지지도가
어떻게 서로 합쳐져서
충돌 없이 내비게이션이 작동 가능한
공통의 루트를 찾느냐가 중요합니다.

실패 아닌 실패를
제대로 하는 법

효율적 시행착오하기

2015년에 개봉한 〈채피Chappie〉라는 영화가 있습니다. '채피'라는 로봇에 대한 이야기입니다. 지금의 가장 발달한 AI도 일정 시간 학습을 하면 학습을 중단해야만 학습한 내용이 기억에서 사라지지 않는 치명적 단점을 갖고 있는 데 비해 채피는 훨씬 발달한 지속적 학습continual learning을 할 수 있는 AI가 탑재되어 있습니다. 사람을 비롯한 생명체의 뇌는 학습한 기억을 유지하기 위해 학습을 중단하는 일이 없습니다. 사람이 아기 때부터 계속해서 학습을 하며 점점 더 세상에 적응적인 존재가 되어가듯이 채피는 생활 속에서 여러 가지 사건을 경험하고 학습할 수 있도록 만들어졌습니다.

기계로 만든 휴머노이드인 채피의 몸은 성인 크기이고 힘도 세지만 생활 속에서 이것저것 부딪혀 보면서 학습해야 하는 알고리즘이 탑재된 탓에 많은 실수를 하면서 인지적으로 성장해 나갑니다. 처음에는 언어소통도 잘 안 되고, 무엇이 윤리적으로 해선 안 되는 일인지도 잘 모르고, 자기 몸을 효율적으로 쓰는 것에도 서툽니다. 하지만 자신을 만든 주인인 '던'에게 무엇이 옳은 것인지를 배우고 여러 상황을 겪으며, 세상을 점점 더 잘 이해하며 그 속에서 적절한 인지모델을 구축하게 됩니다.

세상에 잘 통하는 방식으로 조정되는 과정

물론 가상의 SF 영화 속 이야기이지만 채피의 인공 뇌는 처음의 대단히 혼란스러운 상태에서 지속적 학습 과정을 통해 인간을 사랑하고 인류애를 가진 인격체로 성장합니다. 이 과정에서 가장 중요한 것은 시행착오^{trial and error} 학습입니다. 무언가 해보는 것을 '시행'이라고 한다면 이것저것 닥치는 대로 말하고, 해보고, 소통한 그 모든 시행들이 채피의 학습에 결정적이었습니다. 그것도 아주 혼란스러운 실제 현실 세계에서 부딪혀 보았다는 것이 중요하죠. 지금 아무리 발달한 로봇이나 AI더라도 실험실에서 만든 대단히 통제된 환경에서만 작동하지, 현실 세계에 나와서는 제대로 적응하기 어려운 것과 아주 대조됩니다.

시도해 보지 않은 것을 새롭게 시행할 때는 당연히 어떤 일이 생길지 모르기 때문에, 혹은 경험이 없어서 엉뚱한 방향으로 결과를 예측할 수 있기에 의도치 않은 결과가 나올 수 있습니다. 이때 우리 뇌는 자신의 예측이 빗나간 부분이 어디인지를 찾아내고 다시 그것을 반영하여 예측을 변경합니다. 그러고는 또다시 시행을 반복해서 마침내 자신의 인지모델이 예상하는 대로 맞아떨어지는 결과를 얻습니다. 이것이 시행착오 학습의 기본입니다. 이 경우 '착오'라는 말이 부정적으로 들릴 수 있기 때문에 제가 더 선호하는 말은 '모델 조정'입니다. 정확히 말하면 '인지적 모델 조정'이죠. 뇌 속 다양한 인지모델들이 경험을 통해 세상에 좀 더 잘 통하는 방식으로 조정되는 과정을 말합니다.

이러한 시행착오 혹은 모델 조정 학습은 하등동물로부터 인간 같은 고등한 영장류에 이르기까지 신경계(신경세포들의 회로로 이루어진 시스템) 혹은 뇌를 가진 거의 모든 생명체의 학습에 필수적일 뿐 아니라 자연계에서는 삶과 죽음의 경계에서 어느 쪽에 설지를 좌우합니다. 뇌가 작동하는 가장 중요한 원리 중 하나는 바로 뇌는 주변의 외부환경과의 상호작용을 위해 존재한다는 것입니다. 쉽게 말하면, 만약에 내가 주변 외부환경과 전혀 상호작용을 할 일이 없으면 뇌는 오로지 신체 내부환경의 항상성 유지만 담당하면 됩니다. 그럴 경우, 지금의 인간 뇌처럼 거대한 뇌는 불필요합니다. 신체의 심박수나 호흡을 조절하는 등의 기능을 위한 최소한의 신경계만 있으면 되겠죠.

하지만 이처럼 자신의 내부환경 유지에 급급한 뇌는 현실 세계에서 오래 생존하기 어렵습니다. 초기 인류를 떠올려 보세요. 생존을 위해서는 영양분을 공급해 줄 먹이와 신체를 보존하기 위한 안식처를 찾아 돌아다니는 등 계속해서 움직이며 외부환경과 상호작용을 해야 했습니다. 외부환경과의 상호작용이 중요해지자 뇌는 아마도 자신이 움직이기 전에 그 움직임의 결과를 예측하는 능력을 발달시켜야 했을 것입니다. 만약 예측하지 않고 무작정 움직이면 어떤 일이 생길까요? 아마도 엄청나게 불필요한 시행착오를 겪을 것입니다. 갈림길이 여러 개면 어떻게 될까요? 에너지가 무한정 공급되는 로봇이라면 모든 갈림길에 다 들어가 봐도 되겠지만 한정된 에너지를 아껴 써야 하는 인간의 뇌는 될 수 있으면 '헛수고'를 하지 않으려고 할 것입니다.

이것은 비단 인간뿐 아니라 뇌를 가진 모든 동물들이 모두 마찬가지임을 뇌인지과학의 무수한 연구들이 입증합니다. 실험실의 쥐 역시 미로의 갈림길에서 어디로 갈지 확실하지 않으면 머리를 좌우로 움직이며 마치 뇌에서 '이쪽으로 가면 어떨까? 아니, 저쪽으로 가면 어떨까?' 하고 앞으로 일어날 일들을 시뮬레이션하는 듯한 행동을 보입니다. 이를 상상 시행착오 vicarious trial and error라고 부릅니다. 이때 실제로 뇌의 해마에서는 뇌세포들이 시뮬레이션하는 듯한 활동을 보인다는 것도 잘 알려져 있습니다.

모험을 독려하면서도 위험을 꺼리는 분위기

한 가지 명심해야 할 것이 있어요. 시행착오는 엄연히 완벽한 학습에 다가가는 절차이므로 궁극적으로는 학습에 도움이 되겠지만, 그 과정에서 시행착오를 할 때마다 위험에 노출되는 단점이 있습니다. 따라서 내가 속한 환경이 얼마나 자비로운가에 따라 시행착오 학습은 위력을 발휘하기도 하고 그렇지 않기도 합니다. 예를 들면, 우리나라와 같이 대학입시라는 단 한 번의 시험이 성공한 인생과 실패한 인생을 가르는 교육 문화가 있는 환경에서는 시행착오를 곧 '실패'로 규정하는 편입니다.

대학교 입학시험이 아니더라도 일반적으로 우리나라 사회는 서구 사회에 비해 개인의 시행착오에 대해 관대하지 않은 환경입니다. 대학에서 연구를 하다 보면 아무도 모르는 문제를 연구하고 싶어서 과학자로서 심장이 뛸 때가 많습니다. 연구를 하려면 연구비가 필요하지만 우리나라 연구비 시스템에서 이런 종류의 연구를 위해 연구비를 따내는 것은 하늘의 별 따기입니다. 정부 주도 연구비 관리시스템이 연구를 투자라고 생각하고 투자 대비 실적이 누군가(학자가 아닌 공무원인 경우가 대부분)의 성과물로 기록되어야 하기 때문입니다. 그래서 투자 대비 회수하는 결과가 분명하지 않은 쪽에 투자를 꺼리는 것이죠. 아마도 우리나라 비즈니스 환경도 마찬가지인 것으로 압니다. 모두 시행착오가 거의 없음을 전제로 하는 투자입니다.

시행착오를 이처럼 꺼리도록 훈련된 뇌는 당연히 자기가 경험했던 곳만 다시 가려고 하겠죠? 새로운 곳, 미지의 영역에는 절대 가지 않을 것입니다. 이것을 뇌인지과학에서는 학습자가 '착취' 혹은 '현상 유지'만 하고 '탐험' 혹은 '모험'을 하지 않는다고 이야기합니다. 만약 가보지 않은 쪽을 선택했다가 실패하는 경우 더 이상 시도의 기회조차 없을 것에 대한 공포심이 크기 때문이죠. 이것이 바로 젊은 세대에게 모르는 분야도 새롭게 도전하라는 구호성의 말이 시행착오를 실패로 규정하고 기회를 박탈하는 가혹한 사회에서 공허한 이유입니다. 실패의 공포로 가득 차 있는 환경에서 시행착오 학습은 일어날 수 없습니다.

특히 우리처럼 세계사에서 유래를 찾아볼 수 없는 초고속 경제성장을 이룬 나라에서 이런 환경이 조성될 가능성이 매우 크죠. 초고속으로 성장했다는 것은 시행착오가 거의 없었다는 말과 같고 시행착오가 없었던 이유는 이미 선진국에서 해온 '이렇게 하면 된다'라는 모범 답안을 모방하면서 추격하면 되었기 때문입니다. 하지만 선진국의 문턱에 다다른 지금은 모범 답안이 없어진 상태이고 선진국과는 대등하게 경쟁해야 하며 뒤를 쫓아오는 개발도상국과도 맞서야 합니다. 이런 분위기 속에서 실패에 대한 공포는 여전히 기성세대에 의해 주입되고 있고요. 그러면서 젊은 세대가 새로운 것에 잘 도전하지 않는다는 비판만 난무하니 안타까울 따름입니다.

자연적인 학습 모드로 돌아가자

그럼 이제 어떻게 해야 할까요? 답은 이미 나와 있습니다. 그 답을 행동으로 옮길 수 있느냐 없느냐의 문제인 것이죠. 답은 '뇌의 자연적인 학습 모드로 돌아가자'입니다. 비행기를 처음 타보는 사람은 공항에서 어떻게 해야 하는지에 대한 모델 자체가 없지만 한번이라도 공항에 가서 비행기를 타보면 엉성하나마 의지할 수 있는 머릿속 모델이 생깁니다. 그리고 비행기를 많이 타는 사람은 이 모델이 너무도 정교하게 다듬어져서 공항에서 벌어지는 갖가지 상황에 아주 능숙하게 대처할 수 있는 모델로 발전합니다. 가령 늦게 도착해 비행기를 놓칠 뻔한 경험, 여권을 깜빡해 공항에서 새로 만들어 본 경험 등 많은 시행착오로 데이터가 쌓였을 테니까요. 따라서 사회가 시행착오에 얼마나 관대한지 아닌지를 따지는 것과 별도로 나 자신이 해볼 수 있는 것부터 챙겨보면 좋겠습니다.

이를 위해서 나는 시행착오 학습을 통해 세상을 더 잘 살아갈 수 있고 나의 꿈에 한 발자국 더 다가갈 수 있다는, 다소 긴 호흡의 뇌인지과학적 믿음을 가져야 합니다. 여러분 주변에도 실패에 대한 두려움과 공포를 주입하며 겁을 주는 사람들이 있을 것입니다. 그러나 그들이 '실패'라고 규정하는 것을 통해 나의 뇌 속 인지모델이 어제보다 나은 모델이 되어 다음번에는 더 나은 성능을 발휘하게 된다면, 그것은 실패가 아니라 작은 성공이 될 것입니다. 몇 번의 성공과 실패를 통해 나만의 독특한 인지모델이 만들어지는 과정 자체를 즐기고 그렇게 다듬어지는 나만의 인지모델이 언젠가부터 새로운 상황에서도 아주 효율적으로 잘 작동하는 모습을 직접 경험하면, 그때부터는 사실 그런 '공포 주입자'들의 조언은 별로 신경 쓰이지 않을 것입니다.

비효율적 시행착오가 되지 않도록

여기서 가장 중요한 것은 무한정 실패만 하고 나아지는 것이 없는 비효율적인 시행착오가 아니어야 한다는 점입니다. 이를 위해서는 착오가 일어날 때마다 그 경험이 자신의 인지모델에 반영되어 수정되는 작업을 반드시 해야 합니다. 그래야 다시 그 인지모델이 적용되는 상황에서 수정된 인지모델이 작동하여 비슷한 착오가 나오지 않을 테니까요.

그렇다면 자신의 인지모델이 착오를 범한 경험에 의해 수정되었는지 어떻게 확인할 수 있을까요? 가장 손쉬운 방법은 시뮬레이션 혹은 상상 훈련입니다. 중요한 비즈니스 미팅에서 해서는 안 될 말을 실수로 해서 논의가 매끄럽게 진행되지 않았을 때, 미팅 후에 그 기억을 계속 떠올리며 '아 바보처럼 내가 왜 그랬지?'라고 자책하는 것은 자신의 인지모델 수정에 아무런 도움이 되지 않습니다. 오히려 자존감만 낮아질 뿐이죠. 이런 습관에서 과감히 벗어나는 것이 중요합니다. 자책보다는 그 장면을 기억 속에 다시 떠올리며 자신이 실수로 한 그 말을 하지 않고 능숙한 프로페셔널처럼 적절한 언어를 구사하는 정반대의 모습을 반복해서 상상해 보세요. 상상하는 것도 좋고 친한 동료나 선배가 있다면 함께 롤 플레이(role play)를 하면서 실제로 그 장면을 재현하고 자신이 다르게 행동하는 것을 연습해 보셔도 좋습니다.

인지모델의 수정은 이렇게 실제로 자신의 몸이 움직여지고 자신의 입을 통해 말이 나오는 '행위^{action}'가 따를 때 잘 일어납니다. 이러면 새로운 행위가 포함된 기억이 이전의 기억을 덮어쓰게 될 확률이 대단히 높습니다. 뇌인지과학에서 해마의 일화기억은 다시 꺼내볼 때 어느 정도 편집을 할 기회가 있다는 것이 널리 알려져 있습니다. 따라서 여러분도 이런 뇌인지과학의 원리를 일상에서 활용해서 착오나 실수를 인지모델의 수정으로 연결하는 효율성 높은 학습을 꾸준히 해보길 권합니다. 그 학습의 끝에서 어느새 자기 분야에서 전문성이 탄탄한, 자신감 넘치는 사람이 서 있을 것입니다.

Point

모험은 누구나 두렵습니다. 그러나 시행착오를 통해서 자신의 꿈에 한 발자국 더 다가갈 수 있다는 뇌인지과학적 믿음이 필요합니다. 실패를 쓰임 있게 만들어 보세요.

정리력 상승을 위해
필요한 연습

머릿속 구조물 만들기

저는 대학에서 주로 대학원 학생들을 교육하고 이들의 연구를 지도하는 데 많은 시간을 보냅니다. 특히 박사학위를 목표로 하는 대학원생들을 주로 지도하는데요. 이들에게 학부생들과 다르게 요구되는 역량 중 하나는 자신이 알고 있는 지식을 다른 사람에게 잘 전달하는 것입니다. 결국 과학자를 직업으로 하기 위해서는 내가 아는 것과 연구의 결과를 남들이 쉽게 이해할 수 있게 표현할 수 있어야 하기 때문입니다. 그래서 대학원생 대상 강의에서는 구두 발표나 글쓰기를 많이 요구하고, 연구실에서도 거의 한 달에 한두 번은 무언가를 발표해야 하는 순서가 돌아오게 합니다. 발표의 내용은 자신의 연구 프로젝트의 진척 사항이 될 수도 있고 최신 논문에 대한 분석과 견해일 수도 있습니다. 구두 발표는 대개 시간을 정해주는데요. 20분, 30분, 1시간 등 때에 따라 다양한 발표 시간이 주어지죠. 글쓰기 역시 분량을 정해줍니다. A4 1장 분량이라든지 500단어 이하라든지 하는 식으로요.

그런데 이렇게 자신의 머릿속에 있는 지식을 정해진 시간이나 분량에 맞게 정리된 방식으로 풀어놓으라고 하면 대부분의 대학원생들, 특히 이제 막 대학원에 들어온 학생들은 여간 헤매는 게 아닙니다. 이렇게 서툰 프리젠테이션이나 글의 경우 크게 3가지 유형으로 나눌 수 있습니다. 첫째, 처음 도입부에서 너무 시간을 끌다가 지루함을 주기 시작하고 정작 전달해야 하는 본론은 시간에 쫓겨 헐레벌떡 대충 마무리하고 끝내는 경우입니다. 둘째, 매우 많은 콘텐츠를 전달하려는 의욕에 넘쳐 마치 래퍼가 랩을 하듯이 알아들을 수 없는 말을 쉴 틈 없이 나열하는 경우입니다. 셋째, 무언가 많이 준비했고 콘텐츠도 잘 정돈한 것 같은데 표현을 잘 못하거나 목소리가 작은 등의 이유로 발표를 듣는 사람이나 글을 읽는 사람이 무슨 말을 하는지 잘 알아듣지 못한 경우입니다.

그런데 이것은 비단 대학원생들만의 문제는 아닐 것입니다.

지금처럼 AI로부터 방대한 자료를 얻을 수 있는 시대에는 정보가 없어서 발표나 글쓰기를 못하는 경우는 드물 겁니다. 오히려 그 반대가 문제죠. 즉, 너무 많은 정보 가운데 이를 중요한 것과 중요하지 않은 것으로 추려서 구조화하고 이를 다른 사람들이 쉽게 알 수 있는 스토리라인으로 설명할 수 있는지가 더 핵심입니다. 저는 대학원 수업에서 학생들에게 글쓰기나 발표에 대해 피드백을 줄 때 '그래서 말하고자 하는 핵심 스토리가 뭔가?'라는 말을 자주 합니다. 제 학생들은 이 말의 숨은 의미를 잘 알고 있습니다. 즉, 발표나 글이 생각만큼 전달이 잘 안될 때, '나는 분명 알고 있는데 표현이 안 되는 것일 뿐'이라고 생각하기보다는 머릿속에 생각 자체가 정리가 안 되어 있다고 보는 게 대부분 맞다는 의미입니다. 이는 사실 생각^{thinking}의 문제이므로 무작정 발표 연습이나 글쓰기 연습을 많이 한다고 근본적인 문제가 해결되지 않습니다.

관계의 틀 만들기

그럼 어떻게 아이디어와 지식을 정리해서 이를 활용하는 데 중요한 뇌의 사고능력을 키울 수 있을까요? 간단히 설명하기는 어렵지만 한마디로 해야 한다면 '관계의 틀$^{relational\ framework}$ 만들기' 훈련이 필요합니다. '관계의 틀'이라는 용어는 뇌인지 과학 분야의 석학인 보스턴대학교의 하워드 아이켄바움Howard Eichenbaum 교수가 주장했던 관계 이론relational theory에 등장하는 용어입니다. 저의 박사후연구원 지도교수셨는데요. 그는 우리 뇌가 파편화된 수많은 개별 정보들을 접하면 이들 개별 정보 간에 '관계relationship'를 맺어 일종의 구조적 틀을 만드는 작업을 수행하는데, 이때 해마 시스템이 큰 역할을 한다고 주장했습니다. 마치 목재, 못, 철근, 시멘트, 벽돌 등 개별 건축자재들이 서로 관계를 맺어 건물이라는 구조의 틀을 구성하는 것과 비슷합니다. 특히 이런 '관계 맺음' 과정에서 서로 다른 개별 정보들과 중복해서 관계를 맺으며 이음새 구실을 하는 정보를 공통 노드common node라고 하는데, 이것은 건물의 기둥처럼 구조의 틀을 유지하는 핵심적 역할을 합니다. 마치 인천국제공항처럼 모든 비행기들이 반드시 거쳐서 가야만 하는 '허브hub' 공항처럼 생각하면 이해가 쉬울 것입니다.

공통 노드 파악이 관건

허브 혹은 공통 노드를 파악하는 것이 관계의 틀을 탑재하는 데 가장 중요합니다. 어떻게 하면 효율적으로 이를 파악할 수 있을

✳

우리 뇌가 파편화된
수많은 개별 정보들을 접하게 되면
이들 간에 '관계'를 맺어
일종의 구조적 틀을
만드는 작업을 수행하게 됩니다.
특히 이런 '관계 맺음' 과정에서
이음새 구실을 하는 정보를
'공통 노드'라고 하는데,
이를 파악하는 것이
관계의 틀 만들기에서 관건입니다.

까요? 보통 학원 수업이나 강의를 들으면 어떤 지식이나 정보가 공통 노드 구실을 한다고 꼭 짚어서 이야기해 주고 외우라고 하지만, 우리 뇌는 그렇게 주입식으로 파악하는 방식에 익숙하지 않습니다. 오히려 여러 정보들이 널려 있는 공간을 돌아다니다 보면 자주 마주치게 되는 정보가 자연스럽게 눈에 들어오는데 해마를 비롯한 뇌의 학습 시스템은 이런 정보를 핵심 역할을 하는 공통 노드로 뇌에 등록하게 됩니다. 이는 물리적 공간을 돌아다닐 때 역시 마찬가지로 작동하는 학습 시스템입니다. 가령, 복잡한 대형 쇼핑몰을 돌아다닐 때 그곳의 구조를 잘 모르면 처음에 방황하게 됩니다. 막다른 통로로 가기도 하고, 의도치 않게 처음 있던 곳으로 다시 갔다가 돌아오기도 하고, 자신이 원하는 구역이 아닌 엉뚱한 구역으로 가기도 하죠. 이렇게 여기저기 헤매며 돌아다닐 때 유난히 자주 보게 되는 곳이 쇼핑몰의 안내 데스크입니다. 대부분 안내 데스크는 건물의 공통 노드 혹은 허브가 되는 지점에 있기 때문이죠. 그래서 안내 데스크를 중심으로 기준점을 잡고 건물의 구조를 파악하며 돌아다니면 건물의 지도를 쉽게 머릿속에 넣을 수 있습니다. 꼭 안내 데스크가 아니더라도 자신이 유난히 자주 마주치는 장소가 생기면 그 장소를 허브로 삼아도 됩니다.

물리적 공간을 돌아다닐 때뿐만 아니라 머릿속 지식 공간을 돌아다닐 때도 이렇게 관계의 지도를 만드는 것은 유효합니다. 예를 들어, 해마에 대해 처음 공부하는 대학원생이 수많은 해마 관련 연구를 읽다 보면 에드워드 톨먼Edward Tolman, 엔델 툴빙Endel Tulving, 데이비드 마David Marr, 리처드 모리스Richard Morris, 브루스 맥노튼Bruce McNaughton, 죄르지 부자키György Buzsáki와 같이 자주 등장하는 인물과 그들의 이론이 있습니다. 이렇게 자주 등장하는 인물들을 발견하면 그들을 자신이 만들고자 하는 지식체계 건물의 기둥처럼 생각하고 이들을 중심으로 모든 지식들을 관계 맺으면 좋습니다. 어떤 분야건 가장 중요한 핵심 인물들을 중심으로 관계의 지도를 형성하는 것이 그 분야를 가장 빨리 파악하고 구조를 흡수하는 지름길이니까요. 흔히 그 분야의 주된 플레이어player들을 알아야 한다고 하죠. 인물뿐 아니라 핵심 주제나 메시지 등을 분류해 그것들을 중심으로 관계 맺기해 보는 것도 한 방법입니다.

관계의 틀이 머릿속에 특정 구조물의 형태로 자리를 잡으면 이제 발표나 글쓰기를 잘하는 것은 그렇게 어렵지 않습니다. 특히 발표나 글쓰기의 시간이나 분량에 제한이 있을 때 이에 맞춰 자유자재로 자신의 지식 보따리를 효과적으로 풀어놓는 능력에 한 걸음 더 다가가게 됩니다. 매우 유명한 석학이 되기 전까지는 학술 대회나 세미나에서 발표할 때 1시간 혹은 그 이상의 충분한 시간이 주어지는 경우는 흔하지 않습니다. 특히 학생이나 연구원이라면 어떤 자리에서는 심지어 5분짜리 발표를 할 때도 있습니다. 논문이나 학술 대회 발표에서의 초록은 200단어 미만으로 작성해야 할 때도 있고요. 이렇게 짧은 시간이나 짧은 분량 내에 자기가 아는 것을 설명해야 한다면 당연히 나의 뇌 속 관계의 틀 구조에서 뼈대만을 설명해야 합니다. 구조가 삼각형인지 사각형인지 원형인지를 설명하고 나면 끝나는 시간과 분량이기 때문이죠. 하지만 이보다 더 시간이 주어지면 그다음으로 중요한 레벨의 공통 노드를 설명하면 됩니다.

직접 집을 지어봐야 한다

중요한 것은 나의 뇌 속에 만들어진 지식체계 구조를 직접적인 경험에 의해 마치 뜨개질을 하듯 한 땀씩 만들어야만 역으로 구조의 뼈대만 설명하거나 핵심 구조물들만 추려서 설명하는 게 가능하다는 것입니다. 집을 직접 지은 건축가라면 그 집 내부에 있는 뼈대와 그 뼈대 위에 올려진 온갖 핵심 구조물들을 속속들이 알고 있겠죠? 아마도 이런 이유로 어떤 개념을 초등학생도 알아들을 수 있게 쉽게 설명할 수 있는 정도면 그 분야에서 많은 경험을 직접 쌓은 최고의 전문가라고 본다는 이야기가 있는 것 같습니다.

한 가지 우려는, AI가 세상의 모든 지식을 긁어와서 통계적인 학습을 통해 구조화된 글을 내놓는 지금, 인간 뇌의 이런 지식 구조물 만들기 훈련 기회가 점차 사라질 가능성이 있다는 것입니다. 작은 집이라도 내 손으로 직접 지어보면 건축 자재를 파는 시장에 가서 수많은 자재들을 보더라도 어떤 것이 뼈대를 이루는 데 쓰이고 어떤 것은 장식에 불과한지 대충 보는 눈이 생깁니다. 그리고 더 큰 건물도 점점 지어볼 수 있는 자신감도 생기고 실제로 더 정교하고 복잡한 구조물을 만들 수 있겠죠. 하지만 늘 대신 건축물을 지어주는 사람이 따로 있고 자신은 건축가가 제공한 리스트에 있는 건축 자재만을 마트에 가서 구매해 전달하는 역할만 한다면 특정 건축물에 어떤 재료가 들어가는지는 알 수 있지만 그 재료들을 무엇부터 엮어서 뼈대를 만들고 건물을 어떻게 만드는지에 대해서는 전혀 모르게 될 것입니다. AI를 편하게 쉽게 쓰고 있는 우리의 현실 또한 마찬가지입니다. 이런 상황이 전개될 두려운 시대가 점점 다가오고 있습니다.

지식 구조물 만들기 연습

따라서 여러분은 작은 건물이라도 직접 자기 손으로 만들어 보는 연습을 게을리하지 않으면 좋겠습니다. 어떤 주제나 특정 분야의 지식들을 조직화하여 나만의 '지식 구조물 knowlege structure'을 뇌에 효과적으로 탑재하는 경험을 쌓길 바랍니다. 이를 위해서는 일단 그 분야의 여러 좋은 정보들을 접하고 경험하는 게 어느 정도 필요합니다. 물론 이 과정에서 기존에 정리된 구조물들을 활용할 수도 있겠죠. 그러나 그것들은 활용 자료의 하나일 뿐, 내 목적에 부합하는 구조물을 만드는 것은 나 자신이어야 합니다. 무엇보다 이 과정에서 뼈대가 되는 공통 노드들을 빨리 파악하는 게 관건입니다. 어느 정보가 나무를 받치고 있는 줄기인지 파악하려는 의식적 노력이 필요하죠. 이렇게 건축물을 직접 스스로 만들어 본 사람은 방대한 정보의 홍수 속에서도 이를 관통하는 핵심을 파악하는 법을 잘 알고 있기 때문에 프리젠테이션, 글쓰기, 의사결정 등을 매우 신속하고 효과적으로 할 수 있습니다. 그리고 새로운 정보를 마주치더라도 자신이 이미 뇌 속에 만들어 놓은 지식 구조물의 알맞은 위치에 이를 위치시키며 기존의 지식체계를 더욱 풍성하게 만들 수 있습니다.

이를 위한 효과적인 도구들이 많죠. 텍스트적인 정리보다 이미지적인 정리가 훨씬 도움이 됩니다. 예를 들어, 구조를 그림으로 그려보는 '마인드맵^{mindmap}'처럼 말입니다. 요즘엔 마인드맵뿐만 아니라 여러 다양한 정리를 도와주는 앱들이 나와 있으니 이들을 활용해 보는 것도 좋은 방법입니다.

Point

그 어떤 복잡한 것도 관계의 틀 만들기를 연습하면 어렵지 않습니다. 기존 구조물들을 참고하더라도 결론적인 구조물은 반드시 내 손을 거쳐 만들어야 합니다.

감정적 맥락이
많은 것을 바꾼다

감정 수프 잘 만들기

우리나라에서도 큰 인기를 끌었던 애니메이션 영화 〈인사이드 아웃Inside Out〉에는 뇌 안에서 감정을 담당하는 의인화된 다섯 명의 캐릭터가 나옵니다. 각각의 캐릭터는 기쁨Joy, 슬픔Sadness, 분노Anger, 혐오Disgust, 공포Fear라는 감정을 담당합니다. 우리나라에 소개될 때는 분노가 '버럭'으로, 혐오가 '까칠'로, 그리고 공포가 '소심'이라는 이름으로 바뀌었죠. 이들은 주인공 라일리의 뇌 속에서 어렸을 때부터 존재합니다. 그리고 라일리가 어떤 일을 경험할 때마다 그 상황이 자신이 담당한 감정에 해당하므로 즉각 자신이 나서야 한다고 주장하죠. 이렇게 특정 감정을 다루는 감정 해결사가 나서서 해당 경험을 자신의 캐릭터에 부합하는 감정으로 색칠하여 일화기억으로 저장합니다.

그런데 이 영화를 잘 보면 갓난아기 때는 기쁨과 슬픔을 담당하는 감정 캐릭터 둘만 존재하지만, 라일리가 커가면서 분노, 혐오, 공포라는 3개의 감정 캐릭터가 더해집니다. 또, 후속편인 〈인사이드 아웃 2〉에서는 라일리가 사춘기에 접어들면서 또 다른 5명의 캐릭터인 불안^{Anxiety}, 부럽^{Envy}, 당황^{Embarrassment}, 따분^{Ennui}, 추억^{Nostalgia}이 추가됩니다. 또 속편이 나온다면 더 많은 감정 캐릭터가 나올지도 모르겠습니다. 그렇다면 실제로 우리 뇌도 영화에서처럼 성장해 가면서 점점 더 다양한 감정을 다루는 새로운 영역들이 계속 생겨나는 것일까요? 아직 감정과 정서는 뇌인지과학에서도 연구가 더딘 분야 중 하나이지만 지금 당장 이 질문에 답해야 한다면 '그렇지 않다'라고 하겠습니다. 그 이유를 한번 설명해 볼게요.

감정 표현이 확장되어 가는 과정

〈인사이드 아웃〉은 뇌인지과학자의 눈으로 볼 때 내용의 충실함을 기준으로 평가하자면 아주 잘 만든 애니메이션입니다. 지금까지 과학적으로 알려진 감정에 관한 연구와 뇌과학 연구를 충분히 반영하려고 애쓴 흔적이 역력히 보입니다. 그중에서 특히 갓난아기가 '좋다'와 '싫다'의 두 가지 상태만을 느끼고 표현하는 부분은 뇌인지과학적으로 볼 때 잘 설정한 것 같습니다. 실제로 하등동물부터 고등동물까지 모두 지닌 정서 상태는 '만족'과 '불만족'입니다. 두 가지 모두 동물을 특정한 방식으로 행동하게 만드는 요인입니다. 특히 사람과 같은 사회적 동물의 경우 자신이 현재 어떤 상태인지를 다른 개체에게 전달해야 하므로 기본적인 의사를 표현하는 방식을 타고납니다. 아무런 학습 없이도 아기는 만족하고 좋으면 웃거나 편안한 표정을 하고 불만족스럽고 싫으면 짜증을 내며 찡그리거나 우는 것을 볼 수 있습니다. 아기가 태어난 뒤 첫 몇 주는 대개 이 두 가지 감정 표현이면 충분히 돌보는 사람에게 자신의 상태를 알릴 수 있고 필요한 것을 얻어낼 수 있습니다.

그러나 갓난아기 시절을 벗어나면 큰 범주에서는 여전히 '좋음'과 '싫음'을 구분하는 정도지만 더 미묘한 상태를 표현해야 할 필요성을 느끼게 됩니다. 특히 사회적으로 다른 사람과 상호작용을 하는 과정에서 이런 필요성은 더 두드러지죠. 다양한 종류의 싫은 상황을 그저 우는 것만으로 다 표현하기는 어렵죠. 때로는 더 이상 이 상황이 지속되면 참지 않겠다고 경고하기 위해 '분노'도 표출합니다. 이런 관점에서 보면 〈인사이드

아웃〉에서 자랄수록 감정의 캐릭터가 계속 늘어나는 것은 새로운 뇌 영역의 출현과 함께 새로운 감정이 생겨나기 때문이라기보다는 뇌가 여러 가지 다양한 상황을 경험하면서 그 상황의 '가치'에 어떤 감정의 '라벨label'을 붙일 것인지 학습하기 때문이라고 생각하면 됩니다. 예를 들어, 갓난아기의 뇌는 '기쁨 100, 슬픔 0'인 상황이면 '좋음', '기쁨 0, 슬픔 100'의 상황이면 '싫음'으로 보는 단순한 감정 라벨만이 존재했다면, 이제 기쁨이 30이고 슬픔이 70인 어중간한 상황을 어떤 감정으로 분류하고 그에 맞춰 어떤 라벨을 붙여야 할지 배워야 합니다. 이러한 학습을 통해서 정말 미묘한 상황에서도 세밀한 감정을 표현할 수 있게 됩니다.

이성과 감정의 연결에 대하여

데카르트를 대표 주자로 하는 서양의 합리주의 철학관에 따르면 인간은 교육을 받으면 합리적이고 이성적으로 사고하고 판단할 수 있게 된다고 하죠. 합리주의에서는 인간이 점차 이성적으로 되어가는 과정을 마치 감정의 발현을 억제하는 힘이 생기거나 감정에 휘둘리지 않는 상태가 되어가는 것처럼 묘사했습니다. 하지만 감정이 필요한 이유는 접근 행동과 회피 행동을 환경의 변화와 자신의 내적 상태를 고려해서 적절하게 조절하기 위해서입니다. 즉, 감정은 진화적으로 보면 매우 기원이 오래된 원초적 의사 결정 형태입니다. 의사 결정의 원형에 가까운 이러한 감정이 정말 이성과 아무런 상관이 없는 별개일까요? 현대 뇌인지과학에서는 그렇지 않다는 주장이 큰 설득력을 얻어왔습니다. 이미 유명한 신경과학자인 안토니오 다마지오[Antonio Damasio]는 1994년에 쓴 《데카르트의 오류》에서 감정과 이성이 분리되어 있다고 주장한 데카르트는 틀렸다는, 당시로서는 매우 충격적인 주장을 펼쳤습니다. 다마지오가 자신의 주장을 뒷받침하기 위해 설명한 몇 가지 사례 중 피니어스 게이지[Phineas Gage]라는 인물의 이야기는 뇌인지과학에서 매우 유명하죠.

게이지는 철도 건설 현상에서 일하는 인부였는데 바위를 폭파하기 위해 구멍을 뚫고 그 안에 다이너마이트를 철봉으로 쑤셔 넣는 작업을 하던 중 그만 다이너마이트가 폭발하는 사고를 당했습니다. 폭발과 함께 게이지가 붙들고 있던 철봉이 마치 미사일처럼 날아와 그의 왼쪽 뺨을 찌르고 두개골을 뚫고 밖으로 날아갔죠. 이렇게 엄청난 사고를 당했지만 게이지는 기적적으로 전전두 피질이 손상된 것 외에 별다른 뇌 손상 없이 살아났습니다. 놀랍게도 이 사건 이후에도 기억력이나 언어능력 등이 많이 손상되지 않아 정상적인 생활을 했다고 합니다. 하지만 성실하고 신중한 성격이었던 그는 충동적이고 감정적으로 행동하기 시작했습니다. 중요한 것은 감정적 이상과 함께 그의 이성적 의사결정 능력도 심각하게 낮아졌다는 점이었죠. 특히 애매하고 복잡한 의사결정 상황에서 신속한 의사결정이 어려웠다고 합니다. 만약 데카르트의 주장처럼 감정과 이성이 분리되어 작동한다면 이런 일은 일어나지 않아야겠죠.

만약 감정이 이성과 별개로 여겨질 수 있다면 그 이유 중 하나는 감정이 뇌에서 작동하는 방식이 이성이 작동하는 방식과는 근본적으로 차이가 있기 때문일 겁니다. 즉, 이성은 의식적 정보처리의 영역이고 감정은 무의식적 정보처리의 영역일 가능성이 높습니다. 의식적 정보처리가 흐르는 강물 위에 찰랑거리는 물결과 같이 언어를 통해 우리에게 관찰되는 데 반해, 감정적 정보처리는 마치 강물의 밑에서 실제 물의 흐름을 좌우하는 물살과 같이 물 위에서는 보이지 않기 때문에 우리의 의식으로는 이를 언어화하여 정확히 인식하기 어렵습니다. 뇌인지과학에서 감정의 기전을 연구하는 것이 매우 어려운 이유도 이 때문입니다.

뇌에서 감정을 담당하는 대표적 영역으로 알려진 편도체amygdala의 경우도 이것이 흥분되면 불안, 공포, 각성 등 여러 가지 내적 감정을 불러일으키지만 이를 언어로 묘사하는 것은 쉽지 않습니다. 대신 행동으로 나타난 반응을 보고 현재 편도체의 상태를 유추하는 경우가 많죠. 예를 들어, 쥐의 편도체를 인위적으로 자극할 경우 만약 넓은 곳에 있었다면 그 자리를 피해 도망가는 행동을 보이거나 주변을 갑자기 경계하는 모습을 보입니다. 그러나 도망갈 곳이 없는 아주 좁은 공간에 쥐를 넣고 편도체를 자극하면 얼어붙은 것처럼 꼼짝도 하지 않는 얼음 반응freezing response을 보입니다. 이런 일련의 상황과 행동들을 볼 때 쥐가 느끼고 있는 감정 상태는 '공포'라고 유추할 수 있으나 이는 유추일 뿐, 사실 쥐가 무슨 감정 상태인지는 정확히 알 수 없습니다. 우리 인간은 이런 행동을 다 같이 '공포'라고 부르자고 약속하고 어렸을 때부터 학습하기 때문에 감정 자체를 의식으로 느낄 수 있다고 생각하지만, 사실은 일련의 행동을 범주화해서 '공포'라는 감성 라벨을 붙이는 것뿐이죠.

이 밖에도 뇌인지과학의 여러 가지 실험적 증거들을 종합해볼 때, 특정 상황에서 특정 행동이 나타날 때 어디까지가 감정의 영향이고 어디까지가 이성의 영향인지 정확히 구분하는 것이 현재로서는 불가능합니다. 어떤 경우는 감정에 의해 거의 결정이 이루어졌음에도 마치 이성적으로 그것을 결정한 것처럼 사후 설명 혹은 합리화를 하기도 합니다. 어떤 경우는 실제로 아무 감정을 느끼지 못하고 이성적으로 인지기능을 수행하는 것처럼 느껴질 때가 있지만, 이런 상황에서조차 무의식적으로 감정이 영향을 미치고 있음을 완전히 배제하기 어렵습니다. 이것은 뇌의 구조를 보면 너무도 당연한데, 감정을 담당하는 영역과 이성적 정보처리를 담당하는 영역은 서로 긴밀히 소통하도록 연결되어 있거든요. 또한, 앞에서 설명한 바와 같이 대부분의 감정이 후천적으로 경험에 의해 학습된다는 가설이 맞다면, 효율성을 극도로 추구하는 뇌가 감정을 학습하기 위한 영역들을 이성적 학습을 위한 영역들과 분리하여 두 개의 독립된 학습 시스템으로 관리하는 식의 비효율적인 정책을 고수할 가능성은 매우 낮습니다.

정보처리의 맥락을 잡아주는 역할

중요한 것은, 감정은 흔히 우리가 생각하는 것과 달리 무의식적으로 우리의 행동을 좌우하고 의사결정에 영향을 미치며 뇌의 기저에서 거대한 정보처리의 맥락을 빠르게 잡아주는 역할을 한다는 것입니다. 마치 탕 요리를 할 때 베이스로 쓰는 수프에 따라서 그 안에 들어가는 재료들이 같더라도 완전히 다른 맛을 내는 것과 비슷합니다. 예를 들어, 고추기름을 사용해서 만든 짬뽕 국물에 해물과 채소가 들어가는 것과 맑은 사골 국물에 해물과 채소가 들어가는 것의 맛이 완전히 다르게 느껴지는 원리와 비슷합니다. 화가 나 있는 감정 상태에서 특정 상황을 경험하면 이때 처리되는 인지적 정보는 마치 짬뽕 국물에 들어 있는 해물과 채소처럼 매운맛으로 기억되고 그에 맞는 행동 패턴을 불러일으킬 것입니다. 반면에 아주 행복한 감정 상태에서 경험한 일련의 일들은 마치 맑은 곰탕 국물에 들어 있는 해물과 채소처럼 구수한 맛으로 기억되고 역시 그에 걸맞은 행동이 표출될 것입니다.

적절하게 감정 수프 제조하기

그러므로 앞으로 좀 더 다양한 상황에서 어떤 세밀하게 분류된 감정적 맥락이 있는지 살펴보는 연습을 해보면 좋겠습니다. 대부분의 사람에게 감정은 이성과 달리 의식적으로 컨트롤하기 어려운 경험적 정보처리의 영역으로 여겨집니다. 따라서 어떤 상황에서 어떤 감정적 맥락을 세팅하고 그 틀을 잘 유지하는 능력을 지니려면 수많은 상황적 학습이 필요할 수밖에 없습니다. 감정적 맥락 학습 과정에서 겪는 시행착오는 인생의 쓴맛과 단맛이 교차하는 롤러코스터를 경험하는 것이기에 자칫하면 아예 이 학습 자체를 기피할 수도 있습니다. 하지만 이러한 학습

과정 없이 어떤 상황에 어떤 베이스 수프가 어울리는지 판단하여 세심한 요리를 하는 요리사가 되기는 어렵습니다. 최대한 세상의 여러 일과 사람들을 경험하면서 그동안 미처 섬세하게 다루지 못한 감정적 맥락이 무엇인지 살펴보고, 적절하게 표현하고 대응하는 연습을 해보세요. 다양한 맥락을 경험하면서 느낀 감정의 종류와 깊이 등을 다시 회상하면서 언어화해보는 연습을 해도 좋습니다. 물론 직접 경험이 아니더라도 영화나 소설 속 등장인물들의 감정이 어떻게 묘사되고 있는지 간접 경험하는 것도 도움이 됩니다. 그렇게 하면 일상 또는 일터에서 주변 사람들이나 환경에 좀 더 잘 적응하고 대처하는 삶에 한 걸음 더 다가갈 수 있을 것입니다.

Point

감정은 우리가 생각하는 것보다 이성에 더 많이 관여합니다. 맥락을 잡아주는 역할을 하니까요. 다양하고 세밀한 감정적 맥락들을 잘 아는 사람은 대응력이 남다릅니다.

학습하는 법도
학습이 필요하다

도구 잘 활용하기

처음 대학교수가 되면 그전까지 별로 하시 않았던 일들을 해아 합니다. 강의실에서 한 학기 동안 학생들에게 강의를 한다든지, 연구실의 연구를 지원할 연구비를 확보한다든지 하는 일은 학생 때나 흔히 포닥이라고 부르는 박사후연구원 때는 거의 경험하기 어려웠죠. 저는 첫 교수 생활을 미국에서 시작했습니다. 아이오와대학교 심리학과에서 다양한 포맷의 학부생과 대학원 대상의 강의를 많이 했습니다. 약 100명 이상의 학부생들 대상으로 대형 강의를 할 때도 있었고, 10명 미만의 학부생들 대상으로 소형 강의를 할 때도 있었고, 대학원생들과 함께 세미나

형식의 강의를 할 때도 있었습니다.

막 대학에 교수로 부임한 제게는 한 학기 동안 강의를 어떻게 이끌어 가야 할지에 대한 인지모델이 탑재되어 있지 않았습니다. 처음 대학교수가 되면 실험실도 새로 만들고 여러 가지 행정적 준비도 갖추느라 매우 바쁘기 때문에 학과에선 강의 부담을 줄여주려고 소그룹 학생 대상의 소형 강의만 하도록 배려해 줍니다. 저는 그 과정에서 학생들과 질의응답도 많이 나누고 서로 활발하게 특정 주제에 관해 토론도 하는 강의 방식을 즐기게 되었습니다. 그렇게 한 학기를 해보니 대충 다음 학기에는 어떻게 하면 되겠다 하는 자신감도 생겼죠. 시험은 어떻게 치르는지, 평가는 어떻게 해야 하는지, 학생 면담은 또 어때야 하는지 등 상당히 많은 행동 요령이 제 뇌 속에 인지모델로 자리 잡았습니다.

하지만 그다음 학기에 대형 강의를 처음 맡아서 진행해 보니 이전 학기에 애써 탑재한 소형 강의형 인지모델은 잘 맞지 않았습니다. 강의실에 들어갔을 때 100명 이상의 미국 학생들이 저만 바라보고 있는 압도적 모습을 본 뒤 일단 제 머릿속의 소형 강의용 모델이 잘 작동하지 않을 것임을 직감했죠. 그래도 차분히 소형 강의 때 경험한 대로 학생들과 대화를 시도했으나 원활한 소통이 어려웠습니다. 중간고사나 기말고사의 출제 방식도

달라져야 한다는 것을 깨달았습니다. 소형 강의에는 사람이 별로 없기 때문에 주관식으로 서술형 문제를 내도 채점하는 데 그리 시간이 걸리지 않지만 대형 강의에서 시험을 모두 서술형으로 냈다가는 채점하는 데 상당한 품이 들고 나중에 점수의 형평성(?)을 보장하기도 쉽지 않았습니다. 그래서 객관식 문항이나 단답식 문항도 어느 정도 포함해야 하죠. 2006년에 조교수 생활을 시작했을 때니 지금은 거의 20년 전의 이야기가 되었네요. 지금은 강의 인원이나 성격, 그리고 수강생들의 구성이나 전공 등에 따라서 조금씩 다른 인지모델을 자동으로 꺼내서 사용하지만, 제게도 그런 초보 교수 시절이 있었습니다.

감을 잡아 나가는 과정

여러분도 아마 이런 경험이 있으리라 생각합니다. 어떤 일을 처음 경험하면 '아, 이렇게 하면 되겠구나' 하고 그러한 종류의 일을 모두 하나의 경험적 모델로 다룰 수 있을 것이라는 자신감이 생기죠? 하지만 이후에 지속적으로 여러 경험을 하면서 얼마나 다양한 모델이 필요한지 새삼 깨달을 것입니다. 점점 더 많은 경험이 쌓이면 상황에 따라 맞는 인지모델을 그때그때 불러내서 탁월하게 대처할 수 있죠. 감을 잡는 것이죠. 처음 생성된 인지

모델은 그림으로 비유하면 연필 스케치에 해당합니다. 순간적으로 눈앞에 보이는 것을 스케치한 것이기 때문에 경험을 더해가면서 더 정교하게 다듬어야 하죠. 이런 미완성의 스케치를 현실에서 벌어지는 사건에 적용하려는 것이 뇌가 기억을 만드는 이유이기도 합니다. 내 머릿속의 인지모델을 다양한 사건들에 적용할 수 있으면 '범용성'이 있다고 합니다. 반대로 인지모델이 다룰 수 있는 사건의 범위가 좁으면 '구체성'이 있다고 하죠.

우리 뇌에 탑재된 다양한 인지모델들은 여러 가지 도구가 하나로 뭉쳐 있는 스위스 군용 칼$^{Swiss\ army\ knife}$에 비유할 수 있습니다. 스위스 군용 칼은 이름과 달리 칼만 들어 있는 게 아니죠. 작은 크기에도 불구하고 그 안에 칼은 물론이고, 톱, 병따개, 캔 따개, 드라이버, 핀셋, 이쑤시개, 가위, 송곳, 확대경 등 마치 만물상처럼 각종 도구가 들어 있습니다. 이렇게 다양한 기능을 하는 각각의 도구를 언제 어디에 써야 하는지를 잘 아는 사람에게는 이 군용 칼이 매우 유용할 것입니다. 하지만 어디에 어떻게 쓰는지 잘 모르는 사람에게는 그냥 무거운 도구 뭉치 정도에 불과할 것입니다. 우리 뇌는 마치 스위스 군용 칼에 들어 있는 다양한 도구처럼 많은 인지모델들을 언제든 적재적소에 꺼내서 쓸 수 있도록 훈련되어 있습니다.

뇌가 하는 이런 훈련을 '학습하는 법을 학습하기 learning to learn'라고 합니다. 일반적으로 학습을 잘하는 사람은 이 '학습하는 법에 대한 학습'이 잘되어 있는 사람인 경우가 많습니다. 우리 뇌는 다양한 경험을 하면서 그 경험의 콘텐츠 자체를 기억으로 저장하기도 하지만, 저장해 놓았다가 그대로 꺼내는 것보다 앞으로 벌어질 또 다른 상황에서 새로운 학습이 필요한지 아닌지를 빨리 알아보는 데도 활용합니다. 그래서 필요하다면 마치 스위스 군용 칼을 사용하듯 어떤 방식으로 뇌의 담당 영역들을 동원해서 효과적으로 학습할 것인지 그 전략을 미리 준비해서 학습이 신속하고 확실하게 진행되도록 합니다.

잘되어 가는지 모니터링하는 감독처럼

만약 '이렇게 하면 되겠지' 하고 뇌가 학습을 시작했는데 잘 안 되는 것을 느끼기 시작했다면 작전을 바꿔보기도 하는 등 뇌는 전략적 유연함 역시 갖추고 있습니다. 작동하지 않는 전략을 계속해서 고집하는 뇌는 학습하는 법을 학습하지 못한 뇌라고 볼 수 있겠죠. 예를 들어, 축구팀의 유능한 감독은 경기가 시작되기 전에 상대방의 전력과 전술을 면밀히 분석해서 어떻게 경기를 풀어갈 것인지 작전을 세우죠. 하지만 경기가 시작되어 자신의 작전이 잘 먹히지 않으면 빨리 다른 대안을 동원해 다른 방식으로 경기를 풀어나갑니다. 이런 감독의 역할에 해당하는 컨트롤타워가 우리 뇌에도 있는 것입니다.

학계에서는 이렇게 뇌가 자신의 학습 과정을 모니터링하면서 현재의 학습전략이 잘 작동하고 있는지 아닌지를 계속 판단하고 그에 대응하는 능력을 메타인지 meta cognition라고 부릅니다. 1976년 존 플라벨 John Flavell이라는 심리학자가 고안해 낸 단어로 심리학자들이 많이 쓰는 용어입니다. 이제는 일반인들도 많이 알고 있죠. 메타인지라는 말은 그야말로 '인지 위의 인지'라는 뜻입니다. 뇌인지과학자인 저는 서로 다른 인지기능들의 위계를 주장하는 접근법을 별로 좋아하지 않습니다. 뭔가 하위의 인지가 있고 상위의 인지가 있다는 뉘앙스를 풍기는데 이런 오류는 서구 사회에서 '이성'과 '감정'이 분리되어 있고 이성이 감정보다 우위에 있다는 학설이 오랫동안 지배했던 상황 때문이 아닌가 합니다. 누가 누구의 위에 있다는 위계론은 사실 뇌에서는 정확히 선을 긋기 어렵습니다.

용어가 무엇이건 간에 위에서 예로 든 축구팀 감독이 시합을 앞두고 시합에 대해 예측하듯이 뇌는 자신에게 닥칠 일을 끊임없이 예측하고 대비합니다. 감독이 경기에 대비하기 위해서 상

만약 '이렇게 하면 되겠지' 하고
뇌가 학습을 시작했는데
잘 안 되는 것을 느끼기 시작했다면
작전을 바꿔보기도 하는 등
뇌는 전략적 유연함 역시 갖추고 있습니다.
작동하지 않는 전략을 계속해서
고집하는 뇌는 학습하는 법을
학습하지 못한 뇌라고 볼 수 있습니다.

대 팀에 대한 많은 자료가 동원되기도 하지만, 이보다 더 중요한 것은 감독이 그 자리에 오르기까지 뇌에 탑재한 경험적 모델입니다. 감독마다 스타일이 다 다르죠? 이것은 감독이 경험으로 형성한 자기만의 인지모델이 같은 상황에서도 독특한 솔루션을 내놓기 때문입니다. 또한 유능한 감독은 상대팀에 대한 분석만 해서는 안 되고 자기 팀에 있는 선수 하나하나가 어떤 특성이 있고 어떤 작전에 유용하게 쓰일 수 있는지 잘 파악하고 있어야 합니다. 그리고 실제로 시합 중에 자신의 작전대로 경기가 풀리고 있는지 아닌지에 대해 빠르고 정확하게 판단해야 합니다. 그 판단의 결과에 따라 작전을 바꾸기도 하고 선수를 교체하기도 하는 등 계속해서 가장 효율적인 '문제 해결책'을 찾아야 하죠. 유능한 감독은 바로 이 훈련이 잘되어 있는 사람, 즉 시합이 벌어지면 그 시합 내에서 상황에 따라 즉각적으로 대응할 수 있게 훈련된 사람입니다.

최적의 솔루션을 찾아서

어찌 보면 학습하는 법을 학습할 때 가장 중요한 것은 '뭔가 이상하다' 혹은 '뭔가 잘 안 맞는 것 같다'와 같은 느낌을 빨리 알아차리는 능력입니다. 실제로 자신에게 어떤 일이 벌어지면 이 사건이 자신이 새롭게 학습해야 하는 것인지 아니면 과거의 경험을 그냥 불러와서 대처하면 되는 일인지에 대한 판단이 일어나야 합니다. 이를 인지적 '매치-미스매치match-mismatch' 판단이라고 하는데 이 과정도 쉬운 것은 아닙니다. 이 판단이 잘못되면 이미 과거 경험으로 모델이 만들어져 있는데 새로운 사건이라고 생각하고 다시 중복되는 모델을 새로 만들며 불필요한 에너지를 낭비하거나, 자신의 과거 경험 모델로는 다룰 수 없는 새로운 사건임에도 불구하고 그냥 과거의 경험으로 다뤄도 괜찮다고 생각하다가 실패할 수 있으니까요. 따라서 학습하는 법을 학습하는 첫 번째 관문은 자신의 매치-미스매치 판단이 제대로 작동하고 있는지 점검하는 것입니다.

매치-미스매치 판단 결과, 새롭게 학습을 해야 한다고 판단을 내렸다고 합시다. 그럼 이제 뇌는 마치 스위스 군용 칼의 어떤 도구를 사용해야 할지 판단하는 것처럼 어떤 학습 시스템을 사용할 것인지 판단하기 위해 학습할 대상의 속성을 파악해야 합니다. 예를 들면, 단순한 자극이나 반응의 연합association만 해도 충분한 학습인지, 아니면 특정한 순서가 있어 자극 혹은 움직임을 학습해야 하는지, 그것도 아니면 현재 눈앞에서 벌어지는 찰나적인 사건에 담긴 각종 정보를 모두 한 방에 기억으로 저장해야 하는 학습인지 등 이 세상에서 벌어지는 서로 다른 속성의 학습 상황 중 어떤 상황인지를 파악해야 합니다. 풀어야 하는 문제를 정확히 파악하는 단계라고 할까요? 그래야 문제를 해결할 수 있는 최적의 솔루션이 나오겠죠? 즉 자신의 뇌에 있는 다양한 도구와 인지모델 중 어떤 것을 어떤 조합으로 어떤 순서로 사용해야 가장 효과적으로 학습이 이루어질 수 있는지 정확히 판단하는 것이 최적의 솔루션이 될 것입니다. 흔한 유행어로 '케바케$^{case\ by\ case}$'라는 말이 딱 어울리는 상황이죠. 어떤 문제에 어떤 식의 학습이 효율적인지 알고 전략적으로 접근하는 것입니다.

스위스 군용 칼 잘 다루기

스위스 군용 칼을 잘 모르는 분도 계실 텐데, 그 종류가 상당히 다양합니다. 도구가 몇 개 안 들어 있는 간략한 버전도 있고 오렌지 껍질을 까는 도구와 손톱의 큐티클 제거용 도구를 포함해서 몇 십 가지의 도구가 포함된 다용도 버전도 있습니다. 여러분의 뇌에도 이처럼 다양한 인지모델들이 인생을 살아오는 동안 이미 탑재되어 있을 것입니다.

스위스 군용 칼을 선물로 받고 한 번도 써보지 않은 사람은 그 안에 들어 있는 다양한 도구를 적재적소에 신속하게 꺼내서 활용하지 못하겠죠. 하지만 캠핑을 자주 가서 여러 상황에서 이것저것 다양한 용도로 사용해 본 사람은 어떤 도구를 언제 써야 하는지, 그리고 몇 가지 도구들을 혼합해서 쓰면 무슨 일을 할 수 있는지를 아주 잘 알고 있겠죠. 그야말로 스위스 칼 사용의 장인이 되어 있을 것입니다. 여러분도 풍성한 경험을 통해 다양한 인지모델을 만들고 다듬어 보세요. 나아가 이를 다양한 상황에서 활용한다면 충분히 인지모델 사용의 장인이 될 것입니다.

Point

도구는 쓸수록 잘 활용할 수 있습니다. 일이 잘되어가고 있는지 체크하면서 빠르게 솔루션을 찾으려면 인지모델을 다양하게 쓸 수 있도록 준비되어 있어야 합니다.

사소하고 하찮은 것들이 나를 만든다

루틴 쪼개기

내 눈앞에 4개의 전구가 있다고 합시다. 왼쪽부터 1, 2, 3, 4와 같이 전구에 이름을 붙인 뒤, 한 번에 한 개씩 전구에 불이 차례대로 켜질 때마다 해당 전구에 할당된 자신의 손가락 앞에 있는 버튼을 눌러야 하는 게임이라고 합시다. 1번 전구에 불이 들어오면 검지 밑에 있는 버튼을 누르고 3번 전구에 불이 들어오면 약지 밑에 있는 버튼을 누르는 식입니다. 처음에 전구에 불이 들어오는 순서가 랜덤인 줄 알고 열심히 버튼을 누르다 보면 자기도 모르게 은연중에 반복되는 순서가 존재하는 구간에서는 버튼을 누르는 속도가 더 빨라지게 됩니다. 예를 들어, '1 →

4 → 2 → 3 → 2 → 3 → 1 → 4 → 2 → 3 → …'과 같은 순서로 계속 누르다 보면 자신은 의식하지 못하지만(무의식적이라는 게 중요합니다), 반복되는 자극 순서인 '4 → 2 → 3' 구간에 해당하는 버튼을 순서대로 누를 때는 반복되지 않는 랜덤한 구간의 버튼을 누를 때보다 더 반응 속도가 빠릅니다. 하지만 당사자는 자신이 특정 구간에서 점점 더 버튼을 빠르게 눌렀다는 것을 전혀 알지 못하죠.

일상 속의 절차적 학습들

우리 뇌에는 환경 속 자극들이 나타나는 순서를 모니터링하면서 이에 대응되는 순서대로 몸을 움직여 반응하는 법을 학습하는 데 관여하는 영역들이 있습니다. 대표적인 것이 뇌의 중앙쪽 깊은 곳에 있는 선조체죠. 선조체처럼 순서 탐지와 반응을 위한 영역은 만약 같은 순서로 자신이 움직임을 '반복'하고 있다는 것을 눈치채는 순간, 그 순서를 기억하기 위해 학습에 적극적으로 관여하기 시작합니다. 이런 종류의 학습, 즉 자극의 순서와 그 자극의 순서에 대한 반응이 고정되어 있고, 이 순서를 학습자가 반복하다 보면 자기도 모르게 학습을 완성하게 되는 것을 뇌인지과학에서 절차적 학습이라고 합니다.

절차적 학습의 예는 생활 속에서 많이 발견할 수 있습니다. 너무 어렸을 때 학습해서 학습했는지조차 기억나지 않는 젓가락질, 숟가락질, 줄넘기, 자전거 타기, 넥타이 매기, 양말 신기, 테니스 치기, 자동차 운전, 피아노 연주 등을 한번 떠올려 보세요. 이들 기억은 모두 몸의 특정 부위를 특정 순서에 맞게 움직이는 법을 반복에 의해 배워야 하는 절차적 학습의 결과로 만들어진 것입니다. 처음 배울 때 학습이 잘되지 않은 상태에서는 신경을 많이 쓰면서 주의를 기울여 순서를 기억해 내려고 하지만, 수많은 반복으로 절차적 학습이 완료되면 의식의 개입 없이 완전히 무의식적으로 몸이 특정 순서에 따라 움직이며 학습한 내용을 구현합니다.

에너지를 절약해 주는 효율적 방법

재미있는 점은 절차적 학습을 담당하는 뇌의 영역들은 특정 학습을 절차적 학습의 영역으로 끌어들이기 위해 호시탐탐 기회를 엿보고 있다는 것입니다. 절차적 학습을 통해 특정 행위가 절차적 기억으로 전환되면, 무의식적이고 자동적으로 행동이 수행되기 때문에 마치 엔진 출력을 거의 쓰지 않고 바람을 타고 날아가는 비행기처럼 에너지 효율성 면에서 탁월하기 때문입니다. 계속해서 의식의 개입이 필요한 해마의 서술적 학습에 비해 절차적 학습은 훨씬 에너지를 절약할 수 있어서 뇌가 선호하는 학습법입니다. 뇌는 늘 에너지를 어떻게 하면 조금이라도 아끼면서 효율적으로 기능할까를 고민하기 때문에, 같은 수행 능력을 보이더라도 에너지를 많이 쓰는 학습 방식에서 에너지를 조금이라도 덜 쓰는 학습법으로 옮겨가려고 노력하죠.

예를 들어 볼까요? 지방에서 자란 사람이 서울에 취직을 하게 되어 낯선 동네에 자취방을 얻고 낯선 지역에 있는 회사로 출근하게 되었다고 합시다. 아마도 처음 며칠 동안은 출퇴근 길을 익히느라 피곤할 겁니다. 여러 가지 통근 방법을 다양하게 시도해 보다가 결국 가장 효율적인 방법을 찾으면, 그 방법대로 이제 매일 일정한 출퇴근 경로를 따라 이동하겠죠. 즉 '반복'이 뇌에 감지되는 것입니다. 그러면 선조체가 '아, 이제 내가 담당해야 할 차례군' 하면서 학습 혹은 기억의 집행을 담당하기 시작합니다. 이것을 우리는 습관 기억habit memory 혹은 습관 행동habitual behavior이라고 합니다. 줄여서 그냥 습관habit이라고 더 많이 이야기하죠. 루틴routine이라고 영어 단어를 그대로 쓸 때도 있습니다.

우리 뇌는 알게 모르게 상당히 많은 순차적 행동 패턴을 무의식적으로 꺼낼 수 있게 학습되어 있습니다. 그 덕분에 깨어 있는 동안 상당한 양의 정보처리를 최소한의 에너지를 써서 자동화할 수 있죠. 이렇게 무의식적으로 습관 시스템이 돌아가면 뇌가 의식적으로 동시에 다른 일을 할 수 있기 때문에 일의 효율성 측면에서도 무의식적으로 가동할 수 있는 습관 기억의 레퍼토리가 다양하고 많으면 좋습니다. 일상이나 업무 중 꼭 해야 하지만 하기 싫고 귀찮은 일들이 있을 때 이를 잘게 쪼개서 무의식적 루틴으로 만들어 버리면 수월해지는 것처럼요.

습관적으로 할 수 있는 행동은 적응을 위해 꼭 필요할 때 나에게 엄청난 도움을 주고 생존을 위한 강력한 무기가 될 수 있습니다. 더더군다나 어떤 분야의 전문가가 되고 싶은 사람이라면 일의 순서의 시작을 알리는 자극만 보거나 떠올려도 늘 같은 순서로 하는 행동이 기계적으로 나올 수 있도록 훈련하는 게 반드시 필요합니다. 운동선수, 예술가, 요리사, 과학자, 방송인 등 각 분야에서 전문가가 되는 과정에서 빠지지 않고 들어가는 훈련이 바로 이 습관 학습 훈련입니다.

나쁜 습관을 고치기 어려운 이유

그런데 모든 뇌의 기능은 양날의 검처럼 균형을 잡지 못하면 자신에게 불리하게 작용할 수 있습니다. 즉, 나의 목표 달성을 위해서 꼭 필요한 행동이 습관처럼 무의식적으로 나올 수 있는 뇌를 만드는 것이 중요한 만큼, 목표 달성에 도움이 되지 않거나 안정적인 생활을 하는 데 오히려 방해가 되는 행동이 습관으로 장착되면 적응과 생존에 불리해집니다. 그리고 이런 습관이 뇌의 정상적 기능을 해치거나 생활을 방해할 정도가 되면 중독addiction이 됩니다. 습관은 무의식적으로 나오는 뇌의 학습된 행동이지만 그렇다고 우리가 의식적으로 억제하거나 조절할 수 없는 것은 아닙니다. 다만 중독이 되면 습관 행동을 의식적으로 조절하기 어려워지죠.

좋지 않은 절차적 기억이 뇌에 습관 기억으로 자리를 잡으면 이를 고치는 것은 정말 어렵습니다. 우리가 흔히 중독이라고 말하는 해악 수준의 나쁜 습관을 포함해서 모든 습관 기억은 특정 자극에 대해 조건형성conditioning된 반응이 사기도 모르게 나오는 것입니다. 그러므로 나쁜 습관은 초기에 과감히 통제하는 것이 길게 보면 자신에게 도움이 된다는 것을 꼭 알아야 합니다. 예를 들어, 신호등이 빨간불로 바뀌는 순간 교차로를 아슬아슬하게 통과해서 남보다 빨리 간다는 희열에 도취한 분들이 있는데요. 이 행동을 반복하고 이것이 습관 기억으로 뇌에 자리 잡으면, 이 뇌는 언젠가는 교차로에서 무의식적으로 같은 행동을 반복하다가 위험한 충돌 사고를 낼 수도 있습니다.

내 뇌에 어떤 행동이 습관으로 탑재될지를 결정하는 주인은 바로 '나'입니다. 여러분은 평소 어떤 습관이 있나요? 좋지 않은 습관이 이제 막 똬리를 틀고 있다면 자리를 잡기 전에 통제해 보세요. 그리고 만약 이미 자리를 잡았다면 이를 개선하기 위해 반대되는 행동을 집중적으로 반복해 보세요. 더 나아가 좋은 습관을 많이 들이려고 계속 노력하면 삶은 충분히 좋은 방향으로 변할 수 있습니다.

목표를 이루려는 사람이라면 반드시

내가 선택한 일련의 습관 행동들의 조합은 나를 고유하게 만드는 나만의 신경 시그니처 neural signature 혹은 정체성이 됩니다. 타석에 들어서서 공을 던지기 전에 방망이를 몇 바퀴 한 손으로 돌린다든지 하는 자기만의 독특한 행동을 하며 준비를 하는 선수를 본 적이 있을 겁니다. 수영 선수 중에는 시합 전에 꼭 헤드폰을 끼고 일정한 순서의 음악을 듣는 게 루틴인 경우가 있습니다. 직장인 중에도 중요한 회의 전에 반드시 뭔가 해야 하는 루틴이 있는 분들이 있죠. 이런 루틴 행동은 늘 하던 대로 퍼포먼스가 나오게 만드는 매우 중요한 부분입니다. 즉 제대로 된 습관 행동이 모이면 비가 오나 눈이 오나 일관되게 자신이 해야 할 일을 하는 원동력이 됩니다. 이는 목표를 달성하기 위해 꾸준히 무언가를 해야 하는 사람에게는 매우 중요한 요소입니다.

유명한 무술가이자 영화배우인 이소룡이 그랬다고 하죠? '나는 천 가지 발차기를 한 번씩 해본 사람은 무섭지 않다. 그러나 한 가지 발차기를 천 번 해본 사람은 무섭다'라고요. 이는 루틴과 습관을 탑재한 사람이 그 행동을 탑재하기까지 얼마나 많이 노력했는지, 목표를 향한 집념이 얼마나 강한지 등을 보여주기 때문일 것입니다. 여러분도 자기에게 도움이 되는 습관과 루틴을 지금부터라도 매일매일 조금씩 반복 학습을 통해 탑재한다면 그 작은 노력들이 모여 진정한 전문가가 될 수 있을 것입니다. 그리고 무의식적 행동이 탑재될 때까지는 아무 생각 없이 무한 반복하는 시간이 필요하므로 지금의 학습 상태를 매 순간 평가하며 의미를 찾으려 하지 말고 '그냥 하는' 태도를 가져 보세요. 김연아 선수가 몸을 푸는 스트레칭을 할 때 '무슨 생각을 하세요?'라고 기자가 묻자, '무슨 생각을 해요, 그냥 하는 거죠'라고 말한 유명한 일화처럼 말입니다.

루틴을 쪼개서 일상에 스며들게 하기

만약 자신이 이런 습관적 루틴을 시도하다가 자꾸 실패한 경험이 있다면, 정말 하찮게 보일 정도로 작은 루틴부터 시작해 볼 것을 권합니다. 연초에 헬스클럽 연간 회원 등록이 폭발적으로 이뤄지곤 하는데, 이게 바로 실패하기 쉬운 목표 설정의 한 예입니다. 매일 수영장을 가겠다고 결심하거나, 매일 새벽에 일어나서 한강을 5킬로미터씩 뛰겠다고 결심하는 것 등은 사실 운동선수들도 하기 어려운 일입니다. 반복 학습에 강한 뇌가 되면 결국 그 경지에 도달하게 될 것이지만, 이제 막 학습을 시작하는 단계라면 생활 속에서 '저것도 학습인가' 할 정도의, 본인이 생각할 때 가장 하찮아 보이는 행동을 찾아서 매일 반복하는 훈련부터 해보세요.

제 경우를 예로 들면, 너무 바빠서 운동을 한참 못했던 시기에 '매일 팔 굽혀 펴기 1개 하기'를 1년 동안 꾸준히 해보자는 실천 계획을 세운 적 있습니다. 아마 여러분은 '팔 굽혀 펴기를 하기로 했으면 5개 혹은 10개는 해야지, 무슨 1개를 해'라면서 웃을 수도 있는데, 여기서 팔 굽혀 펴기를 몇 개 하느냐가 중요한 게 아닙니다. '매일' 빠지지 않고 반복한다는 것이 중요하죠.

그래서 팔 굽혀 펴기를 하기 위한 받침대를 늘 지나다니는 사무실의 길목에 놔뒀습니다. 보이면 아무 생각 없이 '그냥 하는' 장치를 해둔 것이죠.

여러분은 아무 생각 없이 늘 하는 루틴이 몇 개나 있나요? 한번 리스트를 만들어 보세요. 아주 사소하고 누구나 하는 루틴을 포함해도 좋습니다. 밥 먹고 30분 후에 양치질하기, 화분에 물 주기, 어항의 물고기 밥 주기, 강아지 산책 시키기, 잠들기 전에 5분 동안 그날 있었던 일들을 생각나는 대로 적어보기, 매일 한 번 휴대폰의 옛날 사진 하나를 랜덤하게 골라서 그 사진과 관련된 일화기억 꺼내보기, 아침에 일어나면 1분 동안 명상하기, 출근길에 외국어 단어 한 개 배우기 등. 일생을 살면서 이렇게 자기 뇌가 에너지를 거의 쓰지 않고 자동적으로 할 수 있는 루틴이 점점 많아지다 보면 여러분은 마치 바람을 타고 매끄럽게 글라이딩을 하는 비행기처럼 남들이 매우 어렵게 노력해서 해야 하는 일들을 너무나도 손쉽게 해내게 될 것입니다. 그러면 남는 에너지를 더 창조적인 곳에 쓰는 그런 멋진 뇌의 소유자가 되겠죠.

> **Point**
>
> 어떤 습관이 있느냐가 나의 정체성을 만듭니다. 없애기 쉽지 않은 나쁜 습관 때문에 애쓰지 말고 좋은 습관을 많이 만들려고 해보세요. 사소한 변화가 훨씬 쉽습니다.

4

어떤 불안에도 흔들리지 않는 뇌를 위하여

뇌의 중심이 잡혀 있는 삶

경험과 기억을 만드는 것은 바로 '나'

트루먼의 시대

저는 인간 뇌의 기억과 학습에 대해 뛰어난 통찰력을 보여주는 영화를 좋아합니다. 가끔 이 방면으로 아주 뛰어난 영화를 보면 뇌 인지에 대한 통찰은 반드시 뇌를 연구하는 학자가 아니더라도 할 수 있다는 것을 새삼 깨닫게 되죠. 제가 이런 관점에서 뛰어난 영화로 손꼽는 영화가 바로 〈트루먼 쇼〉입니다. 1998년에 개봉한 SF 영화로 우리에게 친숙한 배우 짐 캐리Jim Carrey가 의외로 진지한 연기를 해서 신선했던 영화입니다. 유명한 영화라 잘 아는 분들도 있겠지만 아직 못 본 분들을 위해 줄거리를 간단히 말씀드리겠습니다. (혹시라도 이 영화를 아직 안 보셨다면 스포일러가 있으니 영화를 보고 나서 책의 다음 부분을 읽으셔도 좋습니다.) 이 영화에서 짐 캐리는 자신의 이름을 딴 '트루먼 쇼'라는 관찰 TV 프로그램의 주인공으로 나옵니다.

우리나라의 TV 예능 프로그램 중 대세로 자리 잡은 이른바 '관찰 예능' 장르라고 생각하면 될 것 같습니다. 그런데 이 영화 속 프로그램의 문제는 이 쇼를 제작하는 제작사나 감독이 트루먼이 출생했을 때부터 성인이 될 때까지의 모습을 적나라하게 전 세계에 생중계하면서도 정작 트루먼에게는 이를 숨기고 '방송'한다는 점입니다. 트루먼이 태어나서 자란 마을은 그 마을에 사는 사람들을 비롯해서 제작진이 모든 것을 완벽하게 통제한 TV 촬영용 거대 세트장인데, 트루먼만 그것을 모르고 살아왔죠. 여기까지만 봐도 일단 윤리적으로 대단히 문제 있는 프로그램이지만, 거기에 한술 더 떠 제작진은 트루먼 본인이 TV 프로그램의 희생양이라는 진실을 파악하지 못하게 하려고 온갖 속임수를 씁니다. 트루먼이 자신의 뇌 속 인지모델이 경험을 통해 만들어진 진짜 세상에 대한 모델이라고 믿게 하려는 것이죠.

뇌는 안정적으로만 살 수 없다

하지만 이렇게 모든 것이 완벽하게 통제되는 환경에서도 그 안에 등장하는 사람들이 많아지고 환경의 변수가 늘어나면 모든 것을 통제하는 데 한계가 생기게 마련입니다. 트루먼의 일상에도 무언가 이상한 것들이 하나둘씩 발견되고 그는 점점 자신을 둘러싼 환경과 사람들을 의심하게 됩니다. 그러면서 과거 자신을 진정 아껴주었던 첫사랑을 더욱 그리워하고 급기야 '여기를 떠나서 다른 곳으로 여행을 가보자!' 다짐하기에 이르죠. 그때부터 트루먼은 어떻게든 자신의 환경을 벗어나려고 노력합니다. 물론 이를 방해하기 위해 제작진은 어렸을 때부터 트루먼의 뇌에 심어놓은 기억 속 각종 장치들을 동원합니다. 예를 들면, 트루먼의 마을은 사방이 물로 둘러싸여 있는데 이 마을(말이 마을이지 사실은 영화의 세트장이죠)을 벗어나지 못하게 하려고 트루먼의 어린 시절 아버지가 바다에 빠져 죽는 설정을 만들어 트루먼이 물에 대한 외상후 스트레스 장애PTSD를 겪게 합니다. TV 쇼를 만들기 위해 한 인간의 뇌에 트라우마 기억을 심는다는 발상 자체도 매우 놀랍습니다.

그렇다면 이 영화에서 트루먼을 갈등하게 하는 요인은 무엇일까요? 바로 자신의 기억을 고수하고자 하는 뇌의 성향과 새로운 기억을 만들고 싶은 성향 사이의 갈등입니다. 트루먼이 사는 마을은 어떠한 새로운 일도 일어나지 않는 매우 평안한 환경입니다. 평안하다는 수식어보다는 지루하다는 수식어가 더 맞을지도 모르겠습니다. 트루먼은 이 마을에서 어떤 사람이 자신에게 어떤 타이밍에 어떤 방식으로 인사할지 정확히 예측할 수 있을 정도로 그 환경에 익숙합니다. 뇌의 절차적 학습 시스템이 이미 이 환경에서 생활하는 데 필요한 모든 절차를 기억의 형태로 저장해 놓았기 때문에 에너지를 거의 들이지 않고도 능숙하게 생활할 수 있죠. 하지만 인간의 뇌는 이런 절차적 기억만으로는 살 수 없습니다. 뇌가 무의식적으로 표출되는 절차적 기억을 선호하는 것은 남는 에너지를 가지고 다른 새로운 기억을 형성하기 위해서이기 때문입니다.

이 마을이 완벽하게 통제됐다고 하지만 결국 주어진 역할대로 연기를 하지 않고 트루먼에게 '당신은 속고 있다'라는 말을 하는 배우도 나오고, 실수로 세트장의 준비 과정이 노출되기도 하는 등 돌발 상황이 생깁니다. 그로 인해 트루먼의 뇌는 자신의 절차적 기억이 다루지 못하는 새로운 상황을 마주하게 되고, 해마의 일화기억 시스템은 이 경험을 통해 새로운 인지모델을 만들거나 기존의 모델을 수정하는 작업에 들어가게 됩니다. 일상에서 벗어난 일들이 점점 많아지는 과정에서 기존의 모델이 왠지 현실과 맞지 않아 대대적인 수정이 필요하다는 것을 트루먼은 더 확실히 느끼고, 급기야는 자신을 둘러싼 환경과 사람들 전체를 의심하기에 이르죠. 아내는 트루먼이 왜 그렇게 피지섬에 가보고 싶어 하는지 이해되지 않는다며 지금 우리가 사는 곳이 안정적이고 좋지 않냐고 묻는데, 이에 대해 트루먼은 이렇게 대답합니다. "왜 피지에 가고 싶냐고? 안 가봤으니까. 안 가본 곳에 가보고 싶어서 사람들이 여행이라는 걸 하는 거 아닌가?" 이 답은 너무나 상식적인 답변인 것 같지만, 뇌가 자신이 모르는 무언가를 알고 싶어 하는 본성이 있음을 잘 표현한 명대사입니다.

굿바이, 나를 통제하는 것들

이 영화에서 감동적인 것은 트루먼이 환경의 노예가 되기를 거부하고 자기 뇌에 새로운 기억을 만들어 주기 위해서 새로운 환경에 자신을 노출하고자 사투를 벌이는 장면입니다. TV 쇼의 제작진은 트루먼의 뇌가 이상해진 것처럼 몰아가기 위해 갖은 노력을 다하지만 트루먼은 자기 뇌의 판단을 믿고 뇌의 목소리에 충실하기 위해 노력합니다. 그리고 결국에는 세상이 자신에게 심어준 트라우마이자 자신이 그토록 두려워했던 바다를 건너 현실 세계로 들어가는 문을 발견하죠. 그 문으로 들어서는 순간 이제 트루먼에게는 통제된 가상현실이 아닌 새로움과 놀라움이 넘치는 실제 세계가 펼쳐질 것입니다.

마지막 순간까지도 TV쇼의 감독은 '너의 뇌는 바깥세상을 다룰 수 없을 것'이라고 겁을 주며 다시 돌아오라고 하지만 트루먼은 특유의 코믹한 인사를 남기고 문으로 들어서며 TV 생방송에서 영원히 사라집니다. 이를 지켜보던 감독은 큰 충격을 받죠. 충격을 받을 만도 한 것이, 이 감독은 그전에 언론사와의 인터뷰에서 '왜 트루먼이 자신이 속고 있음을 모를까요?'라는 질문을 받자 '너무도 간단합니다. 우리 인간은 자신에게 주어진 세상을 그냥 수용하게 되어 있죠'라고 교만한 대답을 했던 사람이니까요. 또, 이 감독은 트루먼의 첫사랑이었던 여자가 '당신이 뭔데 트루먼 같은 고아를 데려다가 세상의 웃음거리로 만드나요?'라고 묻자 '나는 트루먼에게 특별한 삶을 살 기회를 준 것이지. 트루먼은 사실 이 통제된 세팅을 사랑해'라며 경악스러운 대답을 하기도 했죠. 영화를 보던 사람들은 트루먼이 이런 감독에게 한 방 먹이면서 미련 없이 생방송 세트장에서 벗어나는 장면에서 큰 희열을 느낍니다.

트루먼이 세상으로 통하는 문 앞에 서서 웃으며 굿바이 인사를 하는 장면은 제가 이 영화에서 가장 감명 깊게 본 장면입니다. 마치 현재 AI 기반의 추천 시스템과 사회적 관계망social network 으로 통제된 사회 속에 사는 인간이 결국 미래에 해야 할 선택을 암시하는 것 같기 때문입니다.

영화에서 트루먼이 살던 세트장은 현재 AI 알고리즘으로 사람들의 조회수와 반응을 끌어 올려 돈을 벌기 위해 물밑에서 모든 것을 기획하는 SNS와 미디어, 그리고 그에 따라 영향받는 우리 사회와 얼마나 다를까요? 자신의 주변 사람들이 모두 배우라는 것을 알게 된 순간 트루먼이 느낀 배신감과 자각을 우리도 인공지능과 휴머노이드들로 둘러싸여 공생하는 미래에 느끼게 되지 않을까요? 영화에서 트루먼이 바다에서 익사한 줄 알았던 아버지와 재회하는 장면을 연출한 제작진이 그들의 연출이 통했다고 기뻐하는 장면은 현재의 빅테크 기업들이 알고리즘의 영향을 받은 수많은 사람들이 자기네가 의도한 대로 돈을 지출한다고 기뻐하는 장면과 무엇이 다를까요? 그뿐만 아니라 트루먼이 사라지자 제작진이 갑자기 감독에게 적대적으로 돌아서며 광고를 끊고 자신들의 투자금 회수를 걱정하는 장면은 아주 묘하게 현재의 빅테크 산업 생태계를 닮았습니다.

영화 〈트루먼 쇼〉는 사람과 사람이 직접 만나서 부딪치면서 만들어 내는 뇌의 일화기억이 이러한 디스토피아에 대항하는 마지막 희망이라고 말하는 것 같습니다. 영화에서 트루먼이 피지섬으로 가려고 한 이유는 TV 쇼에서 퇴출당한 자신의 첫사랑 여인을 만나고 싶어서인데요. 사진 한 장 남아 있지 않은 첫사랑의 얼굴을 잊지 않기 위해서 어떤 잡지에서든 그녀의 이목구비와 닮은 사진을 발견하면 오려서 집에 갖고 와 얼굴을 재구성해 보려는 장면이 나옵니다. 이 장면이 시사하는 것은 나만의 좋았던 경험과 기억이 내 인생의 추진력이 된다는 점, 그것이 나를 주변 환경에 가두지 않고 나에게 맞는 환경을 스스로 만들고 찾아가게 하는 원동력이 된다는 점입니다.

나는 기억의 생성자이자 관리자이다

사람은 자신의 경험이 만들어 준 기억을 믿고 그 기억의 소리에 귀를 기울이고 자기만의 인지모델을 새롭게 만들기 위해 노력해야 합니다. 자신을 조종하려는 환경에 '이것밖에 못 해? 나를 좌절시키려면 나를 죽여야만 할 거야!'라고 소리치며 폭풍우 속 바다를 건너는 트루먼의 명언을 자주 되새겨야만 하는 시대가 성큼 다가왔습니다. 대부분의 뇌 과학자들은 인간에게 자유의지가 있다는 말을 선뜻 인정하기 어렵습니다만, 적어도 자신의 인지모델에 적합한 환경으로 나를 부단히 이동시키며 능동적

✴

자신을 조종하려는 환경에
'이것밖에 못 해?
나를 좌절시키려면 나를 죽여야만 할 거야!'라고
소리치며 폭풍우 속 바다를 건너는
트루먼의 명언을 자주 되새겨야만 하는 시대입니다.
기억의 생성자이자 관리자로서
내 주변 환경을 적극적으로
나에게 맞게 바꿔나가길 바랍니다.

으로 살아갈 자유는 분명 스스로에게 있습니다. 여러분도 기억의 생성자이자 관리자로서 내 주변 환경을 적극적으로 나에게 맞게 바꿔나가길 바랍니다. 그리고 새롭고 다채로운 경험을 끊임없이 찾아다니며 세상을 자유롭게 누리며 살아보길 바랍니다. 그 과정에서 나만의 기억을 만드는 주도권을 행사하며 사는 것, 그것이 나의 뇌를 행복하게 하는 길이 아닐까 생각합니다.

Point

인간의 뇌는 안정된 상태로만 살아갈 수 없습니다. 끊임없이 새롭게 나아가야 합니다. 내 삶을 주도적으로 이끄는 것, 그것이 나의 뇌를 행복하게 하는 길입니다.

이제부터
인지적 마라토너가 되자

페이스 조절 연습

영국 옥스퍼드대학교 출판부는 매년 '올해의 옥스퍼드 단어'라는 것을 선정합니다. 해마다 그해의 사회, 문화, 기술, 사건 등을 한 단어로 정리해 보려는 시도가 재미있습니다. 옥스퍼드대학교 출판부에서 사전 편찬에 관여하는 분들이 한 해 동안 변화의 중심에 있었던 단어 몇 개를 추적하는데, 2013년에는 이제는 널리 알려진 '셀피^{selfie}'라는 단어가 선정되었고 2021년 코로나 팬데믹 시기에는 '백스^{vax}'라는 백신^{vaccine}의 축약어가 선정된 바 있습니다. 2024년 올해의 단어로 선정된 단어는 우리말로는 '뇌 썩음'이라고 번역될 수 있는 '브레인 롯$^{brain\ rot}$'이었습니다.

2023년도 대비 2024년에 뇌 썩음이라는 단어의 사용 빈도가 230%나 증가했다고 합니다. 이 단어는 사실 1854년 어느 철학자의 책에 등장했던 단어인데 그야말로 역주행 인기를 얻은 케이스죠.

'뇌 썩음'은 말 그대로 뇌가 썩는 것처럼 질이 급격히 나빠지는 것을 의미합니다. 여러분도 여름철에 상한 음식의 역겨운 냄새와 모양을 알고 계시죠? 주로 '하루 종일 숏폼만 봤더니 뇌가 썩은 것 같아'라는 식으로 쓰이죠. 대부분 인터넷이나 소셜 미디어가 대량으로 쏟아내는 품질 낮은 콘텐츠를 보고 난 뒤 자신의 뇌 상태를 걱정하는 표현으로 많이 사용합니다. 옥스퍼드대학교 출판부에서 내린 뇌 썩음의 공식적 정의는 다음과 같습니다. "온라인 콘텐츠 중 가볍고 별로 도전적이지 않게 여겨지는 하찮은 내용물을 과도하게 소비함으로써 사람의 지적, 정신적 능력이 퇴화한다고 여겨지는 현상." 여기서 문제가 되는 온라인 콘텐츠는 흔히 '숏폼 short form'이라고 불리는 수십 초 이내의 짧은 영상들이 주를 이룹니다.

뇌 썩음의 대명사, 숏폼

품질이 낮은 온라인 콘텐츠의 대명사처럼 여겨지는 숏폼의 특징을 살펴보면 그 이유를 어느 정도 알 수 있을 것 같습니다. 숏폼과 같은 영상물은 처음에는 한 개를 보는 데 그다지 많은 노력과 시간을 들이지 않아도 되기 때문에 가볍게 클릭해서 보게 됩니다. 보통 수 초 정도의 짧은 시간 안에 웃음이나 감동, 혹은 놀람을 주는 장면으로 구성되어 있습니다. 이때 뇌는 자신이 쏟은 에너지에 비해서 훨씬 더 큰 보상을 받았다고 생각합니다. 즉, 가성비가 높은 활동을 한 것처럼 착각하게 되죠. 따라서 자연스럽게 이 가성비 높은 인지적 활동을 바로 중단해야 한다고 생각하지 못합니다. 사실은 그런 생각을 할 여유도 없죠. 왜냐하면 영상을 하나 보고 나면 다음 영상도 자동으로 재생해 주기 때문에 아무 생각 없이 계속 보게 됩니다.

그러다가 다음 영상에서 이전 영상처럼 빨리 재미있는 장면이 안 나오거나 이전에 본 영상보다 상대적으로 덜 재밌다고 생각하면 뇌는 현재 보고 있는 영상이 끝나기도 전에 손가락으로 다음 영상으로 넘기면서 자신의 욕구를 충족해 줄 더 자극적인 영상을 찾기 시작합니다. 그러다가 어느 순간 자신이 찾던 수준의 재밌는 영상에 도달하면 뇌는 다시 보상을 받습니다. 그리고 이렇게 10분, 20분, 30분, 1시간씩 점점 숏폼에 몰입하다 보면 여기에 빠지게 됩니다. 일상생활에서 자신이 겪고 있던 여러 가지 골치 아픈 문제들을 잊게 해주는 즐거움과 놀라움이 가득하니까 지긋지긋하고 재미없다고 느껴지는 현실 세계로부터 벗어날 수 있는 해방구처럼 느껴지는 단계까지 갈 수도 있죠.

보상회로를 과하게 가동시키는 것

숏폼이 이렇게 뇌를 통제하는 알고리즘은 실리콘밸리의 IT 기업들이나 AI 회사들이 아주 많이 활용하는 전형적인 뇌 '중독'의 알고리즘입니다. 중독이라는 말을 쓰는 이유는 이러한 회사들이 자신의 제품과 서비스를 사람들이 좋아하게 만들고 결국에는 정신적으로 종속되게 하는 방식이 여러분이 잘 알고 있는 일반적인 중독의 뇌 기전을 그대로 활용하고 있기 때문입니다. 알콜 중독, 마약 중독, 온라인 게임 중독, 도박 중독 등의 중독에는 익숙하죠? 특정 물질이나 행동에 어떤 희생도 감수할 정도로 집착을 보이는 상태를 중독이라고 할 수 있는데, 모든 중독 행위는 흔히 뇌의 '보상회로'라고 부르는 영역들이 과활성하면서 시작됩니다. 이런 중독 방식과 거의 똑같은 방식으로 디지털 매체는 뇌를 중독시킵니다. 사실 이처럼 기발한 발상을 했다는 것에 뇌과학자로서는 놀랍기도 하고 아이러니를 느끼기도 합니다. 인류가 돈을 벌기 위해 스스로 뇌를 망가뜨리는 전략을 썼다는 것이 말이죠. 모든 중독 물질과 서비스의 반대편에는 그것으로 막대한 돈을 버는 사람이 있기 때문에 그러한 물질과 서비스가 사라지지 않는 것 같습니다.

뇌의 보상회로를 과하게 가동한다는 것은 무슨 뜻일까요? 뇌의 보상회로는 복측 피개 영역 ventral tegmental area을 비롯한 일련의 신경망에서 분비되는 도파민이라는 신경전달물질을 주요 매개체로 써서 작동합니다. 이 신경전달물질은 사실 보상이나 쾌락의 관점보다는 '몸을 움직여 이동하면 에너지가 소모되지만 그런데도 그것에 접근하면 무언가 내게 좋은 일이 있을 것이 예상될 때' 나옵니다. 즉, 대부분의 사람은 일을 하고 받는 돈이 보상이라고 생각하지만, 중독의 뇌과학적 기전에서 보면 그보다 노동을 하면서 월급날이 가까워지면 이제 돈을 받을 수 있을 거라는 기대감 자체가 보상인 것입니다. 내가 하는 일의 끝에 무언가 좋은 일이 있을 것 같은 예감 또는 예측에 뇌의 보상회로가 가동하는 것이죠. 오랜만에 격무에서 벗어나 휴가를 가는 경우, 막상 휴가지에 가서 있는 동안보다 '휴가를 가면 얼마나 신나고 즐거울까? 생각만 해도 너무 신난다'라며 기대하고 준비할 때 도파민이 가장 많이 분비될 것입니다. 이것이 바로 열심히 노력해서 목표에 도달하고 이른바 성공이라는 것을 하고 나면 오히려 허무하게 느껴지는 이유이기도 하고, 결과보다는 과정을 즐겼다는 기분이 드는 이유이기도 합니다.

도파민 분비가 중독으로 이어지는 이유

그렇다면 도파민은 무언가 기대감에 차서 의욕 있게 일을 하게 해주는 좋은 신경전달물질인 것 같은데 왜 도파민 분비가 중독으로 이어지는 것일까요? 도파민은 기본적으로 화학물질이므로 분비될 경우 이를 붙잡아서 이후의 도파민 효과가 나타날 수 있게 해주는 수용체receptor라는 것이 필요합니다. 도파민 수용체는 도파민이 딱 달라붙을 수 있게 맞춤형으로 설계되어 신경세포의 표면에 분포되어 있습니다. 이 수용체에 도파민이 달라붙으면 단백질로 구성된 수용체의 형태가 변화하면서 활성화합니다. 그렇게 되면 이후에 세포 내부에서 계단식으로 여러 절차를 거쳐서 다른 단백질들이 활성화하면서 결국 세포 내의 핵에 존재하는 특정 유전자의 발현까지 조절하는 근본적 변화를 유발합니다. 도파민이라는 신경전달물질로 촉발된 이런 복잡한 생물학적 작용으로 결국 신경세포가 흥분하는 정도가 변하거나 새로운 단백질이 합성되고, 무엇보다도 신경세포 간의 소통을 담당하는 시냅스 가소성이 변하는 것이죠.

이러한 과정을 통해 심리적으로 뿌듯함, 쾌감, 즐거움, 동기부여 등을 느끼고 해당 행동을 반복하게 되죠. 하지만 중독이 무서운 이유는 중독 물질이 도파민을 자연적으로 분비되는 양 이상으로 과도하게 분비시킨다는 것입니다. 이러면 뇌는 중독만을 위해 사는 그런 뇌로 바뀝니다. 사실 뇌는 죄가 없습니다. 도파민이 그 정도로 분비되었다면 그 물질이나 행동만을 추구하는 게 맞겠죠. 그러나 불행하게도 그렇게 되면 자신의 삶을 유지하기 위해 정작 중요한 일들은 모두 등한시하고 결국 환경에 부적응적인 뇌가 됩니다.

단거리 선수와 장거리 선수의 차이

당연히 숏폼과 같은 형태의 짤막한 영상만을 보면서 재미를 느끼는 뇌는 그쪽으로 특화되기 시작할 겁니다. 이는 육상경기에 비유할 수 있습니다. 숏폼만을 온종일 보는 것은 마치 여러분이 단거리 선수가 되기 위한 훈련만 집중적으로 받는 것에 비유할 수 있습니다. 육상 선수로서 이 같은 훈련만 계속한다면 여러분의 중장거리를 달리는 능력은 점점 퇴화할 것입니다. 단거리 선수와 중장거리 선수가 해당 종목에서 경쟁력을 갖춘 선수가 되려면 증강해야 하는 신체 조건이 많이 다르기 때문입니다. 단거리 선수는 짧은 시간 안에 폭발적인 힘을 발산해야 하므로 근육이 순간적으로 폭발적인 힘을 낼 수 있어야 합니다. 이를 위해서는 이에 맞는 형태의 근육 섬유가 많이 필요합니다. 이런 근육은 근육 섬유의 단면적이 커서 빠르게 수축할 수 있거든요. 다만 쉽게 피로해지는 특성이 있죠. 반면에 중장거리 선수는 지구력과 효율적인 에너지 관리가 훨씬 중요합니다. 따라서 느리게 수축하지만 지구력이 높고 산소 이용 효율이 좋아서 장시간 활동에 적합한 근육이 필요합니다.

단거리 선수가 중장거리 선수에 비해 가장 결핍된 부분은 신체적 지구력physical endurance이라고 하겠습니다. 더군다나 마라토너에 비유한다면 지구력의 차이는 더 어마어마할 겁니다. 이와 마찬가지로 숏폼만을 지속적으로 보며 어느 숏폼이 가장 재밌는지 고르는 작업에만 길들여진 뇌가 잃어버리는 가장 큰 능력은 인지적 지구력cognitive endurance일 것입니다. 인지적 지구력이란 특정 인지 활동을 오랫동안 할 수 있는 능력을 말합니다. 마치 넷플릭스 등의 OTT 서비스에서 재밌는 시리즈물을 발견하면 수십 편의 에피소드를 한꺼번에 보느라 밤을 꼴딱 새우는 것처럼 말입니다. 제 경우엔 탐정이 나오는 시리즈물이나 첩보물을 좋아하는데, 〈슬로 호시스 slow horses〉라는 영국의 시리즈물을 보는 데 할애한 시간을 합쳐보니 24시간 정도가 되더군요. 스토리가 매우 유기적으로 연결되어서 꼬리에 꼬리를 물고 새로운 맥락을 만들어 내기 때문에 전체 맥락을 따라가다 보니 어느새 저도 모르게 하루가 지나가 버렸습니다.

그런데 이런 긴 호흡의 드라마나 소설을 만약 숏폼처럼 수십 초 혹은 길어야 3분 이내의 짧은 길이로 여기저기 잘라서 두서없이 본다면 오랜 시간 집중해서 흥미진진하게 볼 수 있을까요? 아마도 불가능할 것입니다. 물론 아주 자극적인 장면을 그 짧은 영상에 담을 수는 있겠지만 전체적인 스토리를 모르는 상태로는 그 장면의 진정한 의미를 알기 어려울 것입니다. 아니면 딱히 재밌거나 놀랄 만한 장면이 담기지 않았어도 전체적 줄거리라는 큰 맥락 속에서는 매우 중요한 장면일 수도 있고요. 아마도 이와 비슷한 이유로 영화감독 중에 자신의 영화가 제작사나 배급사에 의해 너무 과도하게 편집되어 상영되는 경우 이에 대한 불만족을 드러내고 '감독판 director's cut'을 따로 만드는 경우가 있는 것이겠죠.

인생은 마라톤이다

여러분의 일생이 과도하게 편집된 영화나 여기저기 잘려 나간 숏폼 같은 기억들로 가득하길 원하나요? 아니면 오리지널 감독판처럼 모든 서사가 온전히 담긴 기억으로 남아 있길 원하나요? 앞으로 인류의 평균수명이 100년이 넘을 것임을 감안하면, 인생에서 중요한 것은 마라토너처럼 40킬로미터가 넘는 구간을 어떻게 달릴 것인지에 대한 계획과 달리는 동안의 페이스 조절이 될 것입니다. 전문 마라토너들은 속도를 조절해야 할 구간과 속도를 올려야 할 구간을 어떻게 안배할 것인지 미리 계획합니다. 선수가 결승점에 골인할 때의 영광스러운 모습은 바로 출발선에서부터 결승선까지 전체 코스의 긴 맥락을 이해하고 이에 맞는 경기 운영을 한 결과거든요. 특정한 구간에서 아무리 단거리처럼 빨리 달려봤자 아무 소용이 없습니다. 그리고 이렇게 긴 맥락을 다루기 위해서는 반드시 뇌의 훈련이 필요합니다.

여러분도 원하는 것을 이루면서 그동안 꿈꿔왔던 모습을 완성하기 위해, 인생이라는 긴 코스를 달리면서 자신의 페이스를 유지하기 위해 긴 맥락을 다루는 훈련을 하면 좋겠습니다. 눈을 뗄 수 없게 하는 긴 호흡의 미니시리즈도 좋고 '셜록 홈스' 시리즈와 같은 장편 추리소설도 좋고, 유명하지만 엄두를 못 낸 웹소설도 좋고, 길이가 체감되지 않을 정도로 재미있게 만든 다양한 창작물을 일상생활 속에서 많이 접하려고 노력해 보세요. 그리고 중도에 그만두지 말고 끝까지 보는 것을 해내는 경험을 자주 해보세요. 그럼 언젠가 여러분은 전문 마라토너처럼 긴 맥락이 주는 재미를 알게 되고 숏폼과 같은 찰나의 재미에는 시큰둥해진 뇌를 갖게 될 것이라 확신합니다.

여러분의 인생은 숏폼이 아니라 오리지널 감독판입니다. 자신의 페이스를 적재적소에 조절할 수 있는 인지적 마라토너가 되어야 합니다.

결론은 경험적 느낌을 믿기 위하여

기억의 외주화 줄이기

1996년 7월 미국 애틀랜타에서 하계올림픽이 열렸죠. 저는 당시 석사 학위 과정을 밟기 위해 대학원에 입학했는데 아직도 새벽에 금메달이 걸린 경기를 보며 잠을 설쳤던 기억이 어렴풋이 납니다. 그런데 당시 애틀랜타에서 있었던 폭탄 테러 사건을 기억하는 분은 많지 않을 겁니다. 올림픽이 벌어지는 기간에 애틀랜타의 센테니얼 올림픽 공원에서는 사람들이 모여 즐길 수 있는 각종 콘서트와 행사가 많이 열렸습니다.

그때 리처드 주얼 Richard Jewell 이라는 공원 보안 요원이 순찰을 하다가 콘서트장 옆 벤치 아래에서 수상한 배낭을 발견했습니다. 주얼은 훈련받은 대로 배낭을 건드리지 않고 조지아주 수사국에 신고했고, 출동한 대테러 요원들은 사제 폭탄이 배낭 안에 들어 있는 것을 확인했습니다. 폭탄의 존재가 확인되자 주얼은 다른 보안 요원들과 함께 주변에 있던 사람들에게 보안 문제가 있으니 대피하라며 현장을 통제하기 시작했습니다. 그리고 이렇게 대피시키기 시작한 지 13분 만에 폭탄이 터지면서 현장에 있던 1명이 사망하고 111명이 부상당했습니다. 많은 부상자가 나오긴 했지만 이 짧은 시간 동안의 적극적인 대피 노력이 없었다면 사상자 수는 훨씬 많았을 것입니다. 여기까지만 들으면 주얼이 국민적 영웅이 되었을 것 같죠? 사실 처음에는 그랬습니다. 사건 직후에 그는 많은 사람들의 생명을 구한 영웅으로 언론에 집중 조명을 받으며 전 국민의 찬사를 받았습니다.

하지만 그런 순간도 잠시, 사건을 수사하던 미국연방수사국FBI은 갑자기 그를 유력한 용의자로 지목하기 시작했습니다. 이런 상황은 몇 가지 요인이 복합적으로 작용하면서 일어났는데 그중 중요한 것만 추려보면 다음과 같습니다. 첫째, 주얼이 보안 직원으로 있던 대학교의 학장이 수사기관에 그가 평소에 문제가 많았다는 식으로 이야기했습니다. 또, FBI 수사관들 역시 주얼이 이른바 '외로운 폭탄범'의 프로파일에 맞는 인물이라고, 증거도 없이 프로파일링에만 의존해서 섣부른 판단을 한 것도 한몫했습니다. 그리고 결정적으로 이런 섣부른 판단을 순식간에 확산시킨 데는 애틀랜타 지역 신문의 역할이 컸습니다. 기사는 특종으로 전국적으로 순식간에 퍼져나갔고 대중은 갑자기 주얼을 비난하기 시작했습니다. 짐작하겠지만 그 이후로 주얼과 가족의 생활은 그야말로 지옥과 같았죠. 그러다 1996년 10월, FBI는 주얼이 더 이상 용의자가 아님을 공식 발표합니다. 아무 증거가 나오지 않았기 때문입니다. 그리고 2003년, 마침내 진범이 체포되면서 주얼은 완전히 누명을 벗었습니다. 이 사건은 2019년 클린트 이스트우드Clint Eastwood가 만든 영화 〈리처드 주얼〉을 통해서도 널리 알려졌습니다.

모두가 아니라고 할 때 경험을 믿은 변호사

영화에도 나오지만 실제로 주얼이 FBI와 언론 그리고 대중의 의심을 살 때, 그의 결백을 믿고 끝까지 옆에서 그를 도와 혐의를 벗게 해준 한 변호사가 있었습니다. 바로 왓슨 브라이언트Watson Bryant입니다. 둘의 인연은 사건이 터지기 10년 전인 1986년으로 거슬러 올라가는데, 브라이언트가 애틀랜타에 있는 조그만 법률 사무소에서 일할 때 그곳의 사무용품을 관리하는 말단 직원이 바로 주얼이었습니다. 남들이 볼 때는 하찮은 일이라고 생각할 수도 있지만 주얼은 자기 일을 사랑하고 잘하려고 애썼고, 브라이언트는 이런 주얼을 참 괜찮은 사람이라고 생각했습니다. 주얼도 모두가 자기를 무시하는데 브라이언트는 자신을 따뜻하게 대해주고 회사 밖에서 만나도 같은 회사 동료로서 대하는 것에 늘 고마움을 느끼고 있었죠. 그러다가 1996년 자신이 폭파범으로 지목되자 어쩔 줄 몰라 하다가, 문득 유일하게 자신에게 따뜻하게 대해준 브라이언트가 생각나서 변호를 맡아줄 것을 부탁합니다. 브라이언트가 이를 수락하면서 결국 둘은 서로 의지하며 난관을 헤쳐 나가게 됐죠.

중요한 것은 언론과 수사기관 그리고 대중이 모두 등을 돌리고 손가락질을 할 때도 브라이언트 변호사는 처음부터 주얼을 믿었습니다. 수사기관과 언론에서 브라이언트에게 주얼이 폭탄 테러범이라는 많은 근거 자료를 내밀며 '이렇게 리처드 주얼에 대해 안 좋은 정보가 많은데 그의 변호를 맡을 때 이런 정보를 모르고 맡았나요?'라고 물어봤다고 합니다. 그러자 브라이언트 변호사는 주얼을 오랫동안 알아 왔고 절대 그런 범죄를 저지를 사람이 아니라는 것을 믿기 때문에 그를 변호하려고 마음먹었다고 이야기합니다. 브라이언트는 자신이 시골 법률 사무소에서 일하던 시절 경험했던 주얼의 순수함과 일에 대한 사명감, 정직함, 그리고 무엇보다 다른 사람에 대한 봉사 정신을 잘 알고 있었습니다. 이렇게 자신이 어딘가에서 주워들은 정보가 아니라 직접 몸으로 경험한 기억이 있었기 때문에 다윗과 골리앗의 싸움처럼 보이는 법률 분쟁 상황에 뛰어들었고 정면 돌파한 것입니다. 그리고 끝내 승리합니다.

인간의 뇌가 AI와 다른 점

인간의 뇌가 어떤 결정을 내릴 때 지금의 AI와 근본적으로 다른 점이 있는데, 바로 우리 뇌는 자신의 경험과 그 경험으로부터 형성한 특정 사람 혹은 특정 상황에 대한 인지모델을 어떤 정보보다 더 중요하게 생각한다는 것입니다. 그래서 그 사람이나 상황에 대해 무언가 자신이 다시 반응해야 할 때가 오면, 예전에 만들어 놓은 기억 속의 인지모델을 꺼내 그것을 믿고 그것에 의지해서 어떻게 행동할지 결정합니다. 특히 상충하는 정보의 홍수 속에서 혼란을 겪을 때나 맥락적 정보가 별로 없는 애매한 상황에서 판단해야 할 때면, 뇌의 이런 경험적 기억에 대한 신뢰는 더욱 강한 효과를 발휘합니다. 문제는 어떤 사람들은 자신의 뇌 속 경험적 인지모델에 대한 신뢰가 높지 않아서 외부에서 정보를 더 찾으려고 노력하는데, 브라이언트는 그러지 않았죠.

뇌인지과학에서 기억에 대한 실험을 할 때는 실험에 참가하는 대상이 얼마나 자신의 기억에 대해 신뢰를 보이는지를 측정합니다. 자신의 기억이나 결정에 대한 확신감 평가confidence rating를 하는 것이죠. 아마도 대부분의 사람은 무언가에 대한 기억이 또렷하게 나고 그 기억이 틀림없음을 '확신'하는 느낌이 강하게 들면, 기억이 실제 자신이 경험한 것을 정확히 반영한다고 생각하겠지만 이런 믿음은 잘못된 것임을 뇌인지과학적 연구는 계속해서 지적해 왔습니다. 그래서 뇌인지과학 연구에서 얼마나 기억을 잘하는지 측정하는 실험을 할 때는 떠오르는 기억을 바탕으로 반응하게 하고, 이어서 자신의 반응에 대해 얼마나 확신하는지 5점 척도 등을 통해 주관적 보고를 하게 합니다.

기억에 바탕을 두고 선택반응을 하는 첫 번째 과제를 '유형 1 과제type 1 task'라고 하고, 그에 대한 확신 정도를 물어보는 두 번째 과제를 '유형 2 과제type 2 task'라고 부릅니다. 여러분도 학창 시절에 시험을 볼 때 기억을 토대로 답을 쓰긴 썼는데 (유형 1 과제), 맞게 기억한 것인지 긴가민가한 기분이 든 (유형 2 과제) 적이 분명 있을 겁니다. 이렇게 내 기억 속 콘텐츠의 신뢰도를 모니터링하고 스스로 주관적 평가를 내리는 것은 이른바 메타인지의 중요한 요소 중 하나입니다. 기억의 신뢰도를 평가하는 동안 뇌에서는 전전두 피질, 두정 영역parietal area, 내측 측두엽medial temporal lobe, 대상 피질cingulate cortex 등의 많은 뇌 영역이 서로 긴밀하게 연결되어 협업해야 한다는 것이 알려져 있습니다.

드레싱을 샀을까 안 샀을까

일본 드라마 〈핫스팟: 우주인 출몰 주의!〉 시리즈에도 이런 뇌의 특성을 잘 보여주는 장면이 나옵니다. 주인공 키요미가 마트에 가서 냉장고 안에 떨어져 가는 식재료에 대한 기억을 바탕으로 장을 보는 장면이 있는데요. 두부는 분명 다 떨어졌다는 기억이 있고 그 기억을 확신했기 때문에 두부 코너에 가서 바로 두부를 집어 장바구니에 넣습니다. 그다음으로는 드레싱이 떨어진 기억이 나서 드레싱 코너로 가죠. 그러고 드레싱을 집어 드는 순간, '가만, 지난번에도 이런 식으로 (다 떨어졌다고 착각하고) 샀던 것 같은데…' 하면서 이내 기억에 자신이 없어지면서 집었던 드레싱을 다시 선반 위에 돌려놓습니다. 그리고 돌아서서 가다가 '아니야, 지난번에 이런 식으로 집에 있다고 생각해서 안 샀는데 잘못된 기억이었지'라고 생각을 바꿔 다시 드레싱을 선택합니다. 하지만 또 생각을 번복하고 다시 드레싱을 원래 자리에 두죠. 결국 사지 않고 나오면서 자신의 기억이 확실하길 바랍니다.

집에 돌아와 냉장고 앞에 선 키요미는 냉장고 문을 선뜻 열지 못하고 자신의 기억이 얼마나 정확했을까 걱정하며 한동안 망설입니다. '드레싱은 이 안에 있다'라는 자기 주문을 외우며 말이죠. 그러고는 냉장고 문을 열어젖혔는데 드레싱이 다 떨어진 게 맞은 실망스러운 장면이 눈앞에 펼쳐지죠. 그보다 더 충격적인 것은 자신이 산 것과 똑같은, 아직 개봉조차 하지 않은 두부가 냉장고 선반에서 마치 자신의 기억력을 조롱하듯 떡 하니 있는 것입니다. 두부는 기억이 너무 확실해서 확신에 차서 사 왔는데 말이죠. 이어지는 장면에서 키요미는 '젠장'이라고 내뱉으며 그냥 기억에 대해 확신하느니 마니 하는 것 자체가 의미 없다는 듯 사 온 식재료들을 냉장고에 넣습니다.

이 드라마에서도 나타나듯이 기억에 대한 확신, 특히 일화기억에 대한 확신은 사실 잘못된 확신일 경우가 많습니다. 분명 본 것 같은데 나중에 사진을 보면 자신이 봤다고 기억하는 것과 다름을 알게 되거나, 분명히 현관문 앞에 놔둔 물건을 누가 가져갔다고 의심했는데 사실은 집 안에 있는 걸 뒤늦게 발견했다거나 하는 기억의 오류에 대한 경험은 누구나 해본 적이 있을 겁니다. 뇌인지과학 연구에서 한 가지 알아낸 것은 특정 기억에 대한 신뢰도는 그 기억을 바탕으로 해야 하는 선택 행동이 얼마나 빨리 나오는지와 큰 상관이 있다는 것입니다. 이를 반응 속도 response time 라고 합니다.

키요미가 최초에 드레싱 코너에 걸어간 순간부터 최종 결정을 내리기까지 걸린 시간을 재보면 확실히 다른 식재료를 살지 말지 결정할 때보다 훨씬 오래 걸렸습니다. 이런 경우 키요미는 기억에 대한 확신이 매우 낮은 상태라고 볼 수 있습니다. 자신이 아무리 분명하다고 생각하더라도 그 기억은 믿을 것이 못 되는 것이죠. 하지만 상관관계라는 것은 인과관계가 아니기 때문에 선택하는 속도가 빠르다고 해서 무조건 그 기억이 정확한 것도 아닙니다. 대체로 그렇다는 것이죠. 예를 들면, 분명 두부는 빨리 집어 들었고 그래서 반응 속도도 빨랐을 텐데 냉장고에 두부가 없다는 기억은 완전히 틀린 기억이었죠.

그들에게 스마트 안경이 있었다면

브라이언트나 키요미에게 지금의 발달된 AI가 탑재된 스마트 안경이 있었으면 어땠을까요? 2025년 구글 개발자 컨퍼런스에서 야심 차게 소개된 구글의 스마트 안경에는 초소형 카메라가 달려 있어서 사용자의 시선이 향하는 곳의 모든 장면과 물체를 하나도 빠짐없이 기록할 수 있습니다. 우리 뇌는 주의를 기울인 것만 기억하고 주의를 받지 못한 것들은 기억에 입력 자체가 안 되는 시스템입니다. 하지만 이런 스마트 안경은 보이는 모든 것을 다 녹화하고 동시에 알아볼 수 있기 때문에 어떤 면에서는 뇌가 보고 듣지 못한 것들을 나중에 원하면 찾아볼 수 있게 해주는 강력한 외장 기억을 제공한다고 볼 수 있죠. 또한 스마트 안경에는 초소형 마이크와 스피커가 달려 있어서 구글의 AI 챗봇과 실시간으로 이야기를 주고받을 수 있습니다. 즉, 세상의 모든 디지털 정보에 접근할 수 있는 것이죠.

만약, 브라이언트나 키요미가 AI 기반 스마트 안경이 상용화된 미래에 살았다면 어떻게 되었을까요? AI가 뇌의 자연스러운 기억과 판단을 도와줬다면 아마도 앞선 사례와는 반대되는 결론으로 전개되었을지도 모릅니다. 즉, 브라이언트 변호사는 자신이 모르던 주얼의 대학교 보안 직원 시절의 행동들에 대한 정보와 주얼이 총기 수집과 사냥을 좋아한다는 정보 등 온갖 부정적인 정보를 자기 눈으로 보고 알게 되었을 것입니다. 그랬다면 자신이 알던 기억 속 주얼의 모습에 오롯이 기대어 판단하는 것이 거의 불가능했겠지요. 아마도 결국 FBI나 언론처럼 주얼이 범인이라고 생각하고 변호를 하지 않기로 마음먹었을 수도 있습니다. 키요미 역시 바로 스마트 안경에 '냉장고 안을 가장 마지막으로 본 영상을 띄워줘'라고 해서 스마트 안경에 설치된 초소형 모니터를 봤다면 두부는 이미 있고 드레싱은 다 떨어진 것을 눈으로 확인할 수 있었을 겁니다. 그럼 당연히 두부를 또 사거나 드레싱을 사지 않는 행동을 하지 않았겠죠.

이것이야말로 기억의 진정한 '외주화outsourcing'라고 볼 수 있습니다. 아마 이런 스마트 안경이 미래에 지금의 스마트폰처럼 보편화된다면 사람들은 장보기 전에 냉장고 문을 열고 스마트 안경이 촬영할 시간을 주면서 정작 자신은 냉장고 안을 쳐다보지도 않고 딴생각을 하거나 딴 곳을 보겠죠. 그리고 마트에 가서 장을 볼 때 AI 챗봇한테 뭘 사면 되는지 그냥 물어보고 사라고 하는 것을 수동적으로 사 올 겁니다. 아마 더 발달한 AI 에이전트가 나오면 마트에 직접 갈 필요도 없이 대신 알아서 주문을 해버릴 수도 있고요.

여러분은 어떤 삶을 원하시나요? AI의 도움으로 기억을 외주화하면서 사는 삶을 원하나요, 아니면 불완전하지만 자기 뇌의 '경험적 느낌'을 믿고 사는 삶을 원하나요? 이것은 선뜻 한쪽으로 답하기 어려운 질문입니다. 냉장고 속에 두부가 있었는지 없었는지와 같은 사소한 문제가 아니라 만약 중요한 업무에서 자신의 기억에 대한 잘못된 신뢰 때문에 거대한 손실을 끼치게 된다면 스마트 안경이 아니라 그보다 더한 장치를 사용해서라도 완벽한 기억을 추구하겠죠. 완벽한 기억, 완벽한 인지에 대한 인류의 염원은 끝이 없기 때문입니다.

의존하는 만큼 쇠퇴한다

하지만 안타깝게도 우리 뇌는 '쓰지 않으면 없어진다'라는 원리를 신봉하는 기관입니다. 즉, 우리가 행동을 선택할 때 불완전하더라도 내가 직접 경험해서 형성한 기억에 의존하지 않고 전적으로 AI나 외부 장치에서 불러온 정보나 기계의 기억에만 의존한다면 우리 뇌의 기억하는 능력과 이를 바탕으로 직관적으로 추론하는 능력은 점점 쇠퇴할 것이 분명합니다. 마침내는 기계의 도움 없이는 인간 스스로 아무것도 결정하지 못하는 디스토피아적 세상이 도래할지도 모릅니다.

어떤 상황에서는 인간의 뇌로는 접근하기 어려운 모든 정보를 바탕으로 결정을 내려야 하고 자신의 기억만 믿고 판단해서는 안 될 때가 있죠. 앞으로 이런 장면에서 AI는 큰 도움을 줄 것입니다. 하지만 뇌가 내리는 최종 결정은 장점과 단점의 산술적 연산에 의해 기계적으로 이루어지는 것이 아닙니다. 모든 정보가 내게 있더라도 결국 자신의 경험적 모델에서 나오는 직관적 믿음이 마지막에 큰 역할을 합니다. 기억을 너무 외주화하면 이 직관적 판단력이 무뎌지게 되므로 여러분은 AI를 적절히 사용하되 맹신하지 말고 뇌의 맥락적, 직관적 판단력과 느낌을 믿으세요. 그리고 이것을 더욱 가꿔나가고 유지하기 위한 훈련 역시 꾸준히 하길 바랍니다.

Point

우리 뇌는 '쓰지 않으면 없어진다'의 원리를 따릅니다. 기억의 외주화는 어느 정도 필요하겠죠. 그러나 그럴수록 내 직관적 판단력은 무뎌지게 된다는 것을 명심하세요.

나는 일의 변화에
준비되어 있는가

일의 본질을 찾아서

이 글을 쓰고 있는 2025년 여름은 그야말로 AI 기술의 폭발적인 발달로 빠르게 변하는 기술 트렌드를 따라가려고 전 세계의 기업 및 공공기관뿐만 아니라 학생부터 일반인까지 모두 안간힘을 쓰고 있습니다. 유튜브로 대변되는 영상 콘텐츠 공유 플랫폼과 뉴스에는 새로 나온 AI 기술과 서비스가 무엇인지 알려주는 콘텐츠가 계속 업데이트됩니다. 그리고 전문가들이 나와서 발 빠르게 이를 배워서 업무나 생활에 활용하지 못하면 앞으로 회사나 조직에서 도태될 것이라며 위기감을 조성합니다.

이런 위기감 속에서 도태되면 안 되겠다고 생각해서 거대 언어 모델을 탑재한 챗지피티$^{Chat-GPT}$ 같은 챗봇과 대화를 몇 번 나눠보기도 하고, 사진을 유명한 일본 애니메이션 작가의 그림 스타일로 그려서 보여주는 생성형 AI 서비스를 사용해 보기도 했을 겁니다. 쓰면 쓸수록 참 신기하고 재미있지만 어느 순간 멈칫하기도 하죠. '음, 이렇게 똑똑한 AI가 이제 사람이 하던 많은 일들을 다 대신하면 나는 무엇을 하며 어떻게 살아야 할까'와 같이 좀 더 현실적인 걱정에 빠지게 됩니다. 학부모들은 자녀들이 어떤 교육을 받아야 AI 시대에 경쟁력이 있을지 정보를 수집하느라 분주합니다. 그뿐만 아니라 대학에서 한창 공부를 하는 학생들, 취업을 앞둔 취업 준비생들, 이미 밥벌이를 하고 있으나 미래가 불안한 직장인들도 대책 강구의 시기가 앞당겨지고 있음을 체감하고 있습니다.

AI 시대, 우리가 가장 걱정하는 것

현재 발달한 AI의 특성상 AI가 눈부신 활약을 펼칠 분야는 이미 어느 정도 가늠이 됩니다. 논리력과 수리력이 필요한 영역, 방대한 자료에서 패턴을 찾아내야 하는 과학적 연구나 판독 혹은 조사의 영역, 그러한 패턴들의 재조합으로 새로운 것을 끊임없이 만들어 내야 하는 대량 창작의 영역, 그리고 기계적 프로토콜로 자동화할 수 있는 거의 모든 영역에서 AI가 인간을 압도할 것으로 예상되는 미래가 빠르게 다가오고 있습니다. 특히 '휴머노이드'라고 불리는 로봇에 AI 알고리즘이 결합하면서 육체가 없는 AI의 단점이 극복된다면 육체노동을 인간의 고유 영역이라고 보도했던 뉴스는 더는 접하기 어려울지도 모릅니다. 사람보다 더 빠르고 정확하게 계산하고, 사물을 알아보고 판단하고 움직이고, 더 다양한 방식으로 완성도 높은 창작까지 하는 그런 기계의 출현이 예상되는 것이죠.

 이런 세상이 도래하면 지금의 '나'는 무엇을 하고 어떻게 살아가야 할까요? 이제 기계가 인간의 일을 모두 대신하므로 지금까지 살던 방식과 완전히 다른 방식으로 살게 될까요? 지금까지 내가 추구하던 꿈과 목적을 수정해야 할까요? 이런 질문들을 받으면 제 대답은 '그렇지 않다'입니다. 오히려 지금보다 더 내가 어떤 꿈을 이루고자 하고, 어떤 목적으로 살고 있으며, 어떤 일들을 잘하고 싶은지에 대해, 즉 '나'에 대해 더 확실하게 알아야 하는 시대가 오고 있습니다. 제가 이렇게 생각하는 이유를 설명해 보겠습니다.

공식이 무너지는 시대

1990년대 초중반에 대학을 다닌 저는 그때의 저를 비롯한 대학생들과 지금의 대학생들을 비교해 보면서 격세지감에 빠질 때가 많습니다. TV 드라마 '응답하라' 시리즈에서 잘 그렸듯이 1990년대 이전까지만 해도 '이렇게 살면 성공하고 잘살게 된다'라는 일종의 공식이 존재했습니다. 하지만 지금의 젊은이들은 이런 공식이 더는 이 사회에서 잘 통하지 않는다는 것을 이미 알고 있습니다. 그래서 불안해합니다. 무엇을 하고 살아야 사회에서 생존하고 안정된 생활을 할 수 있을지 끊임없이 선택해야 하므로 시시각각 바뀌는 트렌드를 보며 성공 확률이 높은 쪽이 어느 방향인지 알려고 하죠. 그 트렌드라는 것이, 공무원 시험 열풍이던 적이 있었고, 모두가 코딩을 배워 컴퓨터 관련 직종에 취직하려던 적이 있었고, 또 유튜브 영상 제작자나 웹 기획자가 되려고 사람이 확 몰렸던 적이 있는 등 계속 변화해 오고 있습니다. 이처럼 빠르게 변화하는 환경에서 살아남기 위한 적응 전략을 저마다 찾으려고 노력합니다.

문제는 이런 공식들을 탄탄히 뒷받침하고 있던 가정들이 이제 AI 기술 발전으로 인해 상당 부분 무너질 것이라는 거죠. 그

가정 중 가장 중요한 것은 사회적으로 안정된 일자리라고 여겨지는 직업들이 유지되기 위해서는 그 일들에 필요한 사람의 수가 어느 정도 유지되어야 한다는 것입니다. 예를 들면, 법조계에서는 수많은 법조문의 조항들과 규칙들, 판결 사례들을 알고 있는 법률가들과 행정가들이 필요하고, 정부와 기관에서는 많은 서류들을 프로토콜에 맞춰 처리할 수 있는 공무원들이 필요하고, 의료계에서는 검사 결과를 보고 진단을 내릴 의료인들이 필요하죠. 또한, 컴퓨터 프로그래밍, 즉 코딩을 잘하는 개발자들이 많이 필요하고, 영상이나 인터넷 페이지를 손수 기획 편집해서 만들 수 있는 제작자들이 많이 필요하죠. 하지만 이제 이런 일들의 대부분은 AI가 더 잘할 수 있습니다. 이 말은 과거와 같은 수준의 일을 하는 데 더 이상 그처럼 많은 사람이 필요 없다는 이야기입니다.

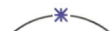

직업적 위기에서 우리의 대응 자세는?

다른 방식으로 예를 들어볼게요. 내가 양 100마리를 기르는 목장을 운영한다고 생각해 봅시다. 양 떼를 울타리 밖으로 풀어서 산과 들에서 방목하다가 해가 질 때쯤 양들을 몰아서 다시 목장 안으로 들여보내야 합니다. 100마리 중 한 마리도 빠뜨리지 않고 몰면서 먼 거리를 이동하려면 많은 사람들이 협업해야겠죠? 여러 명의 몰이꾼들이 적재적소에 배치되어 다 같이 양 떼를 몰아야 할 겁니다. 몰이꾼이라는 직업은 상당한 경험이 필요하기에 좋은 보수를 받는 안정적인 직업이겠죠. 하지만 어느 날, 양을 전문적으로 몰 수 있도록 훈련받은 보더 콜리 개 두 마리가 목장에 공급되었다고 합시다. 훈련된 보더 콜리는 매우 민첩하고 빠르게 뛰어다니며 능숙하게 양 떼를 몰 수 있습니다. 이렇게 되면 전처럼 많은 양 떼 몰이꾼들이 필요 없습니다. 사람이 아무리 빨리 뛰어다닌다고 해도 보더 콜리만큼 빠르고 민첩하기는 어렵기 때문입니다. 결국 목장에는 소수의 조력자와 보더 콜리 두 마리만 있으면 양 떼를 효과적으로 통제할 수 있게 될지도 모릅니다.

그럼 이전에 양 떼 몰이를 전문으로 하던 사람들은 무슨 일을 해야 할까요? 아마도 아직 보더 콜리가 없는 목장에 가서 일을 하거나 아니면 다른 직업을 찾아봐야 할 것입니다. 하지만 만약 양을 키우는 목장을 너무 좋아해서 목장을 떠날 생각이 없다면 다른 방식으로 목장에서 일하기 위해 기술을 배워야겠죠? 예를 들면, 보더 콜리를 훈련하고 통제하는 조련사가 될 수도 있습니다. 보더 콜리가 아무리 사람의 속도보다 빠르다 해도 여전히 중요한 시점에는 사람의 디테일한 지시가 필요합니다. 한편 일부 양들을 분리해서 치료한다거나 털을 깎거나 하는 등의 복잡한 과제를 수행할 때는 여전히 사람의 손길이 필요하겠죠. 그리고 보더 콜리를 활용함으로써 목장이 더 많은 양을 기르게 되면 그 시스템을 관리하기 위해 사람만이 할 수 있는 일이 있고, 그러기 위해선 또 다른 일손이 필요할 것입니다.

아마 짐작하시겠지만 이 목장의 비유에서 중요한 것은 내가 목장에서 일하는 것을 얼마나 좋아하며 양과 관련된 일을 얼마나 사랑하는가입니다. 목장 일이 천직이라는 강한 신념이 있는 사람이라면 목장에 보더 콜리가 도입되는 변화 정도에는 대수롭지 않게 적응할 수 있을 겁니다. 그리고 무엇보다 목장 일에 진정 열정을 가지고 오랫동안 임해 온 사람이라면 그 정도의 변화는 어느 정도 다가올 것이라고 짐작하고 내비했을 가능성이 높습니다. 하지만 반대의 경우를 생각해 봅시다. 양 떼 모는 일을 하는 목적이 그저 생계를 유지하기 위한 돈이 필요해서라고 합시다. 아니면 자신이 할 수 있는 몇 가지 일 중 그나마 적성에 맞는 일이어서 별 생각 없이 하고 있다고 합시다. 이런 사람은 아마도 보더 콜리가 목장에 도입되어 자신보다 훨씬 빠르게 양들을 모는 것을 보면 곧바로 다른 일자리를 알아보겠죠. 하지만 다른 곳도 곧 비슷한 변화를 겪을 것이고, 그렇게 되면 결국 어디에도 정착하지 못하고 유목민처럼 일자리를 찾아 떠돌아다닐 수밖에 없습니다.

뇌는 변화에 대해 언제든 환영

우리 뇌는 변화에 적응하기 위해 지금의 방식으로 진화했습니다. 뇌는 환경에 변화가 생기는 것에 대해서는 '언제든 환영'입니다. 뇌가 기억하고 학습하는 모든 것이 바로 그 변화의 순간에 대처하기 위한 것이니까요. 뇌는 지금 내가 아는 상황이 그대로 계속되기보다는 무언가 변화를 겪게 될 것이라고 늘 가정합니다. 그래서 끊임없이 학습한 것을 토대로 시뮬레이션을 해보며 새로운 변화의 시나리오들을 만들어 나갑니다. 이런 상상력 덕분에 내게 앞으로 어떤 일이 닥칠지 어느 정도 대비할 수 있죠. 여러분은 이런 뇌의 능력을 믿으셔야 합니다. 미래 사회에 AI 기술이 발달하여 어떤 변화가 닥칠지 정확히 모르지만, 인생에서 내가 가장 가치 있게 생각하는 일을 하는 방식에는 큰 변화가 올 수 있습니다. 지금 내가 예측하고 대비해야 하는 것은 그 방식의 변화에 대한 것입니다.

✳

뇌는 환경에 변화가 생기는 것에 대해서는
'언제든 환영'입니다.
여러분은 이런 뇌의 능력을 믿으셔야 합니다.
지금 내가 대비해야 하는 것은
일하는 방식의 변화를
어떻게 내게 유리한 쪽으로 활용해서
내가 가장 좋아하는 일의 본질을 지키면서
더 재미있게, 잘할 수 있을지 고민하는 것입니다.

본질은 지키고, 방식은 바꾸며

다시 말해, 나는 변화를 어떻게 내게 유리한 쪽으로 활용해서 내가 가장 좋아하는 일의 본질을 지키면서 더 재미있게, 잘할 수 있을지 고민해야 합니다. 지금 내가 하는 일의 본질적인 지향점이 무엇인지 알고 관련되어 벌어지는 변화의 폭까지 폭넓게 사랑한다면, 지금 내 일을 더 잘할 수 있게 해주는 어떤 도구가 나온다고 해서 그 도구에 의해 내가 대체될 것을 걱정하는 일은 없을 것입니다. 여러분은 다음과 같이 자신에게 되물을 필요가 있습니다. "나는 진정 내 일의 본질을 좋아하고 있는가? 나는 이 일의 변하지 않을 가치를 알고 있는가? 나는 이 일의 확장 가능성을 믿고 있는가?" 이 물음에 대한 답이 긍정적이라면 여러분의 뇌는 어떤 방식으로든 변화에 적응하는 법을 찾을 것이며 여러분은 AI가 아니라 더한 것이 나와도 하던 일을 계속하게 될 것입니다. 반대로 이 물음에 대한 답이 부정적이라면 언제든 이런 물음을 자신에게 던졌을 때 긍정적인 답을 할 수 있는 일을 찾는 것이 AI 기술의 발달을 걱정하는 것보다 더 급선무입니다.

다가오는 AI 시대, 직업적 위기 의식이 더욱 커지고 있습니다. 그러나 뇌는 변화에 적응하는 능력이 디폴트입니다. 먼저 내 일의 본질과 변화의 폭까지 사랑하고 있는지 자신에게 물어보세요.

인생이란 지도 위에서
잘 걸어가는 법

지도의 중요성

유명한 영국의 4인조 밴드였던 비틀스The Beatles의 대표곡 중 〈길고 굽이진 길The long and winding road〉이라는 노래가 있습니다. 노래의 가사에는 이런 구절이 나옵니다.

> 당신의 문으로 이어진 길고 굽이진 길은
> 결코 사라지지 않을 거예요, 전에 본 적 있는 길이죠.
> 언제나 난 이곳으로 이끌려 오게 돼요, 당신이 있는 곳으로.
> (…)
> 왜 나를 여기 서 있게 하나요? 길을 알려줘요.

이 노래는 사실 그 당시 비틀스가 내부의 극심한 분열로 해체되기 직전에 밴드의 리더 격인 폴 매카트니$^{Paul\ McCartney}$가 만든 것입니다. 스코틀랜드의 농장에서 창밖으로 보이는 길고 구불구불한 길을 보다가 밴드가 그때까지 활동하며 있었던 기쁘고 슬펐던 순간들을 회상하며 작곡했다고 합니다. 이 노래 가사 중에 '당신의 문'이라는 표현이 자주 나오는데 여기서 '문'은 바로 비틀스라는 그룹을 집 혹은 마음의 고향이라고 생각했기 때문에 쓴 표현일 겁니다. 집 안에 들어가지 못하고 문 앞까지만 갈 수 있어도 좋겠다는 표현이 매카트니의 애절함을 느끼게 해줍니다. 실제로 비틀스가 해체를 선언하던 1970년에 '그냥 순리대로 흘러가도록 놔둬'라는 의미의 그 유명한 〈렛잇비$^{let\ it\ be}$〉를 발표했죠.

비틀스의 노래 외에도 세상에는 인생을 살면서 겪는 여러 가지 경험과 우여곡절을 물리적 공간에 나 있는 길을 여행하는 것에 비유한 노래가 많습니다. 방탄소년단의 〈길^{Path}〉이라는 노래 가사에도 "난 달라졌을까, 다른 길을 택했다면. 멈춰서 뒤돌아봤다면, 난 뭘 보게 될까? 이 길의 끝에서"와 같이 인생을 살면서 경험한 것들을 길을 걸어가며 경험한 것에 비유하는 부분이 등장하죠.

공간 길 찾기와 인생 길 찾기

노래뿐만 아니라 영화나 드라마 대사, 그리고 소설과 시와 같은 문학작품 등에서도 인생을 길을 찾아다니는 과정에 비유하는 표현이 많습니다. 이렇게나 비슷한 비유가 곳곳에 등장하는 이유가 무엇일까요? 물리적 환경 속에서 길을 찾아 돌아다니며 새로운 길을 학습하고 기억하면서 지도를 그리는 것이 우리 뇌가 가장 직관적으로 이해할 수 있는 인지적 정보처리이자 행동이기 때문일 겁니다. 그리고 이렇게 길을 따라가며 기억하는 것이 직관적인 이유는 우리 뇌에서 길 찾기나 위치 파악을 위해 정보처리를 하는 영역과 인생에서 경험한 것을 처리하는 영역이 같기 때문입니다.

해마는 일화기억과 공간 기억을 동시에 처리하는 중요한 영역입니다. 가끔 자신이 '길치'라고 고백하는 분들이 있습니다. 남들보다 길을 잘 기억 못 한다고 생각하는 분들이죠. 만약 이분들의 말이 사실이라면 이것은 해마를 위주로 한 뇌의 신경망에 기능적 이상이 있는 것을 의미하므로 큰일이 아닐 수 없습니다. 하지만 해마가 이렇게 정상 작동을 하지 않는다면 해마가 하는 다른 인지기능에도 이상이 나타나야 합니다. 예를 들면, 특정한 장면을 보고 그때 그 장소에서 있었던 시시콜콜한 일들을 기억해 내는 일화기억에도 이상이 나타나야 합니다. 그런데 길치라고 하는 분 중에는 친구와 카페에서 만나서 수다를 떨 때 과거의 일들을 정말 자세히 기억하고 이야기하는 분도 있습니다. 이것은 해마의 기능에 아무 이상이 없다는 것을 의미하겠죠?

해마의 이런 장소 세포 수백만 개가 공간상의 서로 다른 위치에서 제각각 활동한다고 생각해 보세요. 이 세포들을 그물망처럼 엮어 놓으면 바로 그 공간의 지도가 되겠죠? 이를 앞서 이야기한 바 있는 인지지도라고 합니다. 해마의 장소 세포들은 새로운 공간에 들어가서 돌아다니면 불과 2~3분 만에 각 세포가 활동할 공간 내의 위치를 빠르게 정한다고 합니다. 그러면 다소 잉성하지만 쓸 만한 지도가 몇 분 내에 만들어지는 거죠. 그러면서 해당 공간을 계속 더 돌아다니면 장소 세포의 활동 패턴이 더욱 정교해지고 안정된 모습을 갖추는 거죠. 사실 인지지도는 우리 뇌가 경험을 통해 바깥세상의 모델을 머릿속에 만드는 예에 해당합니다.

무엇보다도 이렇게 만들어진 정밀한 뇌 속 인지지도는 해당 지역을 상상 혹은 시뮬레이션만으로 돌아다닐 때 유용합니다. 마치 동영상의 특정 시점에서 뒤로가기 버튼을 누르면 과거의 기록이 재생되는 것처럼 해마의 장소 세포들도 비슷하게 활동할 수 있습니다. 뇌인지과학에서는 이를 해마의 장소 세포 활동의 리플레이replay라고 합니다. 그뿐만 아니라 반대로 빨리 감기 버튼을 누르는 효과도 가능한데, 이를 해마 연구 분야에서는 프리플레이preplay라고 부릅니다. 이와 같이 해마의 세포들이 리플레이와 프리플레이를 통해 자유자재로 과거와 미래를 넘나들며 시간을 초월할 수 있다는 것이 신기합니다. 이런 기능이 있기 때문에 우리가 목적지까지 가다가 멈춰 서서 '여기서 이제 어디로 가야 하지?'라고 궁금해할 때 해마가 답을 줄 수 있는 것입니다. 심지어 최근 연구에 따르면 마치 스타워즈에 나오는 제다이의 지도자인 요다처럼 쥐가 공간상의 특정 위치에 있는 물체를 자신이 의도한 목적지까지 상상으로 움직일 수 있다는 재밌는 결과도 발표된 바 있습니다.

지도 제작을 빠르게 하는 법

인지지도가 이렇게 유용하다면 어딘가를 한 번만 돌아다녀도 그곳의 지도를 바로 머릿속에 만들 수 있는 사람은 상대적으로 지도 제작이 오래 걸리는 사람보다 당연히 환경에 대한 적응력이 뛰어나고 더 높은 생존능력을 보유할 것입니다. 그렇다면 어떻게 해야 많은 시행착오를 겪지 않고 인지지도 혹은 인지모델을 단숨에 잘 만들 수 있을까요? 지도에서 사람들이 얻을 수 있는 가장 유용한 정보가 무엇인지 먼저 생각해 보면 쉽게 답을 찾을 수 있습니다. 지도를 활용해서 어딘가를 가고자 할 때, 내가 가장 알고 싶어하는 첫 번째 정보는 이 지도상에서 내가 어디에 있는지죠. 두 번째로 궁금한 정보는 나의 목적지가 지도상 어디에 있는지고요. 그리고 마지막으로, 현재 나의 위치와 목적지 사이를 어떤 경로로 어떻게 이동해야 하는지에 대한 정보입니다. 이 3가지 정보를 파악하는 과정에서 공통으로 필요한 능력은 주의력입니다. 주의력을 발휘하여 학습할 때 또한 중요한 것은 자신의 주변에 무엇이 있는지 기억하는 것이죠.

자신이 길을 잘 못 찾는다고 생각하면 위의 단계를 떠올리면서 길을 다녀보세요. 즉, 어딘가로 길을 찾아 떠나기 전에 먼저 지금 나의 출발지가 어떻게 생겼는지를 기억해 보세요. 이를 위해서 나의 현재 위치에서 한 바퀴 빙 돌면서 주변에 특이한 랜드마크가 될 만한 것들을 찾아 기억하면 도움이 됩니다. 길을 찾고 있는 사람을 보면 의외로 자기 주변을 주의 깊게 살피는 경우가 많지 않습니다. 출발할 때뿐 아니라 출발한 뒤에도 간혹 뒤를 돌아보거나 옆을 보면서 내 주변을 둘러싼 장면 혹은 풍경을 기억하려고 하면 길을 기억하는 데 도움이 되고요.

나의 인지지도에서 출발지의 모습을 학습했다면 그다음으로 길 찾기의 최종 목적지가 현재의 출발 지점으로부터 어느 방향에 있는지 알아야 합니다. 이제는 미리 지도 앱을 보고 길을 떠나는 경우가 많기 때문에 적어도 내 출발 지점에서부터 목적지가 있는 방향은 대부분 파악할 수 있을 것입니다. 그리고 걸어가면서 출발지에서 유심히 봐둔 장면에 마치 모자이크 혹은 퍼즐을 짜맞추듯이 길 위에서 마주치는 특이한 장면이나 랜드마크를 이어 붙인다고 생각하면 됩니다. 나의 출발점은 이미 내 뒤쪽에 있지만 나의 해마 속에서는 출발지부터 하나의 공간이 그려지고 있는 셈입니다.

이런 길 찾기 방법 혹은 인지지도 활용법이 너무 당연하게 느껴진다면 다행입니다. 왜냐하면 당신은 이미 인생의 복잡한 여정을 잘 나아갈 준비가 된 셈이기 때문입니다. 살면서 일어나는 모든 일을 이 같은 지도상의 길 찾기처럼 학습하고 계획한다면 어떤 어려움에도 대비할 수 있을 것입니다. 먼저 인지지도 위에서 출발하기 전에 내가 어디 있는지 파악하기 위해 주변의 풍경을 유심히 살피듯, 삶이라는 지도 위에서 지금 내가 어디에 있는지를 알고 싶다면 주변 환경을 면밀히 들여다볼 필요가 있습니다. 나는 어떤 환경에서 어떤 일상을 살고 있고 내 주변에 어떤 사람들이 있는지 등을 명확하게 파악하는 것 말입니다. 이 출발 조건은 내가 바꾸기 어렵습니다. 혹은 복잡한 프로젝트를 맡아서 목표를 이뤄야 할 경우 역시 해당 프로젝트와 관련된 본인 혹은 조직의 현재 위치에 대한 냉철한 진단이 가장 선행되어야 합니다.

출발지의 특성을 잘 모르고 목표 지점 쪽으로 무작정 출발해서 달려갈 경우 효율적인 길 찾기는 불가능합니다. 자신의 출발 지점으로부터 목표 지점이 어느 방향에 얼마나 멀리 떨어져 있는지, 그 거리를 어떤 경로를 통해 어떤 속도로 갈 것인지에 대한 시뮬레이션을 먼저 해야죠. 마치 길 찾기를 위한 약도를 그리듯이 자신의 인생 여정의 지도를 직접 그려보는 것도 좋은 방법입니다. 추상적으로 머릿속으로만 계속 생각하기보다 지도의 형태를 빌려서 공간적으로 자신의 인생 여정을 표시해 보면 더 구체적인 방향성을 잡고 효과적인 내비게이션 계획을 세울 수 있습니다.

축소된 지도 안에 갇히지 말 것

우리보다 하등동물인 쥐만 해도 이런 머릿속 지도를 활용해서 미로 위에서 자신이 늘 가던 길이 막히면 한 번도 가보지 않은 길 중에서 목적지까지 가장 빨리 갈 수 있는 길을 택할 수 있는 유연한 인지능력이 있습니다. 이는 이미 1940년대에 미국의 심리학자 에드워드 톨먼이 보고한 바 있습니다. 톨먼은 쥐가 평소에 늘 가던 길로 목적지까지 가는 중에도 그 공간에서 자신이 가보지 않은 길도 머릿속 인지지도에서 시뮬레이션과 상상을 통해 유추해서 가상으로 방문해 보는 것 같다고 생각했습니다. 그렇지 않고서는 가던 길이 막히자마자 즉각적으로 가장 효율적인 대안 경로를 택해 목적지에 도달하는 유연한 길 찾기를 하는 쥐의 행동이 설명되지 않는다고 말입니다. 이 주장은 1948년 학계에서는 아주 유명한 《쥐와 사람의 인지지도 Cognitive maps in rats and men》라는 논문에서 설명됩니다. 이 논문에서 톨먼은 쥐뿐만 아니라 우리 인간도 위에서 말한 유연한 인지지도를 활용하기 위해서는 인지지도의 크기를 확장해야 한다고 주장합니다. 특히 감정적으로 격해지거나 너무 심한 좌절감을 겪으면 인지지도 축소 narrowing cognitive map 현상이 나타나면서 행동의 유연성이 떨어진다고 주장했습니다.

축소된 인지지도라는 게 무엇일까요? 기억해 보세요. 유치원 때나 초등학교 때는 동네가 매우 크게 느껴졌을 겁니다. 하루 종일 그곳에서 친구들과 놀아도 다 못 놀 것처럼 말이죠. 하지만 어른이 되어 다시 살았던 곳을 찾아가 보면 대부분의 사람들은 자신이 어린 시절에 그토록 광활하게 생각했던 곳이 얼마나 작은 곳이었는지 새삼 깨닫게 됩니다. 톨먼은 이처럼 사람들이 특히 감정 조절에 실패할 때 주로 자신만의 좁은 인지지도 속으로 들어가 활로를 찾지 못하는 편협한 행동을 보인다고 이야기하며, 인지지도의 폭과 너비를 확장해서 다양한 우회로를 평소에 만들어 놓을 것을 권고합니다.

내 위치를 아는 사람은 흔들리지 않는다

인지지도를 떠올리는 예는 이 외에도 많습니다. 인생이라는 길 찾기 여정 중 걸어 다닌 길을 돌아보며 나의 위치를 계속 파악하고 이를 토대로 앞으로 어디를 향해 갈 것인지 시뮬레이션해 보는 것의 중요성을 가장 설득력 있게 대중에게 알린 예가 있죠. 바로 애플의 CEO였던 스티브 잡스 Steve Jobs가 2005년 스탠퍼드대학교 졸업식에서 했던 '계속 갈망하고, 계속 우직하게 나아가야 한다 Stay Hungry, Stay Foolish'라는 제목의 연설을 들 수 있습니다. 많은 사람들이 알다시피 잡스는 대학을 중퇴한 뒤 자신이 하고 싶은 것들을 그냥 닥치는 대로 배우며 살았는데요. 특히 다양한 아름다움을 지닌 글씨체에 매료되어 이를 전문적으로 배우기 위해 캘리그래피 수업을 듣는 등 현재 위치에서 주변을 둘러보고 자신을 매료시키는 것에 집중했습니다. 즉, 인지지도에서 나의 목표를 찾기 위해 현재 위치를 파악하는 것을 중요시한 것이죠. 그렇게 그는 자신의 현 위치에서 자기를 둘러싼 환경과 충실히 상호작용하면서 사람들이 미적으로 아름다움을 느끼고 갖고 싶어 하는 개인용 컴퓨터를 만들고자 노력했습니다. 이것이 바로 잡스 인생의 제1의 목적지가 되었죠.

 잡스는 나중에 자신이 걸어온 길을 되돌아보니 인생의 다양한 경험들이 마치 점들처럼 보였고 이들이 서로 길처럼 연결되어 있었다고 말했습니다. 그리고 졸업생들에게 목적지가 잘 보이지 않더라도 포기하지 말고 자신이 걸어온 길을 믿고 계속해서 배고픔과 열정을 갖고 앞으로 나아가라는 감동적인 연설을 한 것입니다.

 이 메시지와 관련해서 노래 한 곡이 떠오릅니다. 윤종신이 작곡한 〈오르막길〉이라는 노래인데, 가사에 다음과 같은 구절이 나옵니다. "가끔 바람이 불 때만 저 먼 풍경을 바라봐. 올라온 만큼 아름다운 우리 길. (…) 한 걸음 이제 한 걸음일 뿐. 아득한 저 끝은 보지 마." 인생이라는 인지지도 위의 길 찾기를 아주 잘 표현한 노래입니다. 오르막길과 내리막길, 그리고 평지 등 삶의 모든 우여곡절은 모두 지도에 기록될 것입니다. 여러분도 현재 어느 길 위에 서 있으며 어디에서 와서 어디로 가고 있는지 지도를 한번 그려보기 바랍니다. 어느 방향으로 갈지 끊임없이 고민하고 내 위치와 목적지를 확인하고 나아가는 사람은 주변이 어떻든 쉽게 흔들리거나 불안해하지 않고 굳건하게 나아갈 힘을 얻을 것입니다.

Point

무작정 걸어가는 사람과 지도를 파악하며 걸어가는 사람은 그 결과가 다릅니다. 끊임없이 자신의 위치와 방향을 살펴보는 사람만이 흔들림 없이 굳건하게 나아갈 수 있습니다.

우회로를
많이 가진 사람

여러 대안 갖기

이른바 '수녀 연구Nun study'라는 뇌과학 연구를 알고 계시나요? 이것은 1986년 데이비드 스노우던David Snowdon이라는 학자가 주도했던 연구로, 미국의 노트르담 수녀 학교의 수녀들을 대상으로 노화에 따른 알츠하이머병과 뇌 인지 변화를 다룬 연구입니다. 놀라운 것은 75세에서 107세 사이의 수녀들 무려 678명을 대상으로 이들이 나이가 드는 과정을 추적하며 자료를 수집했다는 것입니다. 매년 인지기능 검사와 신체검사를 했으며, 특히 이들이 돌아가신 후에 뇌를 기증받아 해부를 통해 뇌에 병변이 있는지를 조사했습니다.

연구 결과는 뇌과학자들이 전혀 예상하지 못했던 놀라운 것이었습니다. 일부 수녀들의 뇌를 검사한 결과 알츠하이머병이 걸린 치매환자의 뇌에서 나타나는 병변이 발견되었음에도 그들은 생전에 그야말로 '멀쩡한' 생활을 했다는 겁니다. 원래 알츠하이머성 치매에 걸리면 아밀로이드 플라크$^{amyloid\ plaque}$라고 불리는 단백질 덩어리나 타우^{tau} 신경섬유의 엉킴 현상 등이 뇌에서 발견됩니다. 하지만 어떤 이유에서인지 이런 물질들이 뇌에서 많이 발견되었음에도 해당 수녀들은 정상적인 생활을 잘 하다가 돌아가셨습니다. 과학에서는 인과관계를 밝혀야 진리를 찾았다고 보는데, 뇌에서 치매의 병변이 있으니까 당연히 100퍼센트 치매로 인한 인지장애와 생활의 어려움을 보였을 것으로 예측했지만 전혀 들어맞지 않았던 것이죠. 이러한 결과는 뇌과학자들을 당황하게 만들었습니다.

치매여야 하는데 아니었던 수녀들

이 결과는 상당히 충격적이어서 유명한 시사잡지인 〈타임^{TIME}〉에도 크게 소개되었습니다. 특히 표지 모델로 이 연구에 참여했던 메리^{Mary} 수녀의 이야기가 사람들에게 커다란 놀라움을 안겨주었는데요. 메리 수녀는 늦은 나이인 40대 초반에 고등학교 졸업장을 딴 만학도였다고 합니다. 하지만 70대 후반까지도 강의를 하는 등 왕성한 지적 활동을 했고 101세에 돌아가셨습니다. 그런데 메리 수녀의 사후에 뇌를 부검한 결과, 어떤 과학자나 의료진이 보아도 알츠하이머성 치매가 이미 상당히 진행된 뇌라고 볼 수밖에 없을 정도로 병변이 심했습니다. 이런 뇌 상태는 그녀가 임종을 맞이하기 직전까지 보였던 왕성하고 정상적인 인지적 활동과는 너무 괴리가 심해서 뇌과학자들의 말문이 막혀버린 거죠. 또 다른 수녀는 심지어 그 유전자를 갖고 있으면 거의 예외 없이 알츠하이머성 치매에 걸린다고 학계가 믿고 있는 유전자를 갖고 있었고 메리 수녀처럼 뇌 상태도 이미 알츠하이머병이 진행된 상태였지만 28년이라는 긴 세월 동안 정상적으로 교사 생활을 하다가 85세에 돌아가셨습니다. 이 밖에도 여러 수녀들의 비슷한 사례들이 연구 결과로 보고되면서 점차 학계는 지금 우리가 믿고 있는 알츠하이머성 치매의 생물학적 원인과 가설의 방향이 옳은 것인지에 대한 물음을 던지기 시작했죠.

그런데 이렇게 알츠하이머병에 걸린 뇌로 보임에도 불구하고 뇌가 정상적으로 기능했던 수녀들의 평소 생활을 살펴보니 재밌는 사실을 발견할 수 있었습니다. 당연히 수녀라는 직업의 특성상 이들은 모두 규칙적인 신체 활동과 균형 잡힌 식사를 생활화하였고, 다른 사람들과 상호작용을 상당히 긴밀하게 했다고 합니다. 또한 세상에 대해 긍정적인 마음을 갖고 생활했고 독서를 생활화하는 등 인지 활동을 게을리하지 않았다고 합니다. 그래서인지 이들은 특히 젊은 시절 높은 언어능력을 보였습니다. 특히 이른바 '아이디어 밀도idea density'가 높은 글을 쓰거나 말하기를 잘했습니다. 같은 단어 수를 써서 말을 하거나 글을 쓰더라도 그 안에 더 풍부한 정보를 담거나 더 복잡한 내용을 담으면 아이디어 밀도가 높아지는데요. 반대로 말은 많이 하는데 내용은 별로 없는 경우, 아이디어 밀도가 낮아집니다. 그리고 교육 수준이 높을수록 아이디어 밀도가 높은 문장을 다루는 능력이 더 뛰어난 것으로 알려져 있습니다. 이 밖에도 이들의 해마의 'CA1'이라는 하위 영역에 있는 신경세포의 크기가 보통 사람들보다 더 크다는 것 역시 재밌는 현상으로 보고되었습니다.

우회로가 많으면 두려울 게 없다

아직 과학적으로 이 수녀원 수녀들의 뇌가 어떻게 알츠하이머병의 병변에도 인지적으로나 행동적으로 아무 이상을 보이지 않았는지는 명확히 밝혀지지 않았습니다. 다만 이들이 70~100

세에 이르는 고령에도 불구하고 젊었을 때부터 인지적으로 부지런한 생활을 게을리하지 않았다는 점에 학자들은 주목했습니다. 고등 인지기능은 인간 뇌의 여러 영역의 합동작전을 필요로 하는데, 이 연구에 포함된 수녀들은 일상 속에서 다양한 뇌 영역들이 서로 유기적으로 협력하는 훈련을 꾸준히 매일 한 것이 도움이 된 것 아닌가 추측하는 것이죠. 그리고 이런 훈련을 하는 과정에서 뇌는 특정 영역들이 짜여진 방식으로 협력하는 것을 학습함과 동시에, 그 영역들이 이전과는 다른 방식으로 협력하거나 이전에는 협력하지 않던 다른 영역들이 협력에 참여하는 등 변형된 방식도 학습하는 것 같습니다. 마치 11명으로 이루어진 축구팀의 선수들이 매일 약속된 방식으로 플레이를 연습하다가 순간순간 다른 방식으로 변형된 플레이를 시도해보듯이 말이죠. 연습이 아닌 실제 시합이 벌어지면 이런 변형된 방식의 플레이가 더 잘 작동할 수 있기 때문에 이른바 백업 계획backup plan이 있는 것이 중요합니다. 마치 우리가 늘 가던 길이 막혀도 돌아갈 수 있는 '우회로'가 있으면 문제없이 목적지에 도착할 수 있는 것처럼 말이죠.

아마도 정상적 인지기능을 보였던 수녀들의 뇌는 이런 우회로가 많이 마련되어 있었기 때문에 뇌가 상당히 손상되었음에도 그때그때 목적한 바를 문제 없이 달성했던 것으로 추측합니다. 인지적 우회로가 많이 탑재된 뇌를 가리켜 인지 예비능cognitive reserve이 우수한 뇌라고 말하기도 합니다. 마치 저수지reserve에 물을 가득 채워놓으면 가뭄이 들더라도 저수지의 물을 조금씩 써서 농사를 지을 수 있는 것처럼 예비 에너지가 충분한 뇌라는 뜻이죠. 용어야 어찌 되었건, 이렇게 특정 목표를 달성할 때 필요한 길들이 뇌 속에 여러 개 존재하면 그만큼 뇌가 갑자기 기능을 잃어버리는 일은 잘 일어나지 않습니다. 우회로가 많다는 것은 항구에 정박한 배가 닻을 여러 개 내리고 밧줄로 꽁꽁 묶여 있어서 태풍이 와서 밧줄 몇 개가 끊어지더라도 떠내려가지 않는 것과 비슷합니다. 한 번 학습한 것에 만족하고 다른 우회로를 만들지 않은 뇌는 태풍이 오면 그냥 한순간에 떠내려가 버리는 배처럼 위태로운 상태와 비슷하죠. 여러분도 무언가를 학습할 때 한 가지 방법만을 뇌에 탑재하는 데 만족하지 말고 같은 결과를 낼 수 있는 다른 변형된 방법들도 계속 탑재할 수 있도록 노력해 보길 권합니다.

우회로를 만드는 결정적 방법, 루틴

변형된 우회로들을 최대한 많이 만들기 위해 무엇보다 중요한 것은 루틴의 '반복'입니다. 뇌의 우회로는 같은 일을 반복하는 과정에서 생기기 때문입니다. 뇌인지과학에서 이를 잘 보여주는 유명한 실험이 있습니다. 학습과 기억을 연구하는 뇌과학자들이 오랫동안 써온 유명한 미로 중에 'T자형 미로'라는 것이 있습니다. 알파벳 'T'처럼 생겨서 붙여진 이름입니다. 이 미로에서는 쥐가 T자형 가운데 긴 길의 끝에서 출발해서 달리다가 왼쪽과 오른쪽으로 갈 수 있는 갈림길이 나왔을 때 먹이가 어느 쪽에 있는지 기억해서 그쪽으로 가면 정답인 실험을 주로 합니다.

예를 들어, 갈림길에서 왼쪽 길로 가야만 먹이가 있다고 합시다. 이를 처음 학습할 때는 해마의 역할이 중요한 것으로 잘 알려져 있습니다. 이는 T자형 미로의 왼쪽 공간에 있는 여러 가지 랜드마크와 지형지물을 쥐가 기억해야 하기 때문입니다. 하지만 쥐가 왼쪽으로 선택하는 행동을 반복하다 보면, 갈림길에서 굳이 왼쪽에 있는 지형지물을 본 뒤 방향을 틀지 않아도 그냥 몸을 왼쪽으로 돌려서 가기만 하면 먹이가 있는 곳에 도달할 수 있음을 선조체 같은 영역이 학습하기 시작합니다. 그러다가 이 행동을 무한 반복하다 보면 결국 해마는 거의 관여하지 않고 선조체가 중심이 되어 미로를 달리죠. 즉, 선조체라는 우회로가 생긴 것입니다. 이처럼 처음에 특정 행동을 학습할 때 관여했던 뇌의 영역들이 같은 행동이 반복되면 다른 뇌 영역들에 학습할 기회를 주므로 반복훈련은 매우 중요합니다.

어렸을 때부터 우리는 규칙적인 생활을 해야 좋다고 귀에 못이 박히게 들어왔습니다. 하지만 그것이 왜 좋은 것인지 설명해주는 사람은 별로 없었던 것 같습니다. 뇌는 늘상 하던 것들, 즉 루틴을 반복하는 동안 자신이 훗날 기능 저하를 겪게 될 때 쓸 수 있는 정보처리의 우회로들을 만들고 이를 활용하는 훈련을 합니다. 이 훈련이 잘되어 있으면 메리 수녀처럼 나이가 들어 설령 뇌의 특정 영역이 병리적 변화를 겪더라도 우회로를 통해 정보를 처리할 수 있을 겁니다.

여러분은 아침에 눈을 떠서 밤에 잠자리에 들 때까지 얼마나 많은 루틴들로 하루가 돌아가게 설계해 두었는지 한번 점검해 보세요. 마치 태릉 선수촌의 국가대표 운동선수들처럼 루틴을 철저히 지키며 하루, 한 달, 한 해를 그렇게 한번 지내보세요. 물론 기간을 무턱대고 부담되게 설정할 필요는 없습니다. 중요한 것은 루틴이 자리 잡을 정도의 기간을 꾹 참고 인내하는 경험을 해보라는 겁니다. 이 과정을 통해 인지적으로나 신체적으로나 더 활동적이고 맑은 정신으로 생활을 하는 놀라운 경험을 만날 것이고, 삶에 대해 긍정적으로 생각하며 여러모로 달라진 나 자신을 발견할 수 있을 것입니다.

Point

필요한 길이 여러 개 존재하면 그만큼 뇌가 갑자기 기능을 잃는 일이 줄어듭니다. 우회로는 같은 일을 반복할 때 생깁니다. 여러분의 삶엔 어떤 규칙들이 존재하고 있나요?

특정 목표를 달성할 때
필요한 길들이 뇌 속에 여러 개 존재하면
그만큼 뇌가 갑자기 기능을 잃어버리는 일은
잘 일어나지 않게 됩니다.
우회로가 많다는 것은 항구에 정박한 배가
닻을 여러 개 내리고 밧줄로 꽁꽁 묶여 있어서
태풍이 와서 밧줄 몇 개가 끊어지더라도
떠내려가지 않는 것과 비슷합니다.

멍청해지기 전에 읽는 뇌과학

1판 1쇄 발행 2025년 11월 3일
1판 3쇄 발행 2026년 1월 12일

지은이 이인아
발행인 박현진
본부장 김태형
책임편집 박지수
책임마케팅 나은경
오리지널사업팀 이지향, 고혜원, 김가연, 이민해, 이유림, 이유진, 한미리
디자인 [★]규
제작 세걸음
펴낸 곳 ㈜kt 밀리의서재
출판등록 2017년 1월 5일 (제2017-000008호)
주소 서울특별시 마포구 양화로45, 18층 (서교동 메세나폴리스 세아타워)
메일 contents@millie.town
홈페이지 http://www.millie.co.kr
ISBN 979-11-6908-545-8 03400

- 이 책은 ㈜kt 밀리의서재가 저작권자와의 계약에 따라 발행한 것이므로 본사의 서면 허락 없이는 어떠한 형태나 수단으로도 이 책의 내용을 이용하지 못합니다.
- 인쇄·제작 및 유통상의 파본 도서는 구입하신 서점에서 바꿔드립니다.

평소 이렇게 생각한 적 있다? 없다?

- 나이 들수록 뇌도 늙는 게 당연하다
- 배우면 왜 바로 학습되지 않는지 모르겠다
- 뇌를 활발히 쓰는 상태가 디폴트 모드다
- 집중력이 높은 사람이 따로 있는 것 같다
- 기억은 과거의 흔적일 뿐 미래와 상관없다
- 시행착오는 곧 실패라 없으면 좋다
- 최대한 몸을 덜 움직이는 게 편하다
- 누가 정리해 놓은 것을 쓰면 충분하다
- 이성과 감정은 분리되어 있다고 본다
- 뇌는 안정적이고 익숙한 상태를 좋아한다
- AI에게 기억을 외주화하면 완벽해질 수 있다
- 기술의 발달로 단순한 일은 안 해도 된다

우리는 뇌에 대해 아직 잘 모른다
뇌는 무한한 가능성의 세계다

"삶의 주도권을 쥐려면 뇌를 계속 살아 숨 쉬게 해야 한다"

뇌의 가능성을 끌어올려주는 12가지 법칙

주변을 둘러보면 '일머리가 없는 사람'으로 보이지만 결국 '성장이 없는 사람'이라 안타까운 경우가 많다. 그 이유는 분명하다. 뇌를 잘못 사용하고 있기 때문이다. 우리 뇌는 신기하면서 미묘하고 만만치 않다. 그래서 뇌 사용법에 관한 매우 친절하면서도 자세한 안내서가 필요하다. 모든 이들이 읽어야 할 소중한 지침서의 역할을 해줄 책이 드디어 나왔다. _김경일 심리학자

돌아서면 잊어버리는가? 이 책을 권한다. 너무나도 똑똑한 AI 앞에서 미래가 걱정되어 한숨을 내쉰 적이 있는가? 이 책을 권한다. 이 책은 똑 부러지게 알려준다. 뇌는 우리가 하는 만큼 변한다고. 우리는 마지막 순간까지 뇌와 함께 살아갈 수밖에 없다. 평생 함께할 이 뇌가 조금 더 믿음직스러워진다면, 나의 내일이 약간은 더 순탄하지 않겠는가? _김민철 작가

값 18,000원
979-11-6908-545-8 (03400)